Partez L'ESPRIT en paix

Guide pratique de planification successorale

Les Éditions Transcontinental inc.
1100, boul. René-Lévesque Ouest
24e étage
Montréal (Québec)
H3B 4X9
Tél. : (514) 392-9000 ou, sans frais, 1 800 361-5479

Données de catalogage avant publication (Canada)
Foster, Sandra E.
Partez l'esprit en paix : guide pratique de planification successorale
(Collection Affaires PLUS)
Traduction de : You can't take it with you
Comprend un index

ISBN 2-89472-056-4

1. Planification successorale - Canada - Ouvrages de vulgarisation.
I. Titre. II. Collection

KE5994.Z82F6714 1998   346.7105'3   C98-940736-5

Traduction de l'anglais : Danielle Bleau
Révision et correction : Jacinthe Lesage, Louise Dufour
Mise en pages : Studio Andrée Robillard
Conception graphique de la couverture : Studio DB

© Les Éditions Transcontinental inc., 1998
Dépôt légal : 2e trimestre 1998
Bibliothèque nationale du Québec
Bibliothèque nationale du Canada

ISBN 2-89472-056-4

Les Éditions Transcontinental remercient le ministère du Patrimoine canadien et la Société de développement des entreprises culturelles du Québec d'appuyer leur programme d'édition.

Collection

Affaires PLUS

> S a n d r a   E .   F o s t e r <

Partez
L'ESPRIT
en paix

Guide pratique de
planification successorale

**Traduit de l'anglais par
Danielle Bleau, trad. a.**

**Les Éditions
TRANSCONTINENTAL inc.**

Préface

Jean-Paul, 40 ans, pensait avoir encore bien du temps devant lui. Revoir son testament? Plus tard... Rien ne pressait. «En ce moment, je suis trop occupé: je réglerai cela cet été», avait déclaré Jean-Paul lorsqu'il avait discuté testament avec sa conjointe, à la naissance de leur premier enfant. De saison en saison, Jacques avait une urgence à régler d'abord... «Le testament? Bientôt, c'est promis!»

Mais, quelques années plus tard, le jour de l'accident qui lui a coûté la vie, Jean-Paul n'avait toujours pas mis d'ordre dans ses affaires. Son testament datait d'une quinzaine d'années. Depuis, il avait divorcé, rencontré Line, eu deux autres enfants de cette seconde union et, en plus, il s'était lancé en affaires avec un associé. Régler sa succession fut extrêmement compliqué.

Des cas comme celui de Jean-Paul, vous en connaissez. Pourtant, peut-être que, comme moi, vous répétez sans cesse, «il serait grand temps que je revoie mon testament». C'est pour nous que Sandra E. Foster a écrit *Partez l'esprit en paix*, qui a déjà connu un franc succès au Canada anglais sous le titre *You Can't Take It With You*. Cet ouvrage, solidement documenté et fort pratique, est aussi très humain. On n'y parle pas sèchement des testaments, des assurances et de la liquidation d'une succession. Au contraire: on y parle des gens que nous aimons et des précautions que nous devons prendre pour les protéger. Sandra E. Foster nous aide à mieux planifier, et surtout, elle nous convainc de passer à l'action, immédiatement.

Le magazine *Affaires PLUS* est donc honoré d'être associé à la publication de cet ouvrage dans la collection qui porte son nom aux Éditions Transcontinental. Ce livre s'inscrit parfaitement dans la philosophie d'*Affaires PLUS*, «le magazine de l'autonomie financière, professionnelle et personnelle».

Marie-Agnès Thellier
Rédactrice en chef, *Affaires PLUS*

Remerciements

Le présent livre résume les connaissances et les données que j'ai acquises au fil de ma recherche et de dizaines de discussions sur la planification successorale avec d'autres professionnels. Je tiens à remercier tous les professionnels dévoués que j'ai rencontrés et tous ceux qui s'appliquent à indiquer la voie à suivre dans leur profession et à donner à leurs clients les meilleurs conseils qui soient.

Un merci spécial à Karen Milner qui a cru à ce projet.

Merci à David Boyd-Thomas, Richard Chuback, avocat, John Kane, John Mott, comptable agréé, Elaine Pantel, comptable générale licenciée, Marilynne Seguin de la société Mourir dans la dignité et Pat Sherbin de MORE pour avoir révisé le manuscrit et m'avoir fait de nombreuses suggestions pertinentes.

Je désire remercier également mon époux Dave, pour sa confiance et son appui indéfectibles, et mes enfants pour leur patience.

Sandra E. Foster

Table des matières

La planification successorale, c'est bien plus que la rédaction du testament

Les histoires à propos de ce qui se passe dans les familles au décès d'une personne vont de l'horrible au « tout avait été prévu ». La planification successorale et la mort sont des sujets pénibles à aborder pour de nombreux Canadiens; il leur est d'autant plus difficile de les prévoir. C'est le propre de la société occidentale de nier que la mort nous frappera un jour ou qu'elle frappera un proche. C'est à croire que de parler de la mort rapproche l'échéance.

La plupart des gens associent la planification successorale à la rédaction du testament, mais en fait, c'est beaucoup plus que cela. La planification successorale comprend également la préparation de procurations, la minimisation des impôts et des frais, les considérations de soins de santé, les répercussions du droit de la famille et d'autres sujets importants. Bien que la planification successorale soit difficile à définir, disons qu'elle consiste à s'occuper des gens qui vous entourent, de votre communauté et des biens que vous avez accumulés et gérés.

Un plan successoral bien pensé est l'un des secrets d'un plan financier réussi. Malheureusement, on l'oublie trop souvent. Cela m'attriste d'entendre des gens dire: «J'aurais aimé ça le savoir plus tôt.» Chacun de nous, homme, femme, marié, veuf, divorcé ou célibataire, peu importe sa fortune, doit tenir compte de sa succession dans son plan financier. Tous les Canadiens, mêmes ceux qui ne se considèrent pas comme riches selon les critères traditionnels, ont accumulé des patrimoines importants au fil de leur vie: maison, chalet, REER, régimes de pension, bijoux et placements. Leur réussite vient du travail acharné secondé par l'inflation.

Vous avez le choix de ne rien faire. Toutefois, vous verrez que ce n'est pas au mieux des intérêts de votre famille, de votre entreprise et des autres personnes de votre entourage et que chacun devrait s'occuper de sa planification successorale. La société devenant de plus en plus litigieuse et réglementée, je crois que nous devons prendre des mesures pour tenir le plus possible l'État à l'écart de nos vies. Grâce à la planification successorale, nous pouvons plaider nous-mêmes notre cause et celle de notre famille.

Ce livre est le premier du genre au pays. C'est un guide pratique et complet qui s'adresse à l'ensemble des Canadiens. *Partez l'esprit en paix* regorge d'exemples et de questions qui m'ont été posées au fil du temps. L'information contenue dans le livre s'inspire de faits vécus, d'entrevues avec des Canadiens ordinaires et des professionnels, de l'interprétation des bulletins de nos ministères du Revenu et des lois fédérales et provinciales applicables.

Elle découle d'une recherche que je poursuis depuis nombre d'années.

Ce livre a pour but de vous aider à:

- évaluer vos besoins en matière de planification successorale;
- poser les bonnes questions à vos conseillers;
- organiser vos affaires financières;
- prendre les mesures qui s'imposent pour mettre en œuvre votre plan successoral.

La planification successorale peut être un exercice simple ou complexe. Il n'existe pas de solution idéale. Comment alors élaborer et mettre en œuvre un plan successoral qui répondra à vos besoins de votre vivant tout en avantageant vos bénéficiaires comme vous le souhaitez? Comment établir l'équilibre entre les questions financières et les questions de manigances personnelles au sein de votre famille? Toute stratégie doit tenir compte de ces différences. À titre d'exemple, vous désirez nommer votre enfant adulte bénéficiaire de votre REER. Mais il y a des avantages fiscaux à nommer votre conjoint dont votre enfant ne peut profiter. Le saviez-vous?

Nous verrons les divers moyens de distribuer votre patrimoine, ce qui arrive au décès, et les questions à considérer lorsque les biens sont laissés à un conjoint (planification entre même génération), aux enfants ou aux petits-enfants (planification entre générations différentes), ou à des œuvres de bienfaisance. Nous parlerons des fondements de la planification successorale, des stratégies de planification successorale les plus courantes et de leur fonctionnement, et de stratégies plus perfectionnées comme l'établissement de fiducies et les gels successoraux. Nous aborderons le côté humain de la planification successorale et les relations entre proches.

Nous discuterons de quelques-unes des stratégies de planification successorale utilisées par d'autres dans diverses situations. Il se peut, cependant, que les stratégies proposées ne conviennent pas tout à fait à votre situation. Une stratégie ou une technique donnée, prise hors contexte, peut sembler parfaite pour vous jusqu'à ce que vous l'associiez à d'autres objectifs ou considérations et que vous vous rendiez compte qu'elle est complètement hors de propos.

Ce livre renferme des aide-mémoire, des questionnaires et des formulaires à remplir. L'auto-évaluation est une étape importante de la planification financière. Et, en suivant cette information, vous arriverez peut-être à épargner quelques honoraires professionnels quand viendra le moment d'élaborer votre plan successoral.

Après avoir lu le livre, répondu aux questionnaires et rempli les formulaires, vous devriez être plus sûr de vous et mieux préparé lorsque vous rencontrerez un professionnel au sujet de votre planification successorale. Le fait d'être informé vous permettra d'établir le plan successoral le mieux adapté à vos besoins et à ceux de votre famille et de faire en sorte que vous n'en payiez pas plus que nécessaire à l'État, et le plus tard possible.

Le coût que représentent les services des professionnels pour la mise en place de votre plan successoral pourrait être relativement faible comparativement aux centaines ou milliers de dollars que vous épargnerez en disposant d'un plan successoral correctement documenté.

CONSEIL

Au fait, dans les exemples que je donne dans le livre, j'ai simplifié les chiffres du mieux que j'ai pu pour que vous compreniez facilement le propos. J'ai arrondi les chiffres au dollar près et utilisé un taux d'inflation de 3 % et un taux marginal d'imposition de 50 %, sauf lorsque j'indique un autre taux. Un taux marginal d'imposition de 50 % signifie que pour chaque dollar de revenu, 50 cents sont versés à l'État. Lorsque vous évaluez votre situation, vous devez utiliser les chiffres qui correspondent à votre réalité.

Mise en garde

Le droit de la famille et les lois portant sur les testaments, les procurations et les mandats, les fiducies, les testaments biologiques et les frais d'homologation varient d'une province à l'autre. En faisant mes recherches sur les lois régissant la planification successorale au pays, j'ai bien vu que l'intention de chaque province était la même, soit protéger les biens de la personne décédée après sa mort et assurer la protection des biens en cas d'inaptitude mentale. Cependant, les détails des lois et la terminologie utilisés varient d'une province à l'autre. À titre d'exemple, ce qu'on appelle une procuration pour affaires financières en Ontario s'appelle un mandat au Québec et une procuration dans d'autres provinces. Essayez de vous en rappeler si vous discutez de votre planification successorale avec des amis ou des parents qui habitent une autre province que la vôtre.

Ce livre ne se veut pas un guide officiel de planification successorale. Si vous êtes un professionnel de la planification successorale, veuillez comprendre que le but de ce livre est d'offrir une base d'information sur la planification successorale aux Canadiens qui ne possèdent pas votre expertise technique. Ce livre n'est pas non plus un document juridique ni un guide fiscal. Il ne donne pas d'avis juridique.

Par ailleurs, les partenaires de même sexe ne sont pas reconnus par la législation portant sur la planification successorale, mais la modification à la Loi sur les droits de la personne pourraient apporter des changements dans l'avenir. L'utilisation du mot «conjoint» dans la présente édition ne s'applique pas aux couples de même sexe. Il est important pour les couples de même sexe de documenter clairement leurs volontés.

Ce livre traite des questions générales et des stratégies à envisager au moment de la préparation d'un plan successoral. Il n'aborde pas toutes les considérations ni ne fournit des solutions à toutes les situations. Il vous apporte de l'information générale pour vous aider à comprendre le jargon de la planification successorale et les stratégies les plus courantes en la matière. Il est entendu que l'information qu'il renferme ne doit pas remplacer la consultation auprès d'un professionnel qui saura appliquer à votre situation personnelle le droit de la famille et les lois les plus récentes en matière d'impôt, de fiducie, de patrimoine et de succession.

L'analyse de ce livre représente l'opinion de l'auteur et les lois en vigueur au moment de la publication ainsi que les modifications budgétaires annoncées mais non officiellement reconnues par la loi. Toutes les mesures ont été prises pour assurer l'exactitude de l'information continue dans le livre au moment de la rédaction.

J'encourage les lecteurs à obtenir un avis financier, fiscal, juridique et professionnel avant de décider d'un plan d'action.

Cette traduction a été réalisée à partir de la deuxième édition de *You Can't Take It With You*, qui, à ce jour, a franchi le cap des 50 000 exemplaires vendus au Canada anglais. Cette édition tient compte des modifications apportées aux lois sur la planification des dons et le Régime de pensions du Canada. J'ai ajouté plus d'une dizaine de questions et de réponses, augmenté les renseignements touchant les Québécois et les Québécoises, étoffé le chapitre sur l'assurance-vie, ajouté de l'information sur les biens agricoles ainsi qu'une liste des devoirs de l'exécuteur testamentaire.

Je souhaite que l'information que vous trouverez dans ce livre vous permette d'être mieux informé et, ce faisant, de prendre de meilleures décisions pour vous et votre famille.

Je vous souhaite une très bonne lecture.

Aide-mémoire pour la planification successorale

La première étape de la préparation ou de la révision de votre plan successoral consiste à examiner votre situation actuelle afin d'établir où vous en êtes aujourd'hui et d'évaluer ce que vous comptez faire. Un plan successoral, comme tout autre plan, correspond à votre situation et à ce que vous désirez au moment où vous le préparez.

Faites l'exercice suivant. Toutes les questions auxquelles vous aurez répondu « Non » ou « Ne sais pas » méritent une attention particulière.

AIDE-MÉMOIRE

Oui	Non	Ne sais pas	
❑	❑	❑	Avez-vous préparé et signé un testament ?
❑	❑	❑	Avez-vous préparé et signé une procuration bancaire ou un mandat d'inaptitude ?
❑	❑	❑	Votre testament et votre procuration à des fins financières sont-ils à jour ?
❑	❑	❑	Si vous êtes marié ou avez un conjoint, avez-vous pris des mesures pour protéger les biens que vous avez apportés dans la relation ?
❑	❑	❑	Avez-vous nommé des bénéficiaires et des bénéficiaires subrogés pour votre REER, vos rentes, vos polices d'assurance-vie, votre FRV et vos FERR, vos régimes de pension et vos RPDB ?
❑	❑	❑	Les désignations de vos bénéficiaires sont-elles à jour ?
❑	❑	❑	Avez-vous nommé un liquidateur substitut et des mandataires substituts dans votre testament ?

Oui	Non	Ne sais pas	
❑	❑	❑	Avez-vous prévu subvenir aux besoins de toutes les personnes à votre charge ?
❑	❑	❑	Avez-vous fait en sorte que votre conjoint n'ait pas à faire une demande contre votre succession ?
❑	❑	❑	Avez-vous évalué l'impôt à payer à votre décès ?
❑	❑	❑	Avez-vous laissé à votre conjoint des biens qui pourront être transférés libres d'impôt ?
❑	❑	❑	Avez-vous examiné la meilleure façon d'enregistrer la propriété de vos biens ?
❑	❑	❑	Avez-vous estimé les frais d'homologation de votre testament ?
❑	❑	❑	Avez-vous suffisamment d'argent pour acquitter les frais reliés au décès (impôts, honoraires du liquidateur, frais d'homologation) sans qu'il faille vendre les biens de la famille ?
❑	❑	❑	Si vous avez des demandes spéciales pour vos funérailles, les avez-vous transmises à votre liquidateur ?
❑	❑	❑	Avez-vous préparé un testament biologique ou une directive médicale ?
❑	❑	❑	Avez-vous signé un mandat pour les soins personnels ou les soins de santé ?

Oui	Non	Ne sais pas	
❑	❑	❑	Avez-vous signifié vos intentions en matière de don d'organes ?
❑	❑	❑	Avez-vous pensé à prévoir un don à un organisme de bienfaisance ?
❑	❑	❑	Si vous avez une entreprise, avez-vous préparé un plan de relève ?
❑	❑	❑	Votre conjoint, vos enfants et votre liquidateur connaissent-ils les noms et les adresses de vos conseillers professionnels ?
❑	❑	❑	Votre conjoint, vos enfants et votre liquidateur savent-ils où trouver vos registres financiers, vos déclarations de revenus, vos comptes bancaires, votre coffret de sûreté et vos polices d'assurance ?
❑	❑	❑	Avez-vous préparé un inventaire personnel ? (Voir le chapitre 20.)
❑	❑	❑	Avez-vous préparé tous les documents nécessaires (testament, testament biologique, mandats et procurations) pour votre plan successoral ?
❑	❑	❑	Disposez-vous de tous les renseignements nécessaires pour préparer votre plan successoral ?
❑	❑	❑	Votre plan successoral est-il à jour ?

Chapitre 1

Qu'est-ce que la planification successorale ?

Si elle avait su...
et avait pris les moyens nécessaires !

J.

La planification successorale est probablement, pour chacun de nous, l'aspect de la planification financière le plus difficile à envisager. La planification successorale consiste à pourvoir aux besoins des autres — notre famille, nos associés en affaires, les œuvres de bienfaisance — et a trait au dernier chapitre de notre vie.

S'il vous est difficile d'aborder les questions qui entourent votre décès et de prendre les décisions essentielles qui s'imposent, sachez que vous n'êtes pas le seul. Mais prenez ces décisions en vous disant non pas *si* mais plutôt *quand*. Une dame m'a dit : « C'est très difficile pour moi de penser à tout cela et de m'assurer que je prends les bonnes décisions. En même temps, je ne

voudrais pas que ce soit l'État qui les prenne pour moi ou ma famille. »
C'est drôle comme l'idée de tenir l'État à l'écart de ses affaires personnelles est une motivation puissante !

LES 5 PRINCIPALES RAISONS DE NE PAS PRÉPARER DE PLAN SUCCESSORAL

1. Vous aimez payer des impôts.

2. Votre famille s'entend toujours à merveille.

3. L'État s'en occupera pour vous.

4. Vous n'êtes pas assez vieux.

5. Vous vivrez éternellement.

La planification successorale fait en sorte que vos bénéficiaires
obtiennent ce que vous souhaitiez à votre décès. Vous n'avez
cependant pas besoin d'être riche pour planifier votre succession.
Quiconque possède quelques biens et une famille a un patrimoine. Votre patrimoine successoral se compose de tout ce que
vous avez ou des titres que vous possédez, comme votre maison,
vos comptes bancaires, des actions, des obligations, des fonds
communs de placement, des biens immobiliers, des intérêts commerciaux, des régimes de retraite, des polices d'assurance, une
voiture, des bijoux, des collections d'objets d'art ou de pièces de
monnaie et d'autres objets personnels. Quelle que soit la valeur de
votre patrimoine, des étapes simples vous permettront de faire en
sorte que vos bénéficiaires seront ceux que vous avez choisis.

Les plans que vous ferez tiendront compte de votre situation
actuelle et de ce que vous prévoyez être nécessaire pour l'avenir.
Cependant, comme vous ne pouvez prédire l'avenir, vous devrez

mettre à jour votre plan successoral régulièrement. À tout le moins, un plan successoral exige la préparation ou la mise à jour des documents pertinents.

1.1 En quoi consiste un plan successoral ?

Un plan successoral doit refléter votre situation familiale, vos besoins de revenus présents et à venir, votre stratégie de placements, votre actif et votre passif courants et tous vos intérêts commerciaux. Parfois, la planification successorale est une question d'équilibre entre vos objectifs, votre dynamique familiale et les mesures législatives. Mais votre testament et votre plan successoral global n'ont pas besoin d'être compliqués. En fait, les meilleurs plans successoraux sont explicites, sinon simples. La planification successorale est véritablement une question personnelle et ce qui convient à quelqu'un d'autre n'est pas nécessairement ce qui vous conviendra.

L'un des secrets du plan successoral efficace est d'être le plus simple possible pour que votre liquidateur, vos bénéficiaires et vos fiduciaires n'aient pas à deviner vos intentions.

CONSEIL

La planification successorale traditionnelle est une démarche qui consiste à faire le point, à prendre des décisions, à étudier les besoins particuliers de vos bénéficiaires et à préparer les documents pertinents pour la transmission en bonne et due forme de vos biens à vos bénéficiaires.

Il existe 4 méthodes fondamentales pour distribuer vos biens :

1. en suivant les règles de votre province en matière de successions non testamentaires si vous décédez sans laisser de testament (chapitre 3) ;

2. en suivant les instructions stipulées dans votre testament ;

3. en les distribuant vous-même avant votre décès ;

4. par copropriété avec droit de survivance.

La première option est l'option par défaut ; elle s'applique si vous n'avez pas planifié ni préparé de testament valide. Peu importe la simplicité ou la complexité de votre plan successoral, la planification successorale exige que vous prépariez un testament. Par ailleurs, suivant votre situation, il se peut que vous deviez avoir recours à la troisième ou à la quatrième option en plus d'un testament pour distribuer efficacement vos biens. Toutefois, la planification successorale ne se limite pas à la distribution des biens.

Un bon plan successoral aborde toutes les questions reliées à votre situation personnelle et à vos priorités et peut voir à ce qui suit :

• Satisfaire vos besoins financiers pour le reste de votre vie.

• Vous protéger en cas d'inaptitude à gérer vos propres affaires.

• Indiquer les noms des bénéficiaires et ce qu'ils recevront après votre décès.

• Nommer le liquidateur qui administrera votre succession.

• Donner à votre famille des instructions sur vos volontés quant aux traitements médicaux, au don d'organes et aux arrangements funéraires.

• Vous assurer que votre famille pourra survivre financièrement après votre décès.

• Choisir qui s'occupera de vos enfants.

• Protéger les intérêts des enfants d'un mariage antérieur.

- Assurer la relève de votre entreprise de façon que celle-ci survive sans vous.

- Épargner à votre succession des milliers de dollars en honoraires et en impôts sur le revenu.

- Vous assurer que vos bénéficiaires reçoivent la valeur intégrale de leur héritage le plus facilement possible.

- Planifier les dons de bienfaisance.

En plus des questions qui ont trait à « ce que je veux qu'il arrive lorsque je mourrai », il faut ajouter les questions reliées à « ce qui se passera si quelque chose m'arrive avant que je meure » qui demandent des documents supplémentaires que j'appelle les documents « présuccession ». Les documents présuccession, comme les procurations et les testaments biologiques, peuvent s'avérer des ajouts fort pertinents à un plan successoral traditionnel. Ces documents permettent que les bonnes décisions soient prises en votre nom si vous êtes incapable de les prendre vous-même. Ils abordent des questions comme :

- Qui s'occupera de vos finances ?

- Qui devra prendre pour vous les décisions en matière de soins de santé ?

- Quelles décisions en matière de soins de santé voudriez-vous que ces personnes prennent ?

Comme la plupart des femmes mariées survivront à leur mari, le plan successoral doit s'assurer que la conjointe (ou vous-même) est prête à gérer l'argent. Encore de nos jours, ce sont souvent les hommes qui s'occupent de la gestion financière. Présenter la conjointe aux conseillers et la familiariser avec les types de décisions de placements qu'elle devra prendre peuvent être des éléments à inclure dans la planification successorale. Vous voulez aussi vous assurer que la succession ou les assurances permettront à votre famille de conserver son train de vie.

1.2 Quand devriez-vous préparer un plan successoral ?

Certains croient qu'ils sont trop jeunes pour préparer un plan successoral. Pourtant, l'âge n'est pas le facteur primordial. Nous espérons tous vivre vieux et en santé, mais nous n'y arriverons pas tous. Dès que vous possédez quelque bien ou une famille, vous devriez avoir un plan successoral.

La planification successorale ne se prépare toutefois pas sur le coin de la table. Elle doit faire partie d'une stratégie financière continue. Des gens à la fin de la quarantaine enterrent leurs amis, des personnes qui en étaient à leurs meilleures années du point de vue des revenus et qui n'avaient pas pris le temps de réfléchir au fait qu'ils étaient de simples mortels. Malgré tous les progrès de la médecine et de la technologie, nous ne pouvons éviter la mort. Cela ne veut pas dire qu'il faut devenir paranoïaque. Cela signifie simplement que vous devez, de temps en temps, vous imaginer ce qui arriverait si vous disparaissiez et prendre les mesures en conséquence.

Comme tout plan financier, votre planification successorale demande des mises au point régulières pour rester efficace. Si vous vous mariez, divorcez, vous remariez ou si vous êtes veuf, un examen de votre plan successoral pourra révéler les changements à apporter pour tenir compte de votre nouvelle situation personnelle. Si les personnes nommées dans votre testament sont incapables ou refusent d'agir en votre nom, une mise à jour des documents s'impose. Si la valeur de vos biens augmente ou diminue, le montant d'impôt sur le revenu exigé dans votre déclaration de revenus pour l'année du décès sera différent. Il est aussi très important de noter que votre plan successoral doit tenir compte des modifications aux lois fiscales, au droit des successions et au droit de la famille. Si vous prenez votre retraite à 65 ans et vivez jusqu'à 85 ans, pendant ces 20 années, les lois et la dynamique familiale peuvent changer. Quand vient le temps de la planification successorale, il vaut mieux trop tôt que trop tard !

1.3 Voulez-vous que l'État figure parmi vos bénéficiaires ?

Les gouvernements attendent votre décès pour percevoir les derniers impôts sur le revenu. Depuis que l'exemption de 100 000 $ pour gains en capital a été éliminée, votre succession pourrait devoir acquitter des impôts sur le revenu plus élevés qu'autrefois. Le volet planification fiscale de la planification successorale vous permettra de garder davantage d'argent pour vos bénéficiaires, de réduire vos impôts ou de vous assurer un revenu supérieur à la retraite.

Les Canadiens, même ceux qui ne se considèrent pas riches selon les normes habituelles, ont amassé une fortune importante tout au long de leur vie. Les gens de 60 ans et plus ont appris à être économes. Ils ont également investi dans une propriété, propriété dont la valeur s'est accrue rapidement en périodes de grande inflation (rappelez-vous quand les maisons coûtaient 10 000 $!). Les valeurs des biens immobiliers et d'autres biens ont fait monter la valeur nette de plus d'une génération de Canadiens. Les études révèlent qu'un plus grand nombre que jamais de fortunes s'apprêtent à changer de main au cours des deux prochaines décennies.

Si le fait de léguer un patrimoine important n'est pas une priorité pour vous, vous pouvez envisager des moyens de réduire l'importance de votre patrimoine imposable. Vous pouvez dépenser davantage pour vous-même aujourd'hui ou donner une partie de vos biens. Prenez, par exemple, vos REER (Régime enregistré d'épargne-retraite) ou vos FERR (Fonds enregistré de revenu de retraite). On vous a dit qu'il était préférable de laisser les sommes placées dans ces régimes le plus longtemps possible. Supposons que vous avez 62 ans et que votre conjoint décède. Vous transférez son REER dans le vôtre (exempt d'impôt) et vous le laissez fructifier pendant encore 7 ans, jusqu'à ce que vous atteigniez 69 ans. À ce moment-là, vous commencez à retirer le montant minimum permis, puis vous mourez à 75 ans. Sans planification, jusqu'à la moitié de votre FERR sera perçu sous forme d'impôt sur le revenu par Revenu Canada. Un FERR valant 150 000 $ à votre décès, en l'absence d'un conjoint survivant, aura un fardeau fiscal pouvant aller jusqu'à 75 000 $. Évidemment, vous voulez vous assurer d'en avoir assez pour satisfaire vos besoins, mais voulez-vous vraiment que l'État soit l'un de vos principaux bénéficiaires ? Je ne soutiens pas que vous devriez dépenser la totalité de votre FERR, mais vous devriez peut-être voir à minimiser le fardeau fiscal.

1.4 La préparation d'un plan successoral en vaut-elle la peine ?

L'État s'immisce de plus en plus dans nos vies privées et les lois portant sur les transferts de biens, la fiscalité et le droit de la famille se compliquent sans cesse. Si vous ne planifiez pas votre succession, l'État dispose de lois pour protéger vos intérêts. Mais les règles que suit l'État ne correspondent peut-être pas à la façon dont vous voulez que vos biens soient distribués aux membres de votre famille. Vous ne voulez pas qu'un fonctionnaire prenne des décisions à votre place. Vous voulez vous assurer que votre famille n'aura pas à se justifier auprès d'un fonctionnaire.

Ayant été témoin de ce qui arrive lorsque des gens n'ont pas de testament, je ne crois pas que quiconque âgé de plus de 18 ans, ayant une famille, un compte bancaire, une maison ou simplement quelques biens personnels ait les moyens de *ne pas* rédiger de testament.

COMMENT LA PLANIFICATION SUCCESSORALE PEUT VOUS AIDER À GARDER PLUS D'ARGENT POUR VOS BÉNÉFICIAIRES :

- Elle minimise les impôts.
- Elle laisse suffisamment d'argent pour payer vos factures.
- Elle minimise les frais d'homologation.
- Elle prévoit les dons de bienfaisance.
- Elle empêche vos enfants de dépenser leur héritage prématurément.
- Elle élabore des techniques de partage du revenu.
- Elle protège vos biens des créanciers.
- Elle s'assure que votre entreprise ne meurt pas en même temps que vous.

Certaines personnes disent : « Pourquoi s'en faire ? Laissons les enfants se débrouiller. » Je crois que, dans certains cas, elles tentent d'éviter de prendre l'avenir en considération ou d'envisager la mortalité. L'élaboration d'un plan successoral soulève de nombreuses questions et exige de nombreuses décisions ; certaines sont dans l'intérêt de vos bénéficiaires, mais d'autres sont également dans votre intérêt. Si le fait de penser à votre décès vous semble morbide, pensez aux autres solutions possibles.

Grâce à la planification successorale, vous pouvez plaider votre cause et celle de votre famille lorsque vous n'êtes plus en mesure de le faire physiquement. Avec des conseils judicieux, vous pouvez éviter de faire des erreurs commerciales, de droit, de placement ou fiscales.

En plus des dollars que vous épargnez en planifiant votre succession, le plan financier peut aussi vous procurer un sentiment de sécurité. Il vous apporte la tranquillité d'esprit parce que vous savez que vous vous êtes occupé de vos affaires financières de la meilleure manière qui soit. John F. Kennedy disait : « Un programme d'action comporte des risques et des coûts. Mais ils sont de loin inférieurs aux risques et aux coûts lointains de l'inaction. »

Vous ne planifiez bien sûr pas votre succession pour vous-même ; vous le faites pour les autres. Bien que cela semble un peu trop en demander, un plan successoral efficace peut réduire les tensions au sein de la famille. Nous connaissons tous des familles où les frères et les sœurs ne se parlent plus parce que l'un croit que l'autre a reçu quelque avantage caché. Le résultat d'un plan successoral réussi est la préservation de vos biens (des impôts ou d'une vente forcée) *et* le transfert sans heurt de ces biens à vos bénéficiaires d'une manière qui satisfait vos volontés.

J'ai interviewé S., 66 ans, quelques années après le décès de son mari. Celui-ci ne s'était jamais montré particulièrement intéressé à gérer les finances familiales, alors elle avait pris l'habitude de s'occuper de l'argent. Au moment du décès de son mari, les biens de la famille étaient soit à son nom à elle soit au nom des deux et le testament de son mari faisait état de ses volontés. À sa mort, le transfert des biens s'est fait sans heurt et à des coûts minimes. Voici son conseil : « Informez-vous ! Demandez conseil ! Et servez-vous de votre jugement ! »

Chapitre 2

En restera-t-il quelque chose ?

Mieux vaut vivre riche que mourir riche.

Samuel Johnson

Pour certains, la retraite et la planification successorale vont de pair. Mais, comme je l'ai dit, je crois que la planification successorale est importante à tout âge.

Planifier votre succession ne veut pas dire que vous devez vous acharner à bâtir le patrimoine le plus énorme possible pour le bénéfice des générations à venir. Comme certains, vous ne vous préoccupez peut-être pas outre mesure de laisser à vos enfants et à vos petits-enfants un gros héritage. Vous vous promenez peut-être avec un autocollant sur votre pare-chocs qui proclame : « Je profite de la vie avec l'héritage de mes enfants ! » Vous avez travaillé fort pour assurer votre retraite, pas la leur. Mais bon nombre de gens dans la quarantaine et la cinquantaine espèrent recevoir un héritage et l'incluent déjà dans la planification de leur retraite !

La priorité dans votre planification successorale doit être de vous assurer des revenus suffisants pour subvenir à vos propres besoins fiscaux. Certains ont appris à être économes et ont amassé un patrimoine important, mais ils ne savent pas comment dépenser intelligemment ce qu'ils ont acquis. Souvent lorsque je demande aux couples à la fin de la soixantaine le montant annuel dont ils ont besoin, ils ne le savent pas ! Ils dépensent le moins possible et s'inquiètent continuellement à propos de l'argent. La planification successorale traditionnelle suppose que vous aurez de l'argent ou une maison au moment de votre décès et cherche des moyens efficaces de distribuer votre argent et votre maison à vos bénéficiaires. Comme nous le verrons, il existe de nombreux moyens de réduire les impôts lorsque vous planifiez votre succession (voir chapitre 9). Mais n'oublions pas que le meilleur moyen de réduire le montant d'impôt à payer à votre décès, c'est de distribuer une partie de votre patrimoine de votre vivant ou d'en dépenser une partie vous-même.

Avant d'adopter l'une ou l'autre de ces stratégies, calculez ce dont vous aurez besoin pour vivre pendant votre retraite de façon à ne pas vous retrouver sans revenu. Il arrive qu'une personne âgée s'inquiète de ne pas avoir suffisamment d'argent pour se rendre jusqu'à la vieillesse quand, en réalité, elle en a plus qu'il ne lui en faut. Ou encore les enfants d'un parent âgé qui désire se départir de son argent aujourd'hui par l'entremise de la planification successorale et fiscale sont préoccupés par l'idée qu'il ne lui restera pas suffisamment d'argent pour l'avenir. Si vous donnez trop d'argent aujourd'hui et vous rendez compte plus tard qu'il vous en faut davantage, vous ne voudrez pas demander à votre famille de subvenir à vos besoins à ce moment-là.

2.1 La planification de la retraite

Comme les gouvernements réduisent les coûts et les prestations sociales, nous devons nous charger de plus en plus de notre retraite. Nous prévoyons que les prestations sociales, comme le Régime de pensions du Canada (RPC) et la Sécurité de la vieillesse (SV), ne seront plus aussi généreuses à l'avenir, si jamais elles existent encore. La vraie question, cependant, n'est pas de savoir si les prestations du RPC ou de la SV ou de pension d'une entreprise suffiront à assurer votre retraite, mais d'imaginer ce que vous ferez à 55, 65 ou 75 ans. Des études révèlent que 85 % des Canadiens n'épargnent pas suffisamment pour le train de vie qu'ils souhaitent à la retraite. Alors que restera-t-il pour la succession ?

Idéalement, à un moment ou l'autre de votre vie, vous passerez de la création d'un petit coussin de sécurité à l'utilisation de ce petit coussin. On me demande souvent : « Est-ce suffisant ? » et « Combien de temps va-t-il durer ? » Si vous ne connaissez pas les réponses à ces questions, vous pouvez vous inquiéter à l'idée de manquer d'argent. Personne ne peut vous dire exactement le montant dont vous avez besoin ni combien de temps il durera. Mais une prévision du revenu de retraite, basée sur l'expérience et sur quelques hypothèses prudentes sur l'avenir, peut vous servir de guide. Les prévisions du revenu de retraite restent des prévisions, mais elles peuvent s'avérer utiles pour déterminer si vous êtes sur la bonne voie ou si vous devez apporter des changements à votre planification. Une prévision ou un calcul des revenus de retraite doit tenir compte de ce qui suit :

- Votre revenu actuel

- Une estimation du revenu annuel que vous désirez au fil de votre retraite

- L'âge auquel vous aimeriez prendre votre retraite, ou votre âge actuel

- Les statistiques sur l'espérance de vie

- Le revenu mensuel de toute provenance à la retraite (y compris les prestations du RPC et autres prestations de la vieillesse si vous supposez qu'elles seront offertes)

- La valeur de vos économies actuelles placées dans un REER

- La valeur de vos économies et de vos placements à l'extérieur de votre REER

- Des hypothèses à propos de l'inflation et des rendements annuels de vos placements

CONSEIL

La prévision du revenu de retraite peut vous aider à déterminer si vous en aurez assez pour subvenir à vos besoins avec, peut-être, un petit surplus.

Il y a 30 ans, les gens passaient moins de temps à la retraite. À l'époque, un homme qui prenait sa retraite à 65 ans vivait en moyenne 7 ans comme rentier. Statistique Canada nous apprend qu'un homme qui prend sa retraite aujourd'hui vivra jusqu'à 80 ans environ. S'il prend sa retraite à 65 ans, elle durera 15 ans. Mais s'il prend sa retraite à 55 ans, c'est 25 ans de retraite qui l'attendent. Une femme qui prend sa retraite à 65 ans peut, quant à elle, s'attendre à vivre en moyenne jusqu'à 84 ans.

Avec le nombre sans cesse croissant d'années passées à la retraite, la planification financière prudente ne s'arrête pas à la retraite. Vous ne pouvez plus planifier votre retraite à 65 ans et vous attendre à ce que le monde reste plus ou moins le même pendant les 7 années suivantes. Il est important de se tenir au courant des changements dans les lois et les règles fiscales ainsi que des tendances économiques. La planification de la retraite et la planification successorale peuvent faire en sorte que vous en aurez plus pour vous et pour la génération qui vous suit.

2.1.1 Une analyse du flux d'encaisse

Pour évaluer votre situation financière, vous pouvez utiliser la technique qui consiste à rédiger un budget qui tient compte de vos sources de revenus et de vos dépenses quotidiennes pendant un mois ou un an. Elle répond à la question immédiate : « Est-ce qu'il rentre plus d'argent qu'il n'en sort ? », mais elle ne vous dit pas à quoi ressemblera votre situation financière dans quelques années.

Cherchez des moyens de réduire vos dépenses sans diminuer votre train de vie. Ne soyez pas orgueilleux ! Si vous avez droit à des rabais ou des avantages en raison de votre âge, profitez-en !

CONSEIL

Si vous voyagez à l'extérieur du Canada, même une seule journée, souscrivez à une assurance de soins de santé. Le fait de tomber malade à l'extérieur du pays et de devoir payer des frais médicaux non assurés peut gruger une bonne partie de votre patrimoine.

L'analyse du flux d'encaisse est une méthode plus efficace que le budget pour évaluer les moyens de maximiser votre revenu et de réduire vos impôts sur une période supérieure à un an. Elle ressemble aux types d'évaluation que font les entreprises de leur santé financière. Une analyse du flux d'encaisse tient compte de vos diverses sources de revenu et de vos dépenses par année. Elle doit aussi considérer les répercussions de la fiscalité et des décisions financières que vous pourriez prendre pendant la retraite. Elle vous aidera à établir de quelles sources vous devriez retirer un revenu, comme des prestations anticipées du RPC et des conversions anticipées de vos REER à des FERR, et à quel moment le faire. Voici quelques sources de revenus :

- Pension d'entreprise et si elle est indexée en fonction de l'inflation

- Prestations du RPC

- Prestations de la SV à l'âge de 65 ans

- Revenu de placements

- Revenu provenant des régimes enregistrés, des REER, de fonds de revenu viager (FRV) et des FERR

- Revenu provenant d'une rente

- Revenu d'entreprise

- Prestations de la Commission de la santé et de la sécurité du travail du Québec (CSST)

- Allocation d'ancien combattant

- Versements d'allocation d'entretien ou pension alimentaire

- Revenu de location

- Revenu provenant de la vente d'une maison

- Revenu d'une fiducie

La façon de structurer votre revenu à la retraite influera sur la valeur de votre patrimoine au moment de votre décès. À titre d'exemple, si les placements dans votre FERR rapportent plus que le montant retiré, la valeur de votre FERR va continuer d'augmenter. L'analyse du flux d'encaisse prévoira également la valeur de votre patrimoine par année.

L'analyse du flux d'encaisse permet également de prévoir les répercussions de certaines éventualités comme :

- Et si je retire de l'argent pour un voyage autour du monde ?

- Et si je convertis mon REER en FERR à 65 ans plutôt que d'attendre à 69 ans ?

- Et si je retire plus que le versement minimum du FERR ? Ou si je retire seulement le minimum ?

- Et si je commence à recevoir des prestations du RPC à 60 ans plutôt qu'à 65 ans ?

- Et si je devais aller dans un centre d'hébergement à 80 ans ?

- Et si plus tard les taux d'intérêt sont inférieurs à ceux d'aujourd'hui ?

En vous posant ces questions sur les éventualités possibles, vous pourrez établir les occasions de maximiser votre revenu et de minimiser vos impôts pendant plusieurs années. Simplement en réorganisant ses finances courantes, un couple a réussi à conserver 10 % de plus de son revenu annuel et à en donner moins à Revenu Canada. Prenez le RPC, par exemple. Si vous et votre conjoint avez plus de 60 ans et êtes à la retraite, vous pourriez répartir vos prestations du RPC de façon à recevoir tous deux une prestation égale. Si vous avez droit à 8 000 $ et que votre conjoint a droit à 2 000 $, vous pouvez partager les prestations de façon à ce que chacun de vous reçoive 5 000 $ par année. Si cette stratégie peut réduire votre fardeau fiscal, communiquez avec le bureau régional de Développement des ressources humaines Canada - Programme de la sécurité du revenu (voir les pages bleues de votre annuaire téléphonique) pour obtenir les formulaires nécessaires. En envoyant à Revenu Canada uniquement ce que vous lui devez chaque année, vous pourrez peut-être vivre un peu plus à l'aise ou conserver votre petit coussin un peu plus longtemps.

CONSEIL

Méfiez-vous des analyses du flux d'encaisse dont les hypothèses sont trop optimistes. L'analyse du flux d'encaisse n'est qu'une prévision. Rien ne garantit que l'avenir sera comme nous l'avons prédit. Il faut donc réviser régulièrement l'analyse du flux d'encaisse afin de tenir compte de tout changement, comme vos exigences en matière de revenu, les hypothèses mises à jour et les modifications apportées aux règles fiscales et aux prestations versées par l'État.

2.1.2 *Augmentez votre revenu au moyen d'une hypothèque inversée*

Si vous êtes propriétaire et retraité, vous voulez peut-être vivre dans votre maison. Mais que faire si vous manquez d'argent ? L'une des nouvelles options offertes au Canada pour ajouter à votre revenu est l'hypothèque inversée, qui peut vous procurer un revenu régulier, assuré par la valeur de votre maison. Une foule d'options et des caractéristiques sont offertes avec les hypothèques inversées. Il est préférable de demander un avis professionnel pour vous assurer de bien comprendre en quoi consiste un contrat hypothécaire inversé.

Dans un contrat hypothécaire habituel, vous faites des versements mensuels pour payer le capital et l'intérêt afin de rembourser l'hypothèque. Dans une hypothèque inversée, le revenu mensuel que vous recevez est puisé à même la valeur de votre maison et il vous est avancé. La valeur de votre maison est réduite de la somme qui vous est versée et de l'intérêt imputé.

Il faut des années pour rembourser une hypothèque habituelle lorsque vous empruntez pour acheter une maison. Une hypothèque inversée fonctionne en sens inverse. Lorsque vous empruntez sur la valeur de votre maison et que vous n'avez pas à rembourser de capital ni d'intérêt, la puissance de la capitalisation joue contre vous et votre succession. Certains sont préoccupés par cette idée, en particulier ceux qui ne prisent pas les dettes ou croient qu'une dette doit être remboursée le plus rapidement possible. Mais, si tout votre argent est placé dans l'immobilier *et* que vous avez besoin de revenu, l'hypothèque inversée peut être une solution.

Les hypothèques inversées ne conviennent pas à tout le monde et vous devez être certain de bien comprendre toutes les modalités du contrat et leurs répercussions. Pour en savoir davantage, vous pouvez, si vous lisez l'anglais, consulter un excellent ouvrage de P. J. Wade, publié par John Wiley & Sons et intitulé *Have Your Home and Money Too!*

2.2 Les prestations de décès courantes

Diverses prestations de décès peuvent être offertes à votre succession, selon votre âge, votre situation familiale et vos antécédents professionnels. N'oubliez pas de tenir compte de ces prestations lorsque vous calculez les montants dont disposeront votre conjoint et vos personnes à charge après votre décès.

2.2.1 Le Régime de pensions du Canada

Les prestations du RPC cessent au moment du décès. Mais le RPC verse une prestation de décès forfaitaire et des prestations mensuelles de survivant à ceux qui en font la demande et qui y sont admissibles. Le montant de la prestation de décès forfaitaire est calculé en fonction du nombre d'années pendant lesquelles la personne décédée a cotisé au Régime de pensions du Canada et du montant payé. En 1997, la prestation forfaitaire maximale était de 3 580 $. En 1998, on prévoit réduire le montant maximal à 2 500 $.

En plus du montant forfaitaire, il existe deux types de prestations mensuelles :

- Une prestation mensuelle de survivant au conjoint de la personne décédée

- Une prestation mensuelle d'orphelin aux enfants de la personne décédée (même si l'autre parent est encore vivant)

Si la personne décédée a cotisé au Régime de pensions du Canada pendant quelques années seulement, le montant de la prestation mensuelle pourra être inférieur aux montants apparaissant dans le tableau ci-dessous.

	Montant maximal**
Prestation de conjoint* survivant Si le conjoint est âgé de plus de 65 ans	442,09 $ par mois
Prestation de conjoint* survivant Si le conjoint est âgé entre 45 et 65 ans ou de moins de 45 ans et handicapé ou de moins de 45 ans avec enfants à charge	405,25 $ par mois
Prestation de conjoint* survivant Si le conjoint est âgé de moins de 35 ans, n'est pas handicapé et n'a pas d'enfants à charge	aucune
Prestation d'orphelin Si l'enfant est âgé de moins de 18 ans ou entre 18 et 25 ans et étudiant à plein temps	166,63 $ par mois

*ou conjoint de fait   **chiffres de 1997

La personne décédée n'était pas obligée de recevoir des prestations du RPC au moment du décès, mais ces prestations ne sont
pas versées automatiquement. Pour les recevoir, il faut remplir les
formulaires pertinents et soumettre une preuve de décès. Vous
trouverez les formulaires au bureau local du Programme de la
sécurité du revenu et dans certains salons mortuaires.

Votre conjoint ou votre liquidateur doit
faire parvenir les formulaires pour les
prestations du RPC au bureau du Programme
de la sécurité du revenu le plus tôt possible
après le décès puisqu'il y a une limite de 1 an
pour les prestations mensuelles. Ainsi, si vos
survivants font leur demande 18 mois après votre
décès, les versements mensuels peuvent être
rétroactifs pour une durée maximale de 12 mois. En
faisant la demande 18 mois après le décès, ils per-
dent 6 mois de prestations.

CONSEIL

Toute prestation reçue en vertu du Régime de pensions du Canada
est imposable. La prestation mensuelle d'orphelin est considérée
comme un revenu de l'enfant et si elle peut être mise de côté au
nom de l'enfant, tout le revenu qu'elle rapportera sera imposé au
taux d'imposition (vraisemblablement) inférieur de l'enfant. La
prestation de décès forfaitaire peut être incluse dans la déclaration
d'impôt sur le revenu du bénéficiaire ou dans celle de la succession. Le liquidateur déterminera quelle déclaration il faudra utiliser de façon à payer le moins d'impôt possible. (Les déclarations
d'impôt sur le revenu des personnes décédées font l'objet du
chapitre 10.)

Les prestations de survivant du RPC cessent au décès du conjoint
survivant ou lorsque le conjoint n'y est plus admissible. Les prestations d'orphelin prennent fin lorsqu'un enfant dépasse l'âge

admissible ou cesse d'aller à l'école. Toutefois, si un enfant quitte l'école puis y retourne et est âgé de moins de 25 ans, il peut demander le rétablissement des prestations.

2.2.2 Les prestations de la Sécurité de la vieillesse et les pensions de vieillesse

Les prestations de la Sécurité de la vieillesse et les pensions de vieillesse prennent fin au décès. Bien qu'il n'y ait pas de prestation de décès, un conjoint survivant peut recevoir des versements mensuels de conjoint s'il satisfait aux critères de revenu et de résidence.

2.2.3 L'indemnisation des accidents du travail

Si le décès est causé par une maladie ou une invalidité reliée au travail, la Commission de la santé et de la sécurité du travail du Québec ou la Commission des accidents du travail, selon la province, peut effectuer un versement forfaitaire ou un versement mensuel continu.

2.2.4 Les allocations aux anciens combattants

Si la personne décédée recevait une allocation destinée aux anciens combattants, elle peut avoir droit au financement des funérailles, de l'incinération ou de l'enterrement. Pour en savoir plus, communiquez avec le bureau local d'Anciens Combattants Canada.

Lorsque la succession n'a pas les moyens de faire des funérailles imposantes et que l'ancien combattant décédé satisfait aux critères de service en temps de guerre et de revenu, la succession peut être admissible à des fonds pour les funérailles consentis par le Fonds du Souvenir.

2.2.5 Le régime d'entreprise

Les règles des régimes de retraite des employés varient d'une entreprise à l'autre. Vous trouverez ci-dessous quelques-uns des avantages auxquels vous pouvez avoir droit en vertu du régime de retraite de votre entreprise. Je vous recommande de bien lire l'état de vos avantages sociaux ou de communiquer avec la personne responsable des avantages sociaux au Service des ressources humaines de votre employeur actuel ou de vos anciens employeurs pour connaître en détail les prestations de décès possibles et les modalités de toute assurance collective encore en vigueur.

Si vous n'êtes pas retraité

Le régime d'entreprise peut verser une prestation de décès à votre bénéficiaire. La prestation pourra prendre la forme suivante :

- Un montant forfaitaire établi en fonction des cotisations versées au régime pendant l'emploi, intérêts en sus

- Un montant forfaitaire établi selon un calcul actuariel

- Une prestation différée de pension

Votre bénéficiaire pourrait aussi recevoir une paie de vacances et les salaires impayés.

Si vous êtes à la retraite et recevez une pension

De nombreux conjoints supposent qu'ils continueront de recevoir la pension de l'entreprise de leur conjoint après le décès de celui-ci. J'ai été témoin du désarroi d'une nouvelle veuve lorsqu'elle a téléphoné à l'ancien employeur de son mari et qu'elle a appris que sa pension s'était éteinte avec lui. À votre décès, votre conjoint continuera-t-il de recevoir votre pension de l'entreprise ? La réponse à cette question pourrait faire toute la différence et vous indiquera si votre famille aura suffisamment de revenus pour vivre après votre décès. Si le paiement de votre pension cesse à votre décès, discutez-en *immédiatement* avec votre conjoint et voyez ce que vous pouvez faire.

Suivant l'option de pension que vous choisissez à la retraite, la pension mensuelle pourra :

- cesser au décès de la personne retraitée ;

- être versée au bénéficiaire jusqu'à la fin d'une période minimale garantie, comme 5 ou 10 ans après la retraite. À titre d'exemple, si vous avez pris votre retraite à la fin de 1991, que la période garantie pour les versements de votre pension était de 10 ans et que vous mourez en 1999, votre conjoint survivant continuera de recevoir des chèques de pension jusqu'à la fin de 2001 ;

- être versée jusqu'au décès du conjoint survivant, si vous aviez choisi l'option de pension réversible. En échange d'une prestation mensuelle inférieure à la retraite (parfois jusqu'à 40 % inférieure selon l'âge de votre conjoint), le régime d'entreprise convient de verser la pension jusqu'au décès du conjoint survivant. Avec une telle option, si vous survivez à la personne retraitée, la pension du survivant durera aussi longtemps que vous.

Bien que le montant mensuel en vertu de l'option de pension réversible soit inférieur à ceux qui sont offerts en vertu d'autres options de pension, ce n'est souvent pas au mieux des intérêts du conjoint de signer la cession du droit à cette option. Des conseillers mettent même en question la possibilité qu'un conjoint puisse signer la cession du droit à une pension réversible. Cependant, l'option de pension réversible peut s'avérer inutile si le conjoint dispose de son propre régime de retraite ou de moyens financiers importants ou si la succession a la *garantie* de disposer de biens ou d'une assurance-vie suffisants pour apporter un revenu qui remplacera la pension. Avant de signer la cession du droit à une pension de survivant, votre conjoint devrait obtenir des conseils financiers et juridiques.

2.2.6 Les autres prestations

Si vous avez acheté une rente, la prestation de décès, le cas échéant, dépend de la durée des versements choisie. Dans le cas d'une rente à vie, les versements prennent fin avec le décès. Si une durée garantie, comme 5 ans ou 15 ans, est stipulée au contrat de rente, les versements de la rente seront effectués au nom du bénéficiaire jusqu'à la fin du contrat de rente. À titre d'exemple, si la durée garantie est de 10 ans et que vous mourez à la fin de la 8e année de versements, les versements au bénéficiaire désigné se poursuivront encore pendant 2 ans.

EN RÉSUMÉ

Le calcul vous permettant de savoir si vous et votre conjoint survivront à votre argent ne relève pas de la science exacte. Nous ne pouvons pas prévoir les changements à venir quant aux règles fiscales sur le revenu, à d'autres lois, à la valeur du dollar canadien ou aux coûts des soins de santé. Il faut faire des estimations à partir d'hypothèses :

- Le montant qu'il vous faut pour maintenir votre niveau de vie

- Le nombre d'années que vous allez vivre

- Le taux de rendement que vous allez obtenir de vos placements

- Le taux d'inflation

- Les coûts à venir d'éléments divers comme les maisons de retraite

Laissez-moi vous dire qu'il est préférable de laisser trop d'argent à votre décès plutôt que d'en manquer dans les dernières années de votre vie et qu'il vaut mieux conserver un coussin au-delà de ce que vous pensez avoir besoin.

Il est important de réviser votre plan tous les deux ou trois ans afin de vous assurer qu'il reflète toujours vos priorités et vos besoins ainsi que les modifications apportées aux lois pertinentes. L'économiste Peter Drucker a dit : « Le meilleur moyen de prédire son avenir, c'est de le faire soi-même. »

Après ce chapitre sur les prestations offertes, cela doit être clair pour vous que votre succession n'est pas quelque chose dont quelqu'un d'autre peut s'occuper après votre décès. Les choix que *vous* faites en ce qui concerne votre situation financière avant et après la retraite font la différence entre bien prendre soin des personnes qui vous sont chères ou ajouter à leur chagrin en les accablant de difficultés financières.

Chapitre 3

Mourir intestat : distribuer votre patrimoine sans testament

Les faits ne disparaissent pas parce qu'on n'en tient pas compte.

Aldous Huxley

Lorsqu'il est question de planification successorale, trop de gens se disent « si » au lieu de « quand ». C'est peut-être ce qui explique les résultats d'un sondage mené en 1993 pour l'Association des compagnies de fiducie du Canada, qui ont révélé que seulement la moitié des Canadiens âgés de plus de 18 ans ont un testament.

Quiconque décède sans laisser de testament valide (ou qui peut être localisé) est jugé comme étant mort intestat, c'est-à-dire sans testament. Les gouvernements se sont vite rendu compte que c'était une situation qui pourrait éventuellement toucher tout le monde. C'est pourquoi chaque gouvernement provincial dispose de règles légales qui établissent les bénéficiaires et ce à quoi ils ont droit ainsi que d'autres règles pour ceux qui meurent sans testament. La distribution des biens selon ces règles peut ne pas correspondre du tout aux besoins de vos bénéficiaires et à la façon dont ils auraient aimé disposer de votre patrimoine.

Certains croient que leurs biens iront au gouvernement s'ils meurent sans testament. Ce n'est pas le cas. Le gouvernement n'est que le bénéficiaire en dernier recours et on l'appelle parfois l'«ultime héritier». Les biens iront au gouvernement seulement si vous mourez sans laisser de testament *et* que vous n'avez pas de parents vivants; c'est ce qu'on appelle une succession en déshérence.

Voyons ce qui arrive si vous mourez sans laisser de testament.

3.1 Les bénéficiaires et les legs

En vertu du testament standard provincial, les biens sont distribués selon les règles des successions non testamentaires de votre province. Il n'y a aucune souplesse dans ces règles «universelles». Des personnes que vous voudriez voir hériter peuvent être oubliées et d'autres qui héritent peuvent ne pas être celles que vous aviez choisies. Les règles légales ne prévoient pas d'allocations à un membre de la famille à qui vous auriez voulu laisser un petit plus pour l'aider dans une situation particulière ou à celui qui a des besoins spéciaux. Si vous avez un conjoint de fait, il n'a pas le droit d'obtenir de biens selon les règles des successions non testamentaires de la plupart des provinces. En réalité, les lois sur les successions non testamentaires ne s'appliquent pas aux unions de fait, mais uniquement aux liens par le sang et par le mariage. Si vous avez des enfants d'un mariage précédent, vos biens pourraient aller aux enfants de votre conjoint actuel plutôt qu'à vos propres enfants. Si vous désirez laisser un héritage aux enfants de votre conjoint, ces derniers ne seront pas traités de la même façon que les vôtres.

Si vous avez un conjoint et de jeunes enfants, vous aurez les mêmes intentions que la plupart des gens : vous voudrez que votre conjoint hérite de tout votre patrimoine, puis qu'à son décès vos enfants héritent des biens qui resteront. Mais il est erroné de croire que, si vous êtes marié, tous vos biens iront automatiquement à votre conjoint. La plupart des provinces ont prévu une part préciputaire, allant de rien du tout à 200 000 $, à laquelle votre conjoint a droit avant que les biens ne soient distribués à vos enfants.

Le tableau 1 montre la part préciputaire accordée selon les provinces et les territoires.

Tableau 1	
PROVINCE/TERRITOIRE	**PART PRÉCIPUTAIRE***
Alberta	40 000 $
Colombie-Britannique	65 000 $
Île-du-Prince-Édouard	50 000 $
Manitoba	50 000 $
Nouveau-Brunswick	0 $
Nouvelle-Écosse	50 000 $
Ontario	200 000 $
Québec	0 $
Saskatchewan	100 000 $
Terre-Neuve	0 $
Territoires du Nord-Ouest	50 000 $
Yukon	0 $

*en janvier 1997

Votre conjoint recevra la totalité du patrimoine après que toutes les dettes auront été payées seulement si vous n'avez pas d'enfants ou que la valeur de votre patrimoine est très petite. Si votre patrimoine vaut plus que la part préciputaire et que vous mourez sans laisser de testament, votre conjoint ne recevra *pas* la totalité de votre patrimoine et une partie de celui-ci ira directement à vos enfants! Bien que cela convienne tout à fait dans certaines circonstances, ce n'est pas toujours le cas.

Si vous n'avez pas de testament et que vous n'avez ni conjoint ni enfants qui vous survivent, votre patrimoine sera distribué à d'autres membres de la famille.

Le tableau 2 montre la distribution du reliquat de la succession d'une personne décédée sans laisser de testament. Le reliquat d'une succession non testamentaire est ce qui reste de la succession après l'acquittement de tous les impôts, factures, honoraires, les dépenses et la remise des legs particuliers.

Tableau 2

PERSONNE DÉCÉDANT SANS TESTAMENT LORSQUE LA VALEUR DE LA SUCCESSION EST SUPÉRIEURE À LA PART PRÉCIPUTAIRE (RÉSUMÉ PROVINCIAL)

Conjoint survivant sans enfants	Le conjoint reçoit 100 % du reliquat.
Avec un enfant	Le conjoint reçoit la part préciputaire du reliquat. En l'absence d'une part préciputaire ou dans le cas de montants supérieurs à la part préciputaire, la moitié du reliquat va au conjoint et l'autre moitié va aux enfants.
Avec plus d'un enfant	Dans toutes les provinces sauf au Manitoba : le conjoint reçoit la part préciputaire, le cas échéant, et un tiers du reliquat. Les enfants se partagent le deux tiers du reliquat.
	Au Manitoba : le conjoint reçoit la part préciputaire et la moitié du reliquat. Les enfant se partagent l'autre moitié du reliquat.
Sans conjoint un enfant ou plus	Les enfants se partagent le reliquat de façon égale.
Sans enfants	Les parents se partagent le reliquat de façon égale. Au Québec, les parents héritent de 50 % et les frères et sœurs de 50 %.
Sans conjoint, sans enfants, sans parents	Les frères et sœurs se partagent le reliquat de façon égale. S'il n'y a aucun frère ou sœur vivant, tous les neveux et nièces se partagent alors le reliquat de façon égale. En l'absence de famille éloignée, la succession va au gouvernement provincial.

Certaines provinces possèdent des lois qui protègent l'intérêt du conjoint dans la maison familiale ou le patrimoine même si quelqu'un meurt sans testament. À titre d'exemple, si vous mourez sans laisser de testament au Québec, votre conjoint aura droit à une pension alimentaire et aux biens familiaux qui sont les suivants, peu importe la propriété légale de ces biens :

• la résidence familiale et l'ameublement

• les véhicules utilisés par la famille

• les bénéfices accumulés dans un régine de pension ou un REER au cours du mariage moins le passif.

En Ontario, votre conjoint peut choisir, en vertu de la Loi sur le droit de la famille, de recevoir pas moins de 50 % des biens familiaux nets (voir le chapitre 11). Au Manitoba, la Homestead Act protège l'intérêt d'un conjoint survivant dans la maison familiale.

Si un testament ne dicte pas la distribution d'une part du patrimoine, la distribution de cette part est exécutée selon les règles provinciales des successions non testamentaires. À titre d'exemple, un testament rédigé sans l'aide d'un notaire pourrait ne pas préciser la distribution du reliquat. Dans un tel cas, le reliquat sera réparti suivant les règles des successions non testamentaires.

Le tableau 3 montre la distribution d'une succession non testamentaire au Québec. Nous allons utiliser l'information dans l'exemple qui suit.

Tableau 3

PERSONNE DÉCÉDANT SANS LAISSER DE TESTAMENT AU QUÉBEC

Conjoint survivant avec enfants	Le conjoint reçoit le tiers du reliquat. Les deux tiers sont partagés entre les enfants.
Sans conjoint avec enfant	Les enfants ou leur descendance se partagent le reliquat.
Sans conjoint, sans enfants ni autre descendance	Une moitié va aux parents et l'autre moitié va aux frères et sœurs. Si les parents sont décédés, les frères et sœurs et les neuveux et nièces reçoivent une part égale du reliquat. S'il n'y a pas de frères et sœurs vivants, les neveux et nièces se partagent le reliquat à parts égales. Si on ne peut trouver aucun proche parent, la succession va à l'État.

Voyons ce qui est arrivé à Denis et Hélène qui vivaient au Québec.

EXEMPLE

Denis et Hélène ont été mariés pendant 25 ans. Ils ont eu deux enfants, Joëlle (16 ans) et Maude (19 ans). Denis et Hélène possédaient une maison non hypothéquée d'une valeur de 150 000 $ au nom de Denis, une assurance-vie de 100 000 $ dont Hélène était la bénéficiaire et 200 000 $ dans un REER. Denis a toujours été trop pris par ses affaires pour prendre le temps de rédiger son testament et il a présumé qu'Hélène hériterait de tout. De plus, Denis n'avait que 49 ans et pensait qu'il avait encore beaucoup de temps devant lui.

Denis est décédé subitement, sans laisser de testament. Ses biens ont été distribués comme suit : le montant de l'assurance-vie a été versé directement à Hélène parce qu'elle était la bénéficiaire désignée sur la police.

Le reste du patrimoine a été distribué selon les règles des successions non réglementaires et les règles des pensions alimentaires en vigueur au Québec. Maude a reçu sa part immédiatement ; la part de Joëlle a été détenue par le curateur public et lui a été versée lorsqu'elle a atteint 18 ans.

Vous pouvez trouver cette distribution équitable puisqu'elle a donné aux enfants de quoi payer leurs études. Mais s'ils avaient utilisé l'argent pour s'acheter une voiture ou pour voyager ? Hélène aurait-elle pu gérer l'argent de la famille de façon à subvenir à ses besoins et à ceux des enfants sans avoir recours au curateur public dans le cas de Denis ?

Modifiez les chiffres de l'exemple ci-dessus et voyez ce qui se produirait dans votre situation. Les lois sur les successions non testamentaires de votre province reflètent-elles les besoins de votre famille et vos volontés ? La plupart des gens, une fois qu'ils ont compris ce qui arrivera s'ils décèdent sans testament, en rédigent un ou prévoient de le faire ou du moins commencent à y penser.

Lorsque Revenu Canada a commencé à traiter les conjoints de fait comme les conjoints mariés pour usage fiscal, les gens ont cru que cela signifiait que les conjoints de fait étaient traités comme les conjoints mariés selon *toutes* les lois. Ce n'est pas le cas. Les conjoints de fait ne jouissent *pas* de droits automatiques aux biens en vertu des lois sur les successions non testamentaires. Ils peuvent avoir droit à la résidence familiale ou au soutien financier s'ils sont des personnes à charge de la personne décédée, selon le droit de la famille en vigueur dans la province.

EXEMPLE

Paul a quitté sa femme Louise il y a deux ans et a loué un appartement avec Marie, qui menait une carrière professionnelle. Paul et sa femme n'ont jamais divorcé et ne se sont pas non plus séparés légalement. Le testament de Paul nomme Louise comme liquidatrice et unique bénéficiaire. Qu'est-il arrivé à son décès ? Louise a hérité de tout.

Si Paul avait planifié sa succession, il l'aurait peut-être distribuée autrement. Lorsqu'il a pensé à planifier sa succession, il vivait avec Marie depuis deux mois seulement et il ne voulait pas changer son testament avant d'être certain que sa relation avec Marie allait durer. Le temps a passé et il ne s'est jamais occupé de faire les changements nécessaires. Et Marie a été écartée de la succession.

Si votre conjoint est du même sexe que vous, les lois actuelles sur les successions non testamentaires ne vous seront d'aucun secours (bien qu'un récent règlement du tribunal touchant les versements de pension alimentaire pour les couples mettant fin à une relation entre gens de même sexe puisse laisser supposer que d'autres changements sont à venir). Pour vous assurer que vos biens iront à votre partenaire, vous devriez officialiser un plan successoral au moyen d'un testament, d'un contrat, d'une fiducie, d'une assurance-vie ou de l'enregistrement en copropriété de vos biens. J'aimerais vous dire que vous pouvez compter sur la bonne volonté des autres membres de la famille, mais ce n'est normalement pas le cas. La famille peut ne pas être au courant de cette relation ou ne pas l'accepter. D'après mon expérience, le droit légal a habituellement préséance sur toute considération humaine.

3.2 Les délais dans la distribution de votre patrimoine

Sans testament, personne ne peut gérer les affaires de la personne décédée avant la nomination d'un administrateur (dans certaines provinces, on l'appelle le représentant successoral). Personne n'a le pouvoir d'agir avant que le tribunal ne nomme l'administrateur qui distribuera la succession selon les règles des successions non testamentaires ; l'administrateur a les mêmes pouvoirs que le liquidateur et le pouvoir d'administrer la succession. En général, le tribunal émet des lettres d'administration testamentaire ou un Certificat de nomination d'un fiduciaire d'une succession non testamentaire (semblable aux lettres d'homologation — voir le chapitre 7) aux membres de la famille selon une liste prioritaire qui commence par le conjoint, les enfants et les petits-enfants. Il se peut que la personne nommée ne soit pas quelqu'un que vous auriez choisi ou même le membre de la famille le plus apte à s'acquitter de la tâche.

Tout est en suspens tant que l'administrateur n'est pas nommé. Jetez un coup d'œil à votre propre situation et demandez-vous : « Qu'arriverait-il à mes biens ou à mon entreprise si personne n'avait le pouvoir de prendre des décisions et de les exécuter pendant quelque temps ? » Pensez à la tension que cela causerait à votre famille. Si la personne décédée était mariée, son conjoint souffrirait vraisemblablement de l'incertitude et de l'attente qui pourraient toutes deux être évitées par la rédaction d'un testament.

La population du Canada vieillit et les gouvernements réduisent leurs services. À ceux qui n'ont pas envie de rédiger un testament je souhaite qu'il reste un ministère avec suffisamment de ressources pour s'occuper de tous les documents pour votre famille !

Avec un testament valide, votre liquidateur reçoit le pouvoir d'agir à titre d'administrateur de votre succession dès que le testament est confirmé au moyen d'une procédure qu'on appelle homologation. Sans testament, la distribution de votre patrimoine à vos bénéficiaires sera plus longue.

3.3. Un coût supérieur pour l'administration de votre succession

Une succession non testamentaire coûte plus cher à administrer que la même succession avec testament. La différence vient de ce qui suit :

- Frais juridiques que doit débourser la famille pour demander au tribunal de nommer un administrateur.

- Coût du dépôt d'une caution pour vous assurer que les biens de la succession ne seront pas mal gérés par l'administrateur ou si le liquidateur n'est pas canadien. Normalement, on n'exige pas le dépôt d'une caution lorsque le liquidateur nommé dans le testament est canadien. Il est possible d'obtenir cette caution financière auprès d'une compagnie d'assurances (en payant une prime annuelle).

- Frais juridiques supplémentaires pour régler d'autres questions.

Les quelques centaines de dollars que coûte la rédaction d'un testament valide sont beaucoup moindres que les centaines ou milliers de dollars qu'il en coûte pour régler une succession non testamentaire ! Je connais un notaire qui ne donnera même pas d'estimation du coût du règlement d'une succession non testamentaire avant de connaître les gens touchés et la situation financière de la personne décédée.

3.4 Le prélèvement supplémentaire d'impôt sur le revenu

La plupart des gens sont indignés du montant d'impôt sur le revenu qu'ils paient de leur vivant, mais ils n'en reviendraient pas s'ils comprenaient le fardeau fiscal qui attend leurs héritiers. Si vous n'avez pas préparé de testament, vous ne vous êtes pas préoccupé non plus de planification successorale. Par conséquent, votre succession pourra payer un impôt sur le revenu de beaucoup supérieur à ce qu'il aurait été si vous aviez planifié un tant soit peu votre succession.

Comme nous l'avons vu, si vous avez un conjoint et des enfants, votre conjoint ne reçoit pas automatiquement tous vos biens. Tous les biens laissés au conjoint peuvent faire l'objet d'un transfert à imposition différée à ce conjoint. Mais tous les biens reçus par votre enfant sont considérés comme «vendus» par Revenu Canada, sans possibilité de différer l'impôt. Si la valeur de ces biens a augmenté depuis que vous les avez acquis, votre succession devra payer un impôt supplémentaire sur le revenu.

Parfois, le fait de sauter une génération et de laisser vos biens à vos petits-enfants en fiducie (par exemple pour leurs études) peut se traduire par un fardeau fiscal moindre pour la famille. Cependant, une telle stratégie ne peut se faire sans testament.

3.5 La perte d'occasions de placements

Sans testament, personne n'a l'autorisation légale de gérer et de renouveler vos placements avant qu'un administrateur ne soit nommé par le tribunal. Dans une famille, un frère est décédé et un frère survivant a vu la valeur des parts détenues par le défunt passer de 25 $ à 5 $ l'unité en 5 semaines. Personne n'avait l'autorisation légale d'intervenir et de donner des instructions pour que soient vendues les actions avant que le cours ne s'effondre. La personne décédée n'avait que 33 ans et n'avait pas encore pensé à planifier sa succession.

Une fois nommé, l'administrateur jouit de pouvoirs limités relatifs à l'investissement et peut seulement détenir les placements énumérés dans la Loi sur les fiduciaires de votre province. Cette énumération n'a rien de fondamentalement mauvais ; pourtant, vous devrez peut-être racheter un placement à un moment où les conditions du marché sont moins que favorables, à moins d'obtenir une homologation spéciale du tribunal (encore des frais !). Cela signifie également que votre administrateur ne peut pas envisager des placements qui autrement auraient convenu à votre stratégie de placements. Avec un testament, vous pouvez donner à votre liquidateur les pouvoirs de gérer vos placements comme bon lui semble.

3.6 La nomination des tuteurs

Un tuteur est une personne qui s'occupe d'un enfant jusqu'à sa majorité. Les documents juridiques parlent de mineurs lorsqu'ils s'agit d'enfants, mais ils sont loin d'être une considération mineure. En réalité, le fait de pourvoir aux besoins des enfants motive de nombreuses personnes à préparer leur premier testament.

Si vous avez des enfants qui ne sont pas majeurs (l'âge diffère selon les provinces), et que vous mourez sans conjoint et sans testament, le tribunal nommera un tuteur pour s'occuper d'eux. La personne nommée par le tribunal peut ne pas être celle que vous voudriez voir assumer ce rôle auprès de vos enfants. Cependant, le curateur public (aussi appelé tuteur public) tiendra compte des recommandations de votre parenté.

3.7 Les bénéficiaires mineurs

Un héritage versé à un enfant doit être détenu en fiducie pour cet enfant (à moins d'instruction contraire de la part du tribunal) jusqu'à ce qu'il atteigne l'âge de la majorité *même* si vous avez un conjoint. Pour protéger l'héritage, le fiduciaire peut avoir à rendre des comptes régulièrement au curateur public et justifier comment l'argent a été dépensé et géré au nom de l'enfant, ce qu'un parent n'a habituellement pas à faire. S'il s'agit d'un montant important, le fiduciaire peut également avoir à déposer un cautionnement d'exécution pour l'argent. Ou encore, les biens pourraient être administrés par le curateur public de votre province.

Les bénéficiaires mineurs ont le droit de recevoir leur part de la succession non testamentaire lorsqu'ils atteignent l'âge de la majorité. Vous vous rappelez quand vous aviez 18 ans? Que diriez-vous si vos enfants recevaient un montant important d'argent à cet âge? Vous voulez vous assurer de pourvoir à leurs besoins quotidiens et à leurs études, mais vous ne souhaitez pas qu'ils reçoivent de somme importante avant d'être assez vieux (et présumément plus adultes). Malheureusement, sans testament, l'héritage ne peut pas être retenu lorsque les enfants ont atteint l'âge de la majorité, même si le fait de le distribuer plus tard répondrait mieux à leurs besoins.

3.8 Aucune clause en cas de décès simultanés

Certains couples pensent qu'en étant copropriétaires de leur maison et de tous leurs biens, ils n'ont pas besoin de testament. Mais l'enregistrement conjoint n'offre aucune protection si vous et votre conjoint décédez ensemble, simultanément.

Si les conjoints décèdent simultanément sans testament, les biens de chacun sont distribués comme si chacun était décédé avant l'autre. Les biens de l'un vont à ses bénéficiaires à lui et les biens de l'autre vont à ses bénéficiaires à elle.

QUESTION
RÉPONSE

En l'absence d'un testament, le tribunal doit-il s'occuper du règlement de la succession ?

Si la valeur de la succession n'est pas importante et que tous les héritiers sont d'accord, il peut être possible de régler la succession sans l'intervention du tribunal ni demande d'homologation. Mais cela ne signifie pas qu'il n'y aura pas de frais. Si tous les bénéficiaires sont des adultes habilités à se porter héritiers (dans le sens juridique du terme) et qu'ils sont prêts à signer des documents notariés et des lettres de caution, les lettres d'administration testamentaire ne sont pas nécessaires. Une petite succession comprenant un petit REER et un compte bancaire touchait des bénéficiaires adultes qui habitaient dans des provinces différentes et ne s'entendaient pas sur la répartition des biens. Bien que le règlement de la succession ne soit pas passé par le tribunal, il a coûté 2 000 $ en frais juridiques. Comparez ce montant à ce qu'il en coûte pour rédiger un testament !

 **EN RÉSUMÉ** À vous de choisir : préparer un plan successoral comprenant un testament ou utiliser la version « universelle » ordinaire de la province. Si votre patrimoine est distribué suivant les règles de successions non testamentaires, les frais juridiques seront vraisemblablement plus élevés, les délais plus longs et l'impôt sur le revenu plus élevé sans oublier l'exaspération accrue de vos survivants. Je préférerais avoir un testament (et c'est mon cas) qui distribue mes biens comme bon me semble, qui donne à mon liquidateur une plus grande marge de manœuvre, qui est plus rentable au point de vue fiscal, qui n'exige pas de rendre des comptes au gouvernement et selon lequel l'argent que je laisse à mes enfants sera géré par des gens qui savent ce qui compte pour moi.

Maintenant que vous savez tout ça, avez-vous pris rendez-vous avec un notaire pour préparer votre testament ?

Chapitre 4

Distribuer votre patrimoine par testament

Je suis allé voir un notaire, j'ai signé mon testament puis j'ai pris l'ascenseur pour rentrer chez moi. L'ascenseur s'est arrêté entre deux étages et j'étais certain que j'allais mourir sur-le-champ parce que je venais tout juste de faire mon testament. Après ce qui m'a semblé des heures mais qui n'était en fait que quelques minutes, les portes de l'ascenseur se sont ouvertes et j'ai rampé jusqu'à l'étage le plus proche. Mon amie, qui m'attendait dans l'auto, m'a dit que j'étais blanc comme un drap!

M.

Êtes-vous de ces gens qui remettent sans cesse la préparation de leur testament parce qu'ils ont l'impression que de rédiger leurs dernières volontés raccourcira leurs jours? Contrairement à ce que vous pensez, le fait de rédiger son testament ne fait pas mourir prématurément! Pourtant, nombreux sont ceux qui trouvent difficile de penser à préparer un testament, à plus forte raison d'en parler.

Le testament est le document **fondamental** d'un plan successoral et a **deux fonctions principales**. Sa première fonction est de nommer un **exécuteur testamentaire** qui administrera votre succession. L'exécuteur testamentaire prend parfois le nom de fiduciaire, de représentant testamentaire ou d'administrateur. Au Québec on l'appelle le liquidateur testamentaire ou liquidateur. La deuxième fonction du testament est d'indiquer **la répartition de vos biens à vos bénéficiaires**. Le fait d'avoir un testament fera en sorte que votre succession se réglera plus facilement et à moindre coût que si vous mouriez sans laisser de testament. Vous êtes libre de laisser vos biens à qui vous voulez et d'empêcher certaines personnes de recevoir des prestations, sous réserve du droit de la famille dans votre province.

Par testament, vous pouvez :

- nommer un liquidateur qui s'occupera d'administrer et de distribuer votre patrimoine ;

- attribuer des pouvoirs administratifs particuliers à votre liquidateur ;

- préciser comment vous désirez que votre patrimoine soit administré et distribué après votre décès ;

- décider qui héritera de votre argent et de vos biens ;

- indiquer le choix d'un tuteur pour vos enfants et établir une fiducie pour tout bien devant être détenu jusqu'à ce qu'ils soient plus vieux ;

- distribuer vos biens de façon à minimiser l'impôt sur le revenu ;

- mettre en œuvre des stratégies qui visent à réduire l'impôt sur le revenu pour l'année du décès et qui seraient impossibles à appliquer sans un testament, etc.

Un testament est un document juridique signé qui peut être révisé et mis à jour autant de fois qu'il est nécessaire. Les dispositions énoncées dans votre testament entrent en vigueur uniquement à votre décès. D'ici là, elles n'ont aucun effet.

QUESTION
RÉPONSE

J'ai préparé mon testament et je laisse mon piano à queue à ma nièce. Si j'ai besoin d'argent, est-ce que je peux vendre mon piano sans consulter ma nièce ?

Vous êtes libre de vendre votre piano en tout temps sans obtenir la permission de votre nièce. Les dispositions de votre testament n'entrent en vigueur qu'à votre décès. Si vous n'avez pas de piano lorsque le testament entre en vigueur, on ne tient tout simplement pas compte des dispositions concernant le don. Vous devriez également prévoir à qui ira le piano si votre nièce décède avant vous.

Voici des exemples de distribution du patrimoine qu'on trouve dans les testaments les plus simples.

1. Vous avez un conjoint et des enfants. Par testament, vous laissez tout à votre conjoint et par testament, votre conjoint vous laisse tout. Si votre conjoint n'est plus vivant au moment de votre décès, tout est divisé également entre vos enfants. Si les enfants sont âgés de moins de 18 ans, tout doit être détenu en fiducie jusqu'à ce qu'ils aient 21 ans ou plus. D'ici à ce que les enfants aient 21 ans, les frais de scolarité et les frais de subsistance doivent être acquittés à même l'argent détenu en fiducie. Les tuteurs sont nommés dans le testament.

2. Vous avez un conjoint seulement. Par testament, votre patrimoine va à votre conjoint et, si votre conjoint meurt avant vous, votre patrimoine va aux autres personnes ou aux œuvres de bienfaisance que vous avez nommées.

3. Vous n'avez ni conjoint ni enfants. Votre patrimoine va aux personnes ou aux œuvres de bienfaisance que vous avez nommées. Si une personne nommée n'est plus vivante au moment

de votre décès, le reliquat va alors aux autres personnes ou aux œuvres de bienfaisance que vous avez nommées.

Les dispositions les plus simples peuvent tout de même prendre 7 ou 8 pages lorsqu'elles sont rédigées dans le jargon juridique ! Et tous les testaments ne sont pas aussi simples. Selon le cas, un testament peut être très long et complexe.

CONSEIL

Faites en sorte que les dispositions de votre testament soient le plus simples et le plus explicites possible. Même si cela peut être tentant, n'essayez pas d'administrer vos biens ou de diriger votre famille « de votre tombe ».

En planifiant votre testament, essayez de prévoir ce qui pourrait arriver et ajoutez des dispositions au cas où cela arriverait. Voici quelques suggestions :

- Qu'arrivera-t-il si votre conjoint décède avant vous ?

- Qu'arrivera-t-il si vous et votre conjoint décédez ensemble ?

- Qu'arrivera-t-il si vous n'avez pas d'enfants ?

- Qu'arrivera-t-il si l'un de vos enfants ou de vos bénéficiaires décède avant vous ?

- Qu'arrivera-t-il si le principal liquidateur est dans l'impossibilité de s'acquitter de sa tâche au moment voulu ? Qui devrait agir comme substitut ?

La préparation d'un testament demande souvent une bonne réflexion et vous oblige à déterminer comment vous voulez que votre patrimoine soit traité et ce que vous laisserez à vos bénéficiaires. Beaucoup de gens me disent qu'ils sont surpris du temps et de la réflexion que demande la planification d'un testament. Les décisions les plus difficiles à prendre sont souvent le choix du liquidateur et du tuteur.

Vous pouvez faire à peu près tout ce que vous voulez pour ce qui est de vos legs, bien qu'il existe quelques restrictions. À titre d'exemple, si des membres de votre famille sont à votre charge et que vous n'assurez pas convenablement leur entretien, ces derniers peuvent demander au tribunal que votre succession continue de voir à leur entretien. Dans certaines provinces, les conjoints ont droit à des considérations particulières. (Voir le chapitre 11 pour en savoir plus sur le droit de la famille.) Le fait de ne pas respecter ces restrictions peut invalider certaines dispositions de votre testament. Assurez-vous donc de bien discuter de votre situation avec votre notaire.

QUESTION RÉPONSE

Je ne veux rien laisser à mes enfants. Puis-je les exclure de mon testament ?

Vous ne pouvez pas rédiger un testament qui dit : « Je ne laisse rien à mon conjoint et à mes enfants. » Si vous essayez de le faire, ceux qui sont à votre charge pourront contester votre testament comme le leur permet le droit de la famille.

Pour préparer un testament qui soit valide, vous devez être sain d'esprit et :

- avoir atteint l'âge de la majorité décrété dans votre province, ou

- si vous n'êtes pas majeur, être marié ou membre des forces armées ou navigateur maritime.

Les notaires prennent habituellement note de votre aptitude mentale au moment de la préparation de votre testament. Pour ce faire, ils s'assurent que vous connaissez la nature et l'étendue de vos biens, que vous comprenez les conséquences juridiques de la préparation d'un testament, que vous connaissez les gens ou les organismes qui hériteront et que vous comprenez votre situation familiale. Dans la plupart des cas, une personne atteinte de la maladie d'Alzheimer à un stade avancé ou de débilité ne sera pas en mesure de préparer ou de réviser un testament.

Le notaire qui a des doutes sur votre aptitude mentale pourra exiger un mot d'un médecin confirmant que vous êtes sain d'esprit au moment de la rédaction du testament. S'il ne peut confirmer votre aptitude mentale, le notaire ne pourra pas préparer votre testament. La contestation réussie d'un testament pour raisons d'inaptitude fait en sorte que le testament est déclaré nul ; la succession devient alors non testamentaire ou elle est réglée selon un testament antérieur, le cas échéant.

Si quelqu'un est sain d'esprit et sur le point de mourir, un notaire peut venir à son chevet pour prendre ses dispositions. Il est avisé de laisser le mourant discuter en privé de ses volontés avec le notaire pour éviter toute influence indue de la part des membres de la famille, des associés d'affaires ou des amis.

CONSEIL

Bien que ce livre porte sur la planification de votre propre succession, si vos parents n'ont pas encore préparé leur testament, je vous conseille vivement de les amener chez leur notaire. Je ne veux pas dire que vous devriez connaître le contenu de leur testament - ce sont des documents qui peuvent rester confidentiels jusqu'à la mort - mais seulement voir à ce qu'ils les préparent.

4.1 Les bénéficiaires et les legs

Une personne ou un organisme qui hérite par testament s'appelle un «bénéficiaire». L'argent ou les biens qu'une personne reçoit suivant les dispositions d'un testament s'appellent un don ou un legs.

Certaines personnes ont comme but d'accumuler un patrimoine de façon à pouvoir laisser des biens importants à leurs bénéficiaires. D'autres ne sentent pas le besoin de laisser un patrimoine important et prévoient que leurs bénéficiaires recevront seulement ce qui restera. Vous devez déterminer ce qui convient à votre situation et correspond à vos convictions.

Un testament peut s'occuper des biens que vous possédez, mais il ne peut pas s'occuper des biens dont la distribution se fait par d'autres moyens légaux à votre décès, comme :

- les biens immobiliers détenus en copropriété (enregistrés à plus d'un nom) ;

- les biens d'entreprise dont la distribution est régie par une convention des actionnaires ou une convention de rachat de parts d'associés ;

- les REER, les FERR et les régimes de retraite pour lesquels le nom d'un bénéficiaire a été donné à l'institution financière ;

- les revenus que vous recevez d'une fiducie et dont le contrat de fiducie stipule que le revenu cesse à votre décès. À titre d'exemple, vous recevez des revenus d'une fiducie de conjoint, établie dans le testament de votre défunt mari et la fiducie stipule qu'à votre décès tout élément d'actif non réalisé doit être distribué aux enfants de son premier mariage ;

- les biens dont la disposition est stipulée dans un contrat de mariage écrit.

Certains biens peuvent être inscrits dans votre testament comme faisant partie de votre patrimoine, comme les milles Aéroplan, les points VISA Ford et les points du club Sears ; cependant, des règles peuvent limiter le transfert des points aux membres de la famille immédiate.

S'il y a des gens que vous voulez exclure de votre succession, vous pouvez l'indiquer dans votre testament à condition que cette personne ne soit ni votre conjoint ni une personne à votre charge. À titre d'exemple, si vous vous êtes brouillé avec votre fils adulte et qu'il n'a pas besoin de l'héritage, vous pouvez ne rien lui léguer. Cependant, je vous conseille de bien réfléchir avant de faire un tel geste. Le règlement de plus d'une succession a été retardé pendant des années, pendant lesquelles aucun des bénéficiaires n'a pu toucher son héritage, parce que le fils en brouille avait l'impression de ne pas avoir été traité de façon équitable dans le testament.

QUESTION RÉPONSE

Notre famille est de descendance asiatique. Suivant la tradition, mon père, qui a 80 ans, a favorisé ses fils en léguant son patrimoine uniquement à eux et rien à ma sœur, sa fille unique. Que peut-on faire pour nous assurer que sa fille recevra une part de l'héritage ?

En vertu de la loi canadienne, une personne peut laisser son patrimoine à quiconque elle choisit, pourvu que les besoins du conjoint ou d'autres personnes à charge soient satisfaits. Si votre sœur n'est plus une personne à la charge de votre père, elle n'a aucun droit légal à l'héritage. Cependant, de nombreux Canadiens tentent de traiter leurs enfants le plus équitablement et le plus justement possible. Faire le contraire pourrait occasionner des tensions dans les relations entre les survivants.

Comprenez bien que les gens qui seront exclus du testament n'en seront pas contents. Il pourrait s'avérer utile d'en donner les raisons dans votre testament ou dans une lettre que vous rangerez avec votre testament. Si le testament est contesté ou se retrouve devant le tribunal, la lettre, bien que n'étant pas juridiquement valable, expliquera vos intentions et aidera le liquidateur ou le tribunal à s'y retrouver. Je vous recommande toutefois de laisser quelque chose à ces personnes, même si ce n'est pas grand-chose, afin qu'il leur soit difficile de contester votre testament en faisant valoir que vous les avez oubliées.

QUESTION RÉPONSE

J'ai deux filles dont l'une ne m'a pas donné signe de vie depuis 10 ans. Dois-je partager mon patrimoine entre les deux?

Non. Vous êtes libre de décider à qui vous laissez votre patrimoine. Vous pouvez laisser une somme symbolique à votre fille absente afin de ne pas l'exclure complètement.

Si vous craignez que votre testament ne soit contesté, vous pouvez placer vos biens dans une fiducie entre vifs (voir le chapitre 13) et en faire la distribution au moyen d'un contrat de fiducie plutôt que d'un testament. Parler de la situation avec une personne en qui vous avez confiance peut parfois vous aider à décider ce que vous croyez sincèrement devoir faire. En parler ensuite avec un professionnel vous aidera à décider comment le faire.

QUESTION
RÉPONSE

Je ne figure pas dans le testament de mon père. Que puis-je y faire ?

Avant de contester le contenu du testament, consultez un notaire. La contestation d'un testament peut s'avérer une décision onéreuse. Si vous étiez à la charge de votre père, vous pourriez demander une pension alimentaire. Sinon, si le testament est valide et rédigé comme il se doit, vous n'avez peut-être pas de chance.

Dans un testament, vos enfants et vos petits-enfants sont ce qu'on appelle votre descendance. Pensez à la façon dont vous voulez que votre patrimoine soit distribué advenant qu'un de vos enfants décède avant vous. Plusieurs options s'offrent à vous : laisser le legs à ses enfants, répartir sa part entre vos autres enfants ou nommer un bénéficiaire subrogé.

Vous pouvez laisser l'héritage à vos enfants « en parts égales par souche » ou selon la clause des petits-enfants. Par souche signifie que si un enfant décède avant vous, le legs qui aurait été le sien va aux enfants de cet enfant (vos petits-enfants). Une autre méthode moins courante de transmettre les legs à la génération suivante est de laisser l'héritage « en parts égales par tête ». Par tête signifie que l'héritage sera divisé également entre vos enfants vivants au moment de votre décès.

Voyons la différence entre par souche et par tête dans une situation concrète.

EXEMPLE Vous avez trois enfants qui ont chacun deux enfants.

Libellé 1

Le testament stipule que 90 000 $ doivent être divisés en parts égales par souche. L'un de vos enfants meurt avant vous dans un accident d'auto. À votre décès, les 90 000 $ seront répartis comme suit :

Enfant A	30 000 $	
Enfant B	30 000 $	
Enfant C	30 000 $	vont à ses deux enfants

Libellé 2

Le testament stipule que 90 000 $ doivent être divisés en parts égales par tête. L'un de vos enfants meurt avant vous dans un accident d'auto. À votre décès, les 90 000 $ seront répartis comme suit :

Enfant A	45 000 $	
Enfant B	45 000 $	
Enfant C	0 $	Ses enfants ne font pas partie de la répartition.

Dans une telle situation, les petits-enfants (les enfants de l'enfant C) ont peut-être déjà des problèmes en raison du décès d'un de leurs parents. Vous voulez vous assurer que vous ne les excluez pas de votre testament simplement en raison d'une subtilité du libellé. Si vous ne voulez pas que le conjoint survivant de C ait accès à l'argent des petits-enfants, vous pouvez y voir en ajoutant des dispositions à cet effet dans votre testament (et en choisissant un tuteur apte à gérer l'argent).

QUESTION
RÉPONSE

Qu'arrivera-t-il s'il est impossible de localiser l'un de mes bénéficiaires?

Votre succession pourrait être en suspens. Vous pouvez ajouter une disposition stipulant qu'un bénéficiaire est présumé décédé s'il est impossible de le localiser en moins de 24 mois.

4.2 Pour réduire ce qu'il en coûte de mourir

En plus de désigner les bénéficiaires et déterminer ce qu'ils recevront, il faut aussi s'occuper des conséquences fiscales. Comment faire pour que Revenu Canada n'obtienne pas plus que sa juste part?

EXEMPLE

Monsieur Dupont a une épouse âgée de 62 ans et un fils adulte. Lui et son épouse sont propriétaires de leur maison et quittes de toute charge. Les autres biens de monsieur Dupont comprennent une police d'assurance-vie de 300 000 $ et un REER de 150 000 $. Il a nommé ses bénéficiaires comme suit:

Pour ce qui est de la police d'assurance-vie, les deux tiers de la prestation de décès vont à son épouse et l'autre tiers à son fils.

Résultat de la distribution: l'épouse reçoit 200 000 $ et le fils, 100 000 $.

Pour ce qui est du REER, les deux tiers de la valeur vont à l'épouse, l'autre tiers, au fils.

Résultat de la distribution: l'épouse transfère 100 000 $ directement dans son propre REER; le fils reçoit 35 000 $ (50 000 $ moins la retenue fiscale).

Montant total versé à l'épouse: 300 000 $

Montant total versé au fils : 150 000 $, ou 135 000 $ si la succession ne disposait pas de liquidités suffisantes pour payer les 15 000 $ d'impôt sur le REER.

Si monsieur Dupont veut laisser le tiers de son patrimoine à son fils, il pourrait nommer les bénéficiaires de la façon suivante pour laisser une moindre part à Revenu Canada.

Pour ce qui est de la police d'assurance-vie, la moitié de la prestation de décès à son épouse, l'autre moitié à son fils.

Résultat de la distribution : l'épouse reçoit 150 000 $ et le fils, 150 000 $.

Pour ce qui est du REER, 100 % de la valeur à l'épouse.

Résultat de la distribution : l'épouse transfère 150 000 $ exempts d'impôt dans son propre REER.

Montant total versé à l'épouse : 300 000 $

Montant total versé au fils : 150 000 $, puisque rien n'est versé immédiatement à Revenu Canada.

Monsieur Dupont doit déterminer comment son épouse pourra s'organiser financièrement après son décès puisqu'elle n'a jamais travaillé à l'extérieur. Il pourrait lui laisser tous ses biens puisque son fils (idéalement) a toute la vie devant lui pour travailler. Mais monsieur Dupont craint qu'elle ne dépense tout et qu'il ne reste rien à son fils. Il pourrait alors laisser une partie de l'argent dans une fiducie pour madame Dupont qui pourrait utiliser les revenus engendrés (et peut-être une petite partie du capital) chaque année jusqu'à son décès. Puis, ce qui resterait irait au fils adulte. S'il en laisse trop à son fils, madame Dupont pourrait se retrouver à la charge financière de ce dernier.

QUESTION RÉPONSE

Qu'arrivera-t-il si je nomme un bénéficiaire dans ma police d'assurance-vie et nomme quelqu'un d'autre bénéficiaire de cette police d'assurance-vie dans mon testament? Quel bénéficiaire sera reconnu comme tel?

Si le bénéficiaire dans le testament a été nommé après le bénéficiaire dans la police d'assurance-vie, c'est le bénéficiaire nommé dans le testament qui compte.

4.3 Pour réduire l'impôt sur le legs

Plutôt que de laisser tous vos biens à votre conjoint, vous pouvez diviser les revenus entre votre conjoint et vos enfants en établissant une fiducie familiale pour réduire le fardeau fiscal global de la famille.

EXEMPLE

Jacques laisse un héritage de 250 000 $ à son épouse Sonia. Une partie de l'argent servira à élever ses deux enfants de 8 et 10 ans et à payer leurs études. Sans une fiducie familiale, Sonia devra payer l'impôt sur tout revenu de placement acquis.

Revenu gagné sur l'héritage :

250 000 $ à 10 % = 25 000 $ par année

Comme Sonia se situe dans la tranche d'imposition la plus élevée en raison de son revenu d'emploi, le fardeau fiscal de la famille sur l'héritage sera de :

12 500 $ par année

Cependant, qu'arriverait-il au fardeau fiscal de la famille si Sonia héritait de la plus grosse partie des biens et qu'une fiducie était établie pour les frais et les études des enfants ? Si Jacques laissait un héritage de 150 000 $ à Sonia et 100 000 $ en fiducie pour les enfants, le fardeau fiscal global de la famille serait inférieur puisque les enfants n'ont pas ou peu de revenu propre.

Revenu gagné sur l'héritage au nom de Sonia :

150 000 $ à 10 % = 15 000 $ par année

Revenu gagné sur l'héritage en fiducie :

100 000 $ à 10 % = 10 000 $ par année

Le fardeau fiscal pour le revenu gagné sur l'héritage au nom de Sonia (tranche d'imposition à 50 %) serait de :

7 500 $ par année

Le fardeau fiscal pour le revenu gagné sur l'héritage en fiducie serait de :

2 700 $ par année

Le fardeau fiscal total de la famille pour le revenu gagné sur l'héritage serait de :

10 200 $ par année

Il y aurait donc une économie annuelle d'impôt avant les frais (comparativement au scénario précédent) de :

2 300 $

Dans le second scénario, 100 000 $ seraient détenus dans une fiducie testamentaire et seraient imposés à un taux inférieur que celui imposé sur l'argent laissé incondition-nellement à Sonia. Cela en vaut-il la peine ? Il faut tenir compte des contrariétés qu'occasionnent la production d'une déclaration de revenus pour la fiducie et l'administration séparée de l'héritage ainsi que des honoraires du fiduciaire, mais avec le temps, les économies d'impôt finiraient cer-tainement par s'accumuler.

4.4 Qu'est-ce qui est juste ?

Lorsqu'on détermine qui sont les bénéficiaires et ce qu'ils reçoivent, il ne faut pas oublier la notion de justice. Comme je le dis à mes enfants, justice n'est pas nécessairement synonyme d'égalité.

Tout dépend de la situation de chacun. Tout comme vous souhaitez peut-être laisser aux membres de la famille des objets particuliers qui ont une valeur sentimentale, vous voulez peut-être aussi leur laisser des legs de différents montants. Il se peut dans certains cas que vous vouliez apporter votre aide, par exemple dans le cas d'un petit-fils qui semble s'intéresser à l'art.

Que faire si vous n'avez pas de conjoint à qui transférer des biens exempts d'impôt? Si vous avez l'intention de laisser à chacun de vos enfants une part égale de votre patrimoine, vous devrez penser à la façon d'y arriver en fonction du résultat après impôt.

 **EXEMPLE** Vous avez un fils et une fille et vous voulez que chacun reçoive le même montant en héritage. Vous avez un REER qui vaut 100 000 $ et des CPG qui valent 100 000 $. Vous avez nommé votre fils bénéficiaire de votre REER et laissé le reliquat de votre succession à votre fille.

	Valeur du marché	Reçue par le bénéficiaire
REER laissé au fils	100 000 $	100 000 $
CPG laissés à votre fille	100 000 $	50 000 $ (100 000 $ moins 50 000 $, impôt supplémentaire à payer sur le produit du REER)

L'un des moyens (ce n'est pas le seul) d'aborder ce type de situation est de nommer votre succession bénéficiaire du REER (même si cela représente des frais d'homologation) et de laisser par testament à votre fils et à votre fille 50 % chacun du reliquat de votre succession. Dans l'exemple ci-dessus, si le bénéficiaire du REER était votre succession, votre fils et votre fille recevrait 75 000 $ chacun par testament.

Avez-vous prêté de l'argent à l'un de vos enfants qui ne vous l'a pas remboursé ? Vous voudrez peut-être annuler le prêt dans votre testament tout en restant juste.

QUESTION
RÉPONSE

J'ai prêté 12 000 $ à l'un de mes fils adultes et je désire annuler le solde impayé à mon décès. Comment puis-je l'indiquer dans mon testament ?

Je vous recommande de faire signer à votre fils un billet à ordre pour que le prêt soit fait le plus sérieusement possible. Classez le billet avec vos documents importants. Si vous voulez que vos enfants profitent également de votre patrimoine, vous pouvez laisser aux enfants des parts égales de votre patrimoine. Votre fils verra sa part réduite du montant du solde impayé sur le prêt.

Un homme m'a raconté que, lorsque sa femme est décédée, tout lui revenait. Cependant, sa femme avait prêté 30 000 $ à l'une de leurs filles. Lorsque la mère est décédée, la fille a considéré le solde impayé comme un legs puisqu'il n'y avait aucune entente écrite pour le prêt. Incapable de discuter de l'affaire avec sa fille, le père n'a jamais reparlé du remboursement du prêt. Cependant, cinq ans après, la situation l'embête encore. Si seulement elle avait dit : « Papa, c'est à toi que je vais rembourser le prêt maintenant » ou au moins « Merci ! »

Certains dons que vous faites de votre vivant peuvent en réalité être une avance sur l'héritage. D'autres dons peuvent ne pas être des avances sur l'héritage. Supposons que vous donnez 20 000 $ à un enfant de votre vivant. Après votre décès, sa part d'héritage stipulée au testament pourrait être réduite de 20 000 $ à moins d'une clause contre l'extinction par donation. Pour simplifier les choses après votre décès et pour éviter les chicanes de famille, il vaut mieux être très clair sur le type de prêt que vous faites à titre d'avance si vous avez plus d'un enfant.

4.5 Votre liquidateur

L'une des fonctions de votre testament est de nommer un liqui-dateur qui sera responsable de gérer et de distribuer vos biens selon les dispositions de votre testament. Le liquidateur a toute une liste d'attributions reliées à la succession et à la conclusion des affaires personnelles de la personne décédée. (Voir le chapitre 20 pour une liste détaillée des attributions du liquidateur.)

4.5.1 Les responsabilités du liquidateur

Les responsabilités du liquidateur sont notamment les suivantes :

1. S'occuper des funérailles. Assurez-vous que votre famille et votre liquidateur sont au courant de vos demandes ou volontés spéciales en rapport avec vos arrangements funéraires. Vous pouvez rédiger à l'intention de votre liquidateur une lettre énonçant vos volontés. Bien que des instructions orales ou écrites à propos des funérailles n'entraînent aucune obligation juridique, votre liquidateur respectera normalement vos volon-tés. Il arrive qu'on retrouve les volontés de la personne décédée après les funérailles et le liquidateur ne peut alors les respecter.

2. Agir comme fiduciaire et gérer les biens de la succession pour le bénéfice des bénéficiaires. Après votre décès, l'une des responsabilités de votre liquidateur est de retracer vos biens et d'en transférer la propriété de votre nom à celui de la succes-sion. À titre d'exemple, la propriété d'un compte de courtage pourrait être transféré au nom de « Succession de Johanne Tremblay ». S'il y a lieu, le liquidateur doit faire homologuer le

testament (voir le chapitre 7). **Assurez-vous que votre liquidateur sait où se trouve votre testament courant, votre inventaire personnel et vos documents importants.** Plus votre liquidateur sera au courant de vos affaires, plus il lui sera facile de trouver tous vos biens et d'en disposer adéquatement.

3. Régler les factures de la succession, y compris les droits légitimes par les créanciers, les frais funéraires et autres dépenses.

4. Produire les déclarations de revenus pour l'année du décès du défunt et la succession à temps et s'assurer que l'impôt sur le revenu est payé. Avant que les biens de votre succession ne puissent être distribués, votre liquidateur doit obtenir un certificat de décharge de Revenu Canada pour confirmer que tous les impôts ont été payés.

5. Distribuer les biens à vos bénéficiaires selon les dispositions de votre testament.

QUESTION
RÉPONSE

J'ai été nommé bénéficiaire dans un testament. Quand vais-je recevoir mon héritage ?

Jusqu'à un certain point, tout dépend de qui sont les bénéficiaires et le liquidateur. En principe, le reliquat de la succession peut être payé seulement :

- après que les taxes fiscales, les frais funéraires, les dettes et les honoraires du fiduciaire ont été payés ;

- lorsque le certificat de décharge a été reçu de Revenu Canada, à moins que le liquidateur accepte d'être tenu personnellement responsable de tous les impôts et les pénalités fiscales dues ;

- lorsque toutes les exigences du droit de la famille ont été satisfaites.

4.5.2 *Les pouvoirs du liquidateur*

Le liquidateur obtient ses pouvoirs du testament. Si l'étendue des pouvoirs du liquidateur n'est pas précisée dans le testament, elle l'est dans la Loi sur les fiduciaires de votre province. Les pouvoirs attribués dans le testament peuvent être aussi larges et étendus que l'exige votre situation ou aussi limités que vous le souhaitez. Voici d'autres pouvoirs qui peuvent s'ajouter :

- Pouvoir de distribuer les biens, en nature ou tels quels, aux bénéficiaires (en jargon juridique, on dit en espèces).

- Pouvoir de vendre des biens et de verser l'argent aux bénéficiaires.

- Pouvoir d'acheter les biens de la succession.

- Pouvoir de fournir des fonds à la famille avant le règlement complet de la succession.

- Pouvoir de verser une cotisation de REER au REER de conjoint.

- Autorité de payer les impôts avant que les biens de la succession ne soient distribués. S'il reste des taxes fiscales à payer, vous pouvez indiquer que le reliquat de votre succession sera responsable du paiement de ces taxes.

- Pouvoir de faire des choix en vertu de la Loi de l'impôt sur le revenu qui seraient avantageux pour votre succession mais qui vont au-delà des pouvoirs stipulés dans la Loi sur les fiduciaires de votre province.

- Pouvoir de déterminer si les biens doivent être vendus et à quel moment.

- Pouvoir d'investir comme bon lui semble. Si votre liquidateur est une société de fiducie, allez-vous lui donner le pouvoir d'investir dans ses propres valeurs mobilières (comme dans une hypothèque qu'elle établirait) ?

- Pouvoir de déterminer quels biens, le cas échéant, devront être détenus dans une fiducie de conjoint.

- Pouvoir d'emprunter au nom de la succession.

- Pouvoir de consulter ou d'embaucher des professionnels comme des comptables, des avocats, des notaires, des fiduciaires professionnels ou des conseillers financiers, et de les payer avec l'argent de la succession.

Il arrive que les liquidateurs soient réticents à embaucher des professionnels parce qu'ils considèrent qu'ils dépensent l'argent des bénéficiaires. À titre d'exemple, un liquidateur pourrait essayer de vendre la maison lui-même pour éviter à la succession de verser une commission à un agent immobilier. À moins que le liquidateur ne connaisse bien le marché immobilier local, cette façon d'agir pourrait faire en sorte que la maison se vende à un prix inférieur et que les bénéficiaires n'en tirent aucun profit.

4.5.3 La nomination du liquidateur

Votre liquidateur est nommé dans votre testament. Vous pouvez nommer plus d'un liquidateur (coliquidateurs) si vous jugez que les décisions seront mieux prises par deux personnes agissant ensemble ou si le travail est trop complexe pour une seule personne. Vous devriez également nommer un liquidateur substitut au cas où le premier liquidateur décède avant vous.

Vous devez choisir une personne en qui vous avez totalement confiance et qui a le sens des affaires et des finances pour gérer et distribuer vos biens. Quelqu'un qui n'a jamais produit de déclaration de revenus n'est peut-être pas la personne indiquée. Si vos biens incluent une entreprise, la personne choisie devrait connaître les affaires. Il est également logique de choisir quelqu'un qui habite relativement près de l'endroit où la succession doit être administrée. Pensez également à l'âge et à la santé de votre liquidateur ; vous cherchez quelqu'un qui sera là lorsque vous ou plutôt votre famille en aura besoin.

Votre liquidateur peut être votre conjoint, un autre membre de la famille, un fiduciaire professionnel ou un ami intime. Le membre de la famille saura peut-être mieux comprendre la situation familiale. Si votre conjoint est le premier bénéficiaire de votre succession, il est logique de le nommer liquidateur, s'il est en mesure de s'acquitter des responsabilités. Si vous n'avez pas de conjoint, vous pouvez nommer un autre membre de la famille ou un ami intime.

S'il ne convient pas de nommer votre conjoint comme liquidateur, vous pouvez nommer vos enfants comme coliquidateurs. (Cependant, ce n'est pas une technique recommandée pour rapprocher vos enfants.) Avant de nommer vos enfants adultes à titre de liquidateurs de votre succession, posez-vous les questions suivantes :

Oui	Non	Ne sais pas	
❑	❑	❑	Sont-ils en mesure de s'acquitter des responsabilités financières de la succession ? Voyez comment ils gèrent leurs cartes de crédit et leurs affaires financières.
❑	❑	❑	Sont-ils prêts à accepter la tâche ?
❑	❑	❑	Ont-ils le temps de s'acquitter de la tâche ?
❑	❑	❑	Sont-ils capables de s'acquitter des responsabilités de façon juste et objective ?
❑	❑	❑	Habitent-ils dans votre province ?
❑	❑	❑	Si vous pensez à les nommer coliquidateurs, s'entendent-ils suffisamment bien pour arriver à travailler ensemble et à prendre les décisions nécessaires ?

Si vous avez répondu « non » ou « ne sais pas » à l'une des questions ci-dessus, réfléchissez bien avant de nommer vos enfants comme coliquidateurs. Dans certains cas, il est préférable (et plus facile pour toutes les personnes en cause) de nommer un enfant comme liquidateur et de laisser une note aux autres enfants pour justifier votre raisonnement.

Si vous prévoyez des luttes pour le contrôle des biens et d'une entreprise, si vous ne connaissez personne qui a l'expertise pour agir comme liquidateur, si personne n'est prêt à accepter la tâche, si les biens doivent être détenus en fiducie pendant plusieurs années, ou si vos affaires familiales ou financières sont complexes, il vaudrait peut-être mieux nommer un liquidateur professionnel, comme une société de fiducie, un comptable ou un notaire. Il pourrait s'avérer injuste de demander aux membres de la famille de s'occuper de tout cela.

QUESTION
RÉPONSE

Mon conjoint et moi avons chacun un enfant d'un mariage précédent et un enfant de notre propre mariage. Qui devrais-je nommer comme liquidateur ?

Il n'est pas facile de répondre à cette question. Voyez si les enfants s'entendent entre eux. Établissez-vous une fiducie de conjoint ? Comment les biens seront-ils distribués ? Plus le risque est grand de soulever des tensions au sein de la famille, plus il est préférable de faire appel aux services d'un fiduciaire professionnel.

Pour certains, la bonne solution est de nommer un membre de la famille qui travaillera conjointement avec un liquidateur professionnel puisque le membre de la famille comprend la situation familiale et le professionnel sait comment satisfaire aux exigences administratives et aux prescriptions juridiques pour que le travail soit bien fait. Si vous décidez de nommer des coliquidateurs dont un liquidateur professionnel, vous pouvez nommer le premier à titre de décideur ou vous pouvez indiquer qu'ils sont responsables de prendre les décisions conjointement et que le fiduciaire professionnel est responsable de l'administration.

QUESTION
RÉPONSE

Dois-je choisir une société de fiducie comme liquidateur ?

La majorité des testaments nomme un conjoint ou un membre de la famille comme liquidateur. Mais suivant la complexité et la valeur de votre patrimoine, vous pouvez envisager de nommer un liquidateur professionnel, en particulier si :

- la succession comprend des revenus d'entreprise, des biens étrangers et de nombreux types de placements ;

- les membres de la famille ne seront pas en mesure d'agir de façon impartiale ;

- une fiducie établie par le testament doit rester en vigueur pendant de nombreuses années, plus longtemps que la tâche que vous voulez imposer à vos amis ou votre famille ;

- vous jugez que la famille ou les amis ne pourraient s'acquitter de la tâche.

Selon un sondage mené par l'Association des compagnies de fiducie du Canada en 1993, moins du tiers des Canadiens qui avaient rédigé un testament en avaient discuté le contenu avec l'exécuteur testamentaire ou le liquidateur qu'ils avaient nommé. Parlez à la personne ou aux gens que vous aimeriez nommer liquidateurs ou que vous avez déjà nommés et assurez-vous qu'ils acceptent d'assumer ce rôle. Voyez avec eux toute disposition particulière contenue dans le testament.

Si les gens que vous avez choisis n'ont jamais agi à titre de liquidateurs, ils ne connaissent peut-être pas les responsabilités qu'exige cette tâche. Si vous n'avez jamais été liquidateur, vous pourriez tous deux en parler à quelqu'un qui s'y connaît afin de voir de quoi il retourne. Vous pourriez être surpris de la quantité de travail que cela représente et d'apprendre qu'un liquidateur qui perd de l'argent de la succession peut en être tenu personnellement responsable. (Si votre conjoint est le liquidateur *et* le principal bénéficiaire de votre succession, la question peut ne pas se poser.)

Au cas où votre premier choix comme liquidateur décède avant vous ou est incapable d'effectuer le travail au moment voulu, vous devriez nommer un liquidateur substitut. Si vous ne le faites pas et que votre liquidateur décède avant vous, le liquidateur de *sa* succession pourrait s'occuper également de la vôtre. Si vous ne nommez pas de liquidateur subrogé, votre succession devra demander des lettres d'administration (en Ontario, on les appelle certificats de nomination d'un fiduciaire de succession sans testament), et personne ne pourra s'occuper de l'administrer avant qu'une nomination ne soit faite par le tribunal.

QUESTION
RÉPONSE

Nous avons mis à jour nos testaments et nos mandats. Nous avons deux fils dans la quarantaine. Notre aîné a son propre cabinet de services juridiques et nous en avons fait le liquidateur de la succession. Avons-nous commis une erreur en ne les nommant pas tous deux ?

Il semble que vous êtes à l'aise avec l'idée que votre fils aîné agisse comme liquidateur pour la raison que vous avez mentionnée. Vous pourriez parler à votre fils cadet et discuter de votre décision avec lui. Si cela n'est pas possible, vous pourriez lui écrire une lettre expliquant vos raisons et la ranger avec le testament. Les avez-vous traités de façon égale dans le partage de vos biens ? C'est ce qui compte réellement.

4.5.4 La rémunération du liquidateur

Vos liquidateurs, qu'il s'agisse de membres de la famille ou de professionnels, sont légalement autorisés à recevoir une rémunération à partir de la succession (avant le partage du reliquat) pour leurs services. Le montant des honoraires est établi par la loi dans certaines provinces. La rémunération du liquidateur semble être d'environ 3 % à 5 % de la valeur de la succession, mais jusqu'à un certain point, cela dépend du temps requis pour administrer la succession. Les tribunaux ont désapprouvé les liquidateurs qui exigeaient des honoraires basés uniquement sur la valeur de la succession sans tenir compte de l'effort réellement consenti. Les membres de la famille, surtout s'ils sont bénéficiaires, exigent rarement des honoraires de fiduciaire lorsqu'ils agissent à titre de liquidateur, à moins que l'administration de la succession ne demande énormément de temps.

Les sociétés de fiducie ont leurs propres honoraires pour l'administration d'une succession. Ces minimums dépendent de la valeur marchande des biens transmis par le testament. En 1997, le barème d'honoraires d'une société de fiducie était le suivant :

Sur les premiers 250 000 $ de la succession   4,75 % *

Sur les 750 000 $ suivants   4 %

Sur le solde de plus d'un million   3 %

Avec des honoraires minimums de 2 500 $

QUESTION
RÉPONSE

Je prévois qu'à mon décès ma succession vaudra 800 000 $. Combien l'administration de ma succession par une société de fiducie coûtera-t-elle ?

D'après le barème présenté ci-dessus, les honoraires du fiduciaire pourraient être les suivants :

Sur les premiers 250 000 $ . . . . 11 875 $

Sur les 550 000 $ suivants . . . . 22 000 $

Total . . . . 33 875 $

Parmi les frais supplémentaires, mentionnons le coût de préparation des déclarations de revenus et des honoraires pour gérer les biens, s'ils ne sont pas compris dans les frais d'administration de la succession.

Si vous trouvez ces honoraires élevés, discutez avec le fiduciaire professionnel des services qu'ils comprennent. Ils peuvent inclure la planification successorale, la préparation du testament et un inventaire personnel, une consultation continue et l'administration de la succession après le décès. Les honoraires du fiduciaire peuvent se négocier lorsque vous choisissez vos liquidateurs. Vous pourriez profiter d'honoraires moins élevés pour l'administration de votre maison passant par la succession ou si la société de fiducie s'occupe actuellement de vos comptes.

CONSEIL

Si la résidence principale est léguée par testament, il pourrait y avoir une réduction sur les honoraires sur cette maison allant jusqu'à 2,5 % (sous réserve d'honoraires minimums).

Des fiduciaires professionnels offrent également un service afin d'aider le liquidateur à régler la succession, sans que la société de fiducie soit nommée liquidateur. Cela peut réduire les coûts pour la succession et aider la personne nommée liquidateur à s'occuper de la succession.

4.6 Garder votre testament à jour

Il est important d'avoir un testament et il est aussi important de le garder à jour. Aucune statistique n'existe sur le nombre de testaments qui sont à jour. Mais, d'après ce que j'ai vu, bon nombre ne le sont pas. Ils ne reflètent pas les volontés des gens et ils ne tiennent pas compte des changements dans les situations personnelles et les lois.

Il y a deux façons de mettre à jour ou de modifier les dispositions d'un testament : rédiger un nouveau testament ou amender votre testament à l'aide d'un codicille. Un codicille est une **modification officielle jointe au testament** et exige le même nombre de témoins que le testament. Il est généralement moins coûteux de préparer un codicille que de refaire un nouveau testament, mais parlez-en à votre notaire. Vous serez surpris de voir que, dans certains cas, il y a peu de différences dans le coût. La rédaction d'un nouveau testament annule habituellement le testament antérieur. La destruction d'un testament l'annule également.

N'écrivez pas sur votre testament pour le mettre à jour. Bien qu'il semble simple, par exemple, de raturer un nom et de le remplacer par un autre, agir ainsi peut entraîner l'annulation de cette disposition dans votre testament.

QUESTION
RÉPONSE

Comment puis-je savoir si je dois utiliser un codicille ou rédiger un nouveau testament ?

En règle générale, si un codicille complique vos dispositions ou les rend confuses (peut-être parce qu'il se rapporte à plusieurs clauses du testament), il vaut mieux rédiger un nouveau testament pour éviter toute confusion ou ambiguïté. Si vous avez déménagé dans une autre province, vous préférerez peut-être rédiger un nouveau testament. Si vous apportez des changements importants dans le partage de vos biens, vous pourriez en indiquer les raisons dans le codicille de façon à en rendre la contestation plus difficile.

Vous pouvez également préférer rédiger un nouveau testament si vous ne voulez pas que votre famille voie les changements que vous avez apportés à votre testament initial.

Une fois que le nouveau testament est rédigé, signé et attesté, vous devriez détruire les testaments antérieurs pour vous assurer que votre succession n'est pas réglée par erreur en vertu du mauvais testament. C'est déjà arrivé ! Dans un cas, un liquidateur avait un testament initial et a réglé la succession en vertu de ce document sans savoir qu'il en existait un plus récent.

Ne détruisez pas le testament précédent avant que le nouveau ne soit signé et attesté ! Si vous décédiez entre-temps, vous mourriez intestat.

CONSEIL

La révision régulière de votre testament n'est pas simplement un exercice morbide ou un moyen de procurer des honoraires à votre notaire. De temps en temps, revoyez les dispositions de votre testament pour vous assurer qu'elles correspondent toujours à vos intentions, qu'elles tiennent compte des lois actuelles et que les parties nommées (liquidateur, tuteurs, fiduciaires) sont toujours prêtes et aptes à s'acquitter des responsabilités. Les circonstances changent. Les membres de la famille vont et viennent, vous pouvez vous marier, devenir veuf, divorcer, avoir des enfants, ou déménager, par exemple. Même le nom de l'œuvre de bienfaisance que vous avez choisie peut avoir changé à la suite d'une fusion ou d'une fermeture. (Voir l'aide-mémoire « Ce dont il faut tenir compte en révisant votre testament » au chapitre 20.)

4.6.1 S'il y a déménagement

La planification successorale est régie surtout par les lois provinciales et les règlements varient d'une province à l'autre. Si vous avez déménagé dans une autre province, révisez votre testament à la lumière des lois de cette province. Dans certaines provinces, les conjoints jouissent des mêmes droits et privilèges sur la résidence familiale et sur d'autres biens que s'ils divorçaient. Si vous ne vous préoccupez pas de ces exigences minimales dans votre testament, ces droits pourraient avoir priorité sur le partage selon votre testament. De plus, vous devriez déterminer s'il est encore possible pour votre liquidateur de s'occuper de votre succession.

QUESTION RÉPONSE

J'ai un testament qui a été rédigé au Texas. Est-il valide en Colombie-Britannique ?

Votre testament est encore valide. Cependant, vous devriez consulter un avocat afin de le réviser en fonction des lois de la Colombie-Britannique. À tout le moins, si votre exécuteur testamentaire habite au Texas, le tribunal pourra exiger le dépôt d'une caution et il pourrait être difficile pour lui d'administrer votre succession en raison de la distance. Il peut aussi y avoir quelque problème, sur le plan fiscal, quant au lieu de résidence du fiduciaire. Vous pourriez nommer un nouvel exécuteur testamentaire qui habite plus près de vos biens.

4.6.2 Les modifications dans la législation

La législation reliée à la planification successorale, au droit des successions, aux fiducies, à la fiscalité, à l'homologation et au droit de la famille change régulièrement. Les professionnels sont les mieux placés pour vous aider à évaluer les conséquences de tels changements sur votre planification successorale.

4.6.3 S'il y a mariage ou remariage

Le mariage et le remariage annulent automatiquement le testament, sauf, dans la plupart des provinces, si le testament stipule expressément qu'il a été rédigé en prévision du mariage. Si vous ne rédigez pas de nouveau testament après le mariage et que vous décédez, vous mourrez intestat, à moins que votre conjoint ne choisisse d'accepter l'ancien testament. Mais est-ce probable si le nom de votre nouveau conjoint n'apparaît pas au testament ? Si vous ne préparez pas de nouveau testament, attendez-vous à mourir intestat !

Si vous prévoyez vous marier ou venez de vous marier, vous devez revoir votre testament (ou en préparer un si ce n'est déjà fait).

Si vous préparez un testament en prévision d'un mariage, pensez de stipuler que les legs à votre futur conjoint seront faits uniquement si le mariage a réellement lieu.

CONSEIL

Si vous vous remariez et que vous avez des enfants d'un mariage précédent, vous voudrez prévoir des dispositions particulières pour pourvoir à leurs besoins. Le testament le plus simple que des conjoints peuvent préparer, le testament réciproque (selon lequel les conjoints laissent tout à l'autre et lorsque les deux sont décédés, laissent tout aux enfants), laisserait vos enfants à la merci du libellé du testament de votre nouveau conjoint.

Si vous avez un nouveau conjoint, vous pouvez profiter du transfert avec report d'impôt d'un REER ou d'un FERR en le nommant bénéficiaire.

4.6.4 S'il y a séparation

Tant que vous êtes légalement marié, vous ne pouvez pas supprimer le nom de votre conjoint de votre testament, à moins que votre contrat de mariage ne stipule le contraire. Cependant, si vous préparez un accord de séparation, vous voudrez probablement rédiger un nouveau testament. Si vous avez des enfants à votre charge, assurez-vous de prendre les dispositions nécessaires pour pourvoir à leur entretien advenant votre décès ; il y aura ainsi moins de risque que votre succession soit contestée.

4.6.5 S'il y a divorce

Si vous divorcez, le testament que vous avez préparé avant le divorce n'est pas automatiquement annulé, mais quelques dispositions seront touchées.

- Tout bien ou legs laissé à votre désormais ancien conjoint est annulé.

- Votre ancien conjoint ne peut pas agir à titre de liquidateur ; par conséquent, votre succession devra faire appel au tribunal pour nommer un liquidateur.

Au moment du divorce, révisez votre testament. Vos intentions ne sont probablement plus les mêmes. Je suis d'avis que vous devriez rédiger et signer un nouveau testament en même temps que vous rédigez et signez l'accord de séparation ou de divorce. Si vous devez verser une pension alimentaire en vertu de l'accord de divorce, assurez-vous d'avoir bien prévu que l'entretien se poursuivra après votre décès. Si vous désirez mentionner votre ancien conjoint dans votre testament, vous devrez préciser que c'est ce que vous voulez même si vous êtes divorcés.

Revoyez aussi les noms des bénéficiaires de vos régimes de retraite, de votre assurance-vie, de vos REER ou FERR et mettez-les à jour.

CONSEIL

Conservez une photocopie de votre testament pour vous y référer et en réviser le contenu en tout temps.

EN RÉSUMÉ

Vous n'avez pas à révéler le contenu de votre testament à qui que ce soit (à l'exception de votre notaire) de votre vivant. Je vous recommande cependant de donner à votre liquidateur et à votre famille, ou au moins à votre conjoint, une description détaillée de votre situation financière et des endroits où trouver vos documents, vos comptes, etc. Idéalement, chacun devrait pouvoir discuter avec son liquidateur et sa famille du partage de ses biens, mais il est souvent difficile pour les familles de parler ouvertement, surtout lorsqu'il est question de finances et de mort. Si vous êtes capable de discuter de votre testament avec les membres de votre famille, ceux-ci seront mieux à même de comprendre et d'apprécier vos décisions. Assurez-vous au moins que quelqu'un de la famille et votre liquidateur savent où se trouvent votre testament et la liste complète de vos biens, de votre passif (voir « Inventaire personnel » à la fin du livre) et de vos volontés en matière de don d'organes et d'arrangements funéraires. Il arrive parfois qu'on ouvre le testament seulement après les funérailles.

Votre testament est un document juridique important. Si l'on n'arrive pas à retrouver l'original, le tribunal statuera que vous êtes décédé intestat.

QUESTION
RÉPONSE

Où dois-je conserver mon testament ?

Dans un endroit sûr. Accordez-lui l'importance qu'il mérite et assurez-vous que votre liquidateur sait où le trouver. Vous pouvez garder votre testament :

- chez votre notaire (qui espère aider votre famille à administrer votre succession);

- dans un coffret de sûreté si quelqu'un d'autre a l'autorisation d'y accéder après votre décès; sinon, le coffret sera scellé et il sera difficile d'y avoir accès;

- avec vos autres documents importants à la maison;

- auprès du bureau des successions de la province;

- auprès d'une société de fiducie si vous avez décidé de faire appel à un liquidateur professionnel.

Le testament n'est qu'un des moyens de voir au partage de votre patrimoine. Vous pouvez également distribuer vos biens de votre vivant. Vous pouvez nommer des bénéficiaires pour vos REER, vos FERR et votre assurance-vie. Vous pouvez avoir recours à des fiducies entre vifs et à la copropriété. Bref, tous ces moyens peuvent faire partie de la planification successorale.

Chapitre 5

Le modèle du testament

Écrivez-le noir sur blanc.

Guy de Maupassant

Un testament comporte de nombreuses clauses ou paragraphes qui précisent vos intentions. Certains testaments contiennent des pages et des pages de dispositions. D'autres ne font que quelques pages. Le testament le plus court que j'ai vu était celui d'un militaire : il tenait en une page mais contenait le strict minimum quant aux dispositions.

Bien que le format puisse varier selon le testament, le notaire ou la province, on y trouve normalement quelques clauses standard. Chaque clause doit être claire et nette et utiliser le libellé juridique adéquat afin que les volontés puissent être suivies adéquatement, le temps venu.

Les libellés cités dans ce chapitre ne sont pas juridiquement conformes et vous ne devez *pas* les utiliser pour préparer votre testament. Ils sont donnés ici pour vous aider à mieux comprendre l'objet d'une clause ou d'une phrase lorsque vous lisez un testament. Comme le testament tient compte de la situation particulière d'une personne, il peut contenir des clauses particulières qui ne sont pas décrites ici.

5.1 Les clauses courantes

5.1.1 L'identité du testateur

Un testament officiel commence par donner l'identité de la personne qui rédige le testament en mentionnant son nom, son adresse et parfois son occupation au moment de la préparation du testament. Un testament ne peut valoir pour deux personnes ; chacun doit préparer un testament séparé pour indiquer ses volontés.

5.1.2 L'annulation des testaments précédents

La première clause stipule que le présent testament est le *dernier* testament et qu'il annule tous les précédents. Cette clause apparaît dans la plupart des testaments par mesure de précaution, même s'il s'agit de votre tout premier testament. Si l'on trouve un deuxième testament, on saura qu'il faut s'en remettre aux dispositions du testament le plus récent.

5.1.3 La nomination du liquidateur

La nomination d'un liquidateur est l'un des deux principaux buts du testament. Une clause sert à nommer votre liquidateur et à lui donner tout pouvoir supplémentaire requis pour gérer votre succession. Le testament devrait également nommer un liquidateur substitut ou subrogé au cas où le premier liquidateur serait incapable ou refuserait de s'acquitter de la tâche, le moment venu.

Mon père est décédé il y a quelques mois. Le liquidateur de la succession de mon père vient lui aussi tout juste de mourir. Qu'arrive-t-il à présent?

La première personne à qui l'on demandera de remplacer le liquidateur nommé devrait être la personne nommée comme substitut dans le testament. Si le testament de votre père ne mentionne pas de substitut, le tribunal se tournera vers le liquidateur du liquidateur décédé, soit la personne nommée dans le testament du liquidateur, si le liquidateur original a déjà fait homologuer le testament. Sinon, votre notaire devra demander au tribunal de nommer quelqu'un pour s'en occuper.

5.1.4 L'autorisation de payer les dettes

Pour vous assurer que le liquidateur a l'autorisation légale d'acquitter vos dettes à même la succession, notamment les frais funéraires et les impôts, le testament contient habituellement une clause en ce sens. Ne pensez pas pouvoir éviter de rembourser vos dettes en n'en autorisant pas le paiement; les créanciers déposeront des réclamations successorales pour s'assurer de se faire payer et cela pourrait retarder le partage des biens aux bénéficiaires.

Le paiement des dettes a habituellement préséance sur le partage des biens indiqués dans le testament, mais vous pouvez mentionner les biens à utiliser pour payer vos dettes. À titre d'exemple, si vous possédez une entreprise et un chalet et que vous avez des dettes à votre décès, vous pouvez indiquer que le chalet devra servir à payer les dettes, annulant ainsi tout legs particulier concernant le chalet.

5.1.5 La description des bénéficiaires et des legs

Suivent les clauses indiquant les bénéficiaires et ce qu'ils reçoivent ; il peut s'agir d'un legs en particulier ou d'une part du reliquat. Ce sont ces dispositions qui intéressent davantage les bénéficiaires.

La mention de legs particuliers

Faire un legs particulier dans un testament signifie que vous laissez directement au bénéficiaire un don quelconque comme « Je laisse à mon frère Éric 10 000 $ » ou « Je laisse 5 000 $ à l'organisme de bienfaisance X ». Il existe divers types de legs, dont les libellés diffèrent quelque peu. À titre d'exemple, lorsque vous faites le don d'un bien immeuble, on dit que vous « léguez » un bien immeuble.

EXEMPLE

TYPE DE LEGS	EXEMPLE DU LIBELLÉ
Don d'un montant en argent	« Je donne à A la somme de _____ $. »
Don d'un bien	« Je donne à B ma collection de _____. »
Legs éventuel (sous réserve)	« Je donne _____ à C seulement si mon conjoint ne me survit pas. »

Un testament peut contenir de nombreux legs ou aucun legs particulier. S'il ne contient aucun legs particulier, les biens de la succession sont partagés conformément à la clause du testament portant sur le reliquat.

Vous devez vous assurer que les dispositions de votre testament peuvent être respectées. À titre d'exemple, un testament laissait à une fille adulte 50 000 $ à déposer dans son REER. Bien que la volonté du testateur fût d'aider sa fille à planifier sa retraite, la cotisation n'a pu être versée parce que la fille avait épuisé ses droits de cotisation. Le testament aurait dû prévoir autre chose comme de laisser directement l'argent à la fille si elle n'avait pas le droit de cotiser à son REER.

Le partage du reliquat

Le reliquat est ce qui reste de la succession après le paiement des impôts, des dettes, des honoraires et des dépenses et la remise des legs particuliers. Pour s'assurer que le testament traite de tous les biens de la personne décédée, il doit contenir une clause sur le partage du reliquat. Dans certains testaments, le partage de tout le patrimoine se fait conformément à la clause sur le reliquat. Dans d'autres, le partage du reliquat comprend uniquement ce qui n'est pas légué autrement.

La disposition portant sur le partage du reliquat peut se lire comme suit : «Je laisse à A 30 % du reliquat de ma succession et à B 70 % du reliquat» ou «Je laisse à mon conjoint, C, 100 % du reliquat de ma succession. »

En l'absence d'une clause sur le partage du reliquat, une partie de la succession pourrait être distribuée suivant les règles des successions non testamentaires.

5.2 Les clauses facultatives

Un testament peut comporter de nombreuses autres clauses, selon votre situation familiale et vos volontés. Certains notaires incluent les clauses qui suivent à titre de clauses standard.

5.2.1 La nomination d'un tuteur pour les enfants mineurs

Un tuteur est une personne qui se charge d'un enfant jusqu'à ce que ce dernier atteigne l'âge de la majorité. Si vous êtes chef d'une famille monoparentale ou au cas où vous et votre conjoint décéderiez simultanément, vous devriez nommer un tuteur pour vos enfants. Espérons que la personne nommée comme tuteur dans votre testament n'aura jamais à jouer un tel rôle.

Le tuteur que vous nommez reçoit la garde temporaire de vos enfants. Pour obtenir la garde légale permanente, il doit s'adresser au tribunal. Bien que le tribunal ne soit pas légalement obligé de désigner comme tuteur la personne nommée au testament, c'est habituellement ce qui arrive à moins d'une raison valable. Si vos enfants sont suffisamment âgés pour exprimer leurs opinions et leurs préoccupations, le tribunal pourra leur demander leur avis avant de prendre une décision finale.

Si vous tenez fortement à ce qu'une personne en particulier soit nommée comme tuteur pour vos enfants ou, au contraire, ne soit *pas* nommée, indiquez-le dans votre testament en justifiant votre choix. Cela pourrait aider le tribunal à prendre une décision qui serait au mieux des intérêts de vos enfants.

QUESTION
RÉPONSE

Le tuteur que j'ai nommé dans mon testament est décédé et je dois maintenant mettre mon testament à jour. Est-ce que je peux simplement ajouter le nom d'un nouveau tuteur ?

Non. Même si le fait d'écrire sur un testament n'annule pas ce dernier, cela ne changera pas nécessairement votre testament. Si le reste du testament est à jour, préparez un codicille pour indiquer le changement et faites-le signer et attester.

Discutez de vos besoins avec la personne que vous désirez nommer comme tuteur afin de vous assurer qu'elle est prête à assumer une telle responsabilité. Si vous avez plusieurs enfants d'âge différent, vous devrez décider s'il est préférable pour eux de rester ensemble. Vous voudrez aussi laisser au tuteur un montant forfaitaire en gage d'appréciation pour le rôle qu'il assume à votre place. C'est difficile d'élever ses propres enfants, et c'est très généreux d'élever ceux de quelqu'un d'autre.

OUI
NON
?

Posez-vous les questions suivantes lorsque vous choisirez le tuteur de vos enfants :

OUI	NON	NE SAIS PAS	
❑	❑	❑	Avez-vous préparé et signé un testament ?
❑	❑	❑	Vos enfants voudraient-ils vivre avec cette personne ?

113

Oui	Non	Ne sais pas	
❑	❑	❑	Cette personne est-elle prête à assumer les responsabilités d'un tuteur ?
❑	❑	❑	Cette personne a-t-elle les moyens d'élever et de faire vivre vos enfants ?
❑	❑	❑	Votre testament prévoit-il un soutien financier suffisant pour vos enfants le temps qu'ils seront à la charge du tuteur ?

Les réponses auxquelles vous avez répondu « non » ou « Ne sais pas » méritent une attention particulière.

De temps en temps, vérifiez avec le ou les tuteurs nommés dans votre testament s'ils veulent et peuvent toujours assumer cette responsabilité.

5.2.2 La gestion des biens des enfants mineurs

Les biens qui pourraient être laissés à des enfants mineurs doivent être détenus en fiducie pour eux jusqu'à leur majorité. Si vous avez de jeunes enfants, vous devrez nommer un fiduciaire qui s'occupera de ces biens à leur place. Si vous ne nommez pas de fiduciaire, le curateur public devra intervenir jusqu'à ce que les enfants atteignent l'âge de la majorité. Si le tuteur des enfants ou le parent survivant a besoin d'argent pour les enfants, il devra en faire la demande officielle auprès du curateur public. Les organismes gouvernementaux ne sont pas particulièrement reconnus pour leur diligence à répondre aux demandes de fonds.

Si vous ne voulez pas que vos enfants reçoivent les biens à 18 ou 19 ans, vous pouvez libeller votre testament de façon à restreindre le paiement jusqu'à ce qu'ils soient plus vieux et, vraisemblablement, plus avertis. Certains parents restreignent le paiement d'un montant forfaitaire jusqu'à ce que les enfants atteignent 23 ou 25 ans avec possibilité d'obtenir des fonds plus tôt pour les frais de scolarité (voir le chapitre 13 sur les fiducies).

QUESTION
RÉPONSE

Le tuteur de mes enfants et le fiduciaire de l'argent de mes enfants peuvent-ils être une seule et même personne ?

En principe, oui. Cependant, si une importante somme d'argent est en cause, il pourrait y avoir un conflit d'intérêts dans la gestion des biens en raison des besoins respectifs des enfants et du tuteur.

5.2.3 Une clause en cas de décès simultanés

L'une des éventualités à prévoir au moment de rédiger votre testament est ce qui arriverait si vous et votre conjoint mouriez ensemble dans une catastrophe ou si toute votre famille immédiate mourait dans un accident de la route. Les notaires ajoutent habituellement une clause de survivance qui décrit comment votre patrimoine sera partagé si vous et votre conjoint mourez simultanément (c'est-à-dire l'un après l'autre en l'espace d'un certain nombre de jours).

À moins de dispositions contraires dans votre testament, le partage de vos biens se fera en fonction de la personne qui est décédée en dernier. Si l'on détermine que votre conjoint vous a survécu, alors tous vos biens et les biens de votre conjoint iront à la famille de votre conjoint ; si c'est vous qui survivez à votre conjoint, tous les biens iront à votre famille. Pour que les deux familles puissent hériter également, vous et votre conjoint pourriez stipuler qu'advenant vos décès simultanés la moitié des biens ira à votre famille et l'autre moitié, à la famille de votre conjoint.

Une telle clause éliminera la nécessité d'homologuer les biens deux fois en peu de temps.

Vous pouvez également stipuler dans le testament qu'un bénéficiaire doit vous survivre au moins 30 jours (ou une autre durée) avant qu'il puisse avoir droit à tout bien provenant de la succession. Un tel libellé fait également en sorte qu'il n'est pas nécessaire d'obtenir deux fois une homologation.

Certaines personnes ajoutent également un legs à une œuvre de bienfaisance en cas de décès simultanés lorsqu'elles préfèrent laisser leur argent à une œuvre de bienfaisance plutôt qu'à un parent éloigné.

5.2.4 *Les pouvoirs relatifs à l'investissement du liquidateur ou du fiduciaire*

Si le testament n'accorde pas au liquidateur de pouvoirs supplémentaires relatifs aux placements faisant partie du patrimoine, le liquidateur peut investir l'argent détenu dans une fiducie dans les placements autorisés par la loi provinciale sur les fiduciaires. Au Québec, le liquidateur testamentaire décide des placements à faire en fonction du rendement et de la plus-value espérée et en tenant compte de la conjoncture :

- Obligations émises par les gouvernements fédéral ou provinciaux ou par municipalités

- Certaines créances du secteur privé

- Titres immobiliers

- Certaines actions ordinaires et privilégiées

- Actions ou unités d'un fonds commun de placement ou d'une fiducie privée à condition que 60 % de leur portefeuille soit composé de placements présumés sûrs.

Il ne peut, cependant, acquérir plus de 5 % des actions d'une même société.

Au Québec, le fiduciaire peut être chargé de la simple administration des biens, c'est-à-dire faire tous les actes nécessaires à la conservation des biens, ou de la pleine administration, c'est-à-dire conserver et faire fructifier les biens lorsque l'intérêt des bénéficiaires l'exige.

Les placements suivants sont autorisés en Ontario :

- Titres des gouvernements fédéral, provincial et municipal
- Hypothèques de premier rang pour des biens immobiliers au Canada
- Certificats de placements garantis de toute banque ou société de fiducie
- Dépôts bancaires
- Dépôts à terme dans une coopérative de crédit
- Obligations de sociétés pour lesquelles la société a versé un dividende qui répond aux exigences minimales
- Actions de sociétés (ordinaires ou privilégiées) lorsque le paiement de dividendes répond aux exigences minimales

Dans certaines provinces et territoires, notamment au Manitoba et au Yukon, les pouvoirs relatifs à l'investissement ne se limitent pas à une liste de placements autorisés. Le fiduciaire doit plutôt suivre la « règle de l'investisseur avisé » lorsqu'il gère la succession.

On regroupe parfois les placements autorisés en placements restreints ou sûrs et placements non restreints. La liste des placements est conçue pour empêcher un liquidateur de spéculer avec l'argent détenu en fiducie. Le mot « sûr » n'a pas le même sens pour tout le monde et, dans certains cas, cela peut équivaloir à faire des placements dont les rendements sont inférieurs. Mais si les biens restent dans la succession pour un court laps de temps, ce n'est pas bien grave.

Dans le testament, vous pouvez donner à votre liquidateur une gamme plus large de placements autorisés ou lui accorder des pouvoirs sans restriction relatifs aux placements. Sachez qu'il y a un risque d'abus lorsque les placements sont sans restriction. Si votre liquidateur est à l'aise pour s'occuper d'argent et que vous avez confiance qu'il ne spéculera pas dans quelque système pour s'enrichir rapidement, vous pouvez lui accorder davantage de pouvoirs relatifs à l'investissement. Mais si votre liquidateur a peu d'expérience dans les placements, il vaut mieux adopter la voie la plus prudente. Vous pouvez restreindre les pouvoirs du liquidateur à une liste plus limitée que la précédente mais, du point de vue pratique, je ne vois pas pourquoi vous le feriez.

Dans mon propre testament, je veux que mon liquidateur et mon fiduciaire soient en mesure de suivre une stratégie de placements qui sera la plus avantageuse pour mes bénéficiaires tant à court terme qu'à long terme.

5.2.5 Un bénéficiaire subrogé pour l'assurance-vie

Si vous avez une assurance-vie, vous voudrez peut-être ajouter une clause dans votre testament qui nommera un bénéficiaire subrogé pour vos polices au cas où le premier bénéficiaire décède avant vous. À titre d'exemple, advenant que votre conjoint décède avant vous, vous voudrez nommer vos enfants, une œuvre de bienfaisance ou votre succession comme bénéficiaire subrogé.

Si les conditions relatives au bénéficiaire subrogé sont complexes, incluez-en toutes les subtilités dans votre testament. À titre d'exemple, si les prestations de décès de l'assurance peuvent être laissées aux enfants mineurs, vous devez inclure dans votre testament des instructions stipulant que l'argent doit être détenu dans une fiducie en leur nom. Lorsque le bénéficiaire de l'assurance-vie n'est pas bien désigné dans un testament, on doit avoir recours à l'homologation pour la prestation de décès de l'assurance.

5.2.6 La nomination d'un bénéficiaire pour les REER et les FERR

Vous pouvez nommer un bénéficiaire ou plusieurs bénéficiaires pour votre REER ou votre FERR ; ce geste annule tout bénéficiaire désigné auprès d'une institution financière.

QUESTION
RÉPONSE

Le fait de nommer un bénéficiaire pour un REER ou un FERR donne-t-il à ce bénéficiaire le droit de toucher l'argent sans avoir à payer l'impôt ?

Le fait de nommer un bénéficiaire vous assure que les biens iront à la personne de votre choix. Si le bénéficiaire est votre conjoint ou conjoint de fait, le REER peut lui être versé exempt d'impôt. Autrement, le fait de nommer un bénéficiaire n'élimine pas le problème fiscal. Votre succession devra assumer le fardeau fiscal.

CONSEIL

S i votre institution financière ne vous permet pas de nommer plus d'un bénéficiaire pour votre REER ou votre FERR, vous pouvez nommer vos bénéficiaires dans votre testament, ce qui pourrait exiger l'homologation du testament.

5.2.7 L'établissement de fiducies testamentaires

Les fiducies testamentaires, qui sont établies après le décès suivant les dispositions contenues dans votre testament, peuvent servir à gérer les biens des enfants mineurs, à fractionner le revenu ou à économiser de l'impôt. Le testament détermine les pouvoirs du fiduciaire, la manière dont la fiducie testamentaire doit être gérée et le moment où les biens devront être partagés. (Pour en savoir plus sur les fiducies testamentaires, voir le chapitre 13.)

5.2.8 La protection de l'héritage des enfants

Supposons que vous planifiez votre succession dans le but de préserver vos biens pour les générations à venir dans votre famille. Compte tenu du taux élevé de divorce au pays, que faire pour vous assurer que, si votre fils divorce, votre héritage ira à vos petits-enfants plutôt qu'à l'ex-conjointe de votre fils ?

Dans la plupart des provinces, un héritage n'est pas considéré comme un bien familial, c'est-à-dire qu'il ne fait pas partie des biens qu'on se partage lors d'un divorce. Au Québec, par exemple, les dons et les héritages ne font pas partie du patrimoine familial. En Ontario, le testament peut inclure un libellé à l'effet que toute croissance ou revenu provenant de l'héritage ne doit pas non plus être considéré comme un bien familial. Vous pouvez aussi établir une fiducie testamentaire. (Voir le chapitre 11 sur le droit de la famille et le chapitre 13 sur les fiducies.)

Vos enfants adultes devraient aussi préparer leurs testaments.

5.3 Les testaments olographes, sur formulaires et officiels

Les testaments peuvent être soit rédigés à la main, soit inscrits sur des formulaires préimprimés et signés devant témoins, soit préparés par un notaire.

Un testament entièrement écrit à la main s'appelle un testament olographe. Pour qu'un testament olographe soit reconnu, il doit être *entièrement* écrit de votre main et porter votre signature au bas. Aucun témoin n'est requis. Mais comme aucun témoin n'est requis, un testament olographe peut être contesté sous prétexte d'inaptitude ou d'accusations d'abus d'influence de la part d'une autre personne. Votre liquidateur pourra avoir à prouver que le testament a vraiment été écrit de votre main. Le libellé juridique, les clauses et les nominations qu'on trouve habituellement dans un testament officiel seront absents ou incomplets, laissant de ce fait le testament olographe ouvert à l'interprétation et aux contestations judiciaires.

On peut se procurer des formulaires préimprimés dans de nombreuses papeteries ; il existe également des logiciels à cet effet. Vous devez alors vous montrer très prudent afin de vous assurer que le testament est complet et reflète bien vos volontés. Comme ce type de testament n'est pas entièrement écrit de votre main, vous devez le faire attester par des témoins.

Un testament officiel est habituellement préparé par un notaire. Lorsque vous payez un notaire pour rédiger votre testament, vous devriez obtenir davantage que des services de traitement de texte. En effet, le notaire devrait vous fournir des conseils juridiques. Il notera vos instructions et préparera le testament contenant les clauses et le libellé qui répondront à vos besoins. Vous signez ensuite le testament devant témoins.

Je recommande toujours de faire préparer son testament par un notaire afin de s'assurer que le libellé et les clauses contenus dans le testament sont complets et valables. Nos lois deviennent malheureusement de plus en plus complexes et les testaments olographes et préimprimés sont sujets aux erreurs. Vous ne voulez pas que votre testament soit contesté à cause d'un détail technique qui fera en sorte d'invalider en tout ou en partie votre testament. Mourir avec un testament invalide équivaut à mourir sans testament. À titre d'exemple, si le testament ne dispose pas de l'ensemble de la succession en raison de l'absence d'instructions pour le reliquat de votre succession, une partie de vos biens pourrait être distribuée comme si vous étiez décédé sans laisser de testament!

Un testament mal rédigé pourrait mener vos bénéficiaires à produire une contestation devant le tribunal; cette contestation pourrait s'avérer beaucoup plus onéreuse que les honoraires exigés pour la préparation d'un testament notarié. Selon le notaire et la complexité de votre testament, les honoraires pour la préparation d'un testament pour une succession simple peuvent atteindre 500 $, TPS en sus. Si vous faites préparer à la fois un testament pour vous et un autre pour votre conjoint, les honoraires seraient à peu près du double. Plus les instructions seront détaillées, plus les honoraires seront élevés. Pour bien profiter du temps que vous passerez chez le notaire et peut-être écourter la visite, lisez « Ce dont il faut tenir compte quand on rédige son testament » à la fin du livre et apportez ces renseignements avec vous chez le notaire.

QUESTION RÉPONSE

À quoi dois-je m'attendre si je vois un notaire pour préparer mon testament?

Faire préparer son testament par un notaire sous-entend que vous le rencontrez pour discuter de votre situation et de vos exigences. Le testament est ensuite rédigé et corrigé au besoin. Il y aura une dernière rencontre pour la révision du testament et la signature devant témoins. Plus votre situation est complexe, plus ce sera long et coûteux.

5.4 La signature du testament

Un testament officiel doit être signé et attesté en présence de deux adultes habilités à témoigner. Les témoins ne doivent pas être des personnes nommées comme bénéficiaires dans le testament ni le conjoint d'un bénéficiaire nommé dans le testament. Tout legs laissé à un bénéficiaire qui a agi comme témoin pourrait être rejeté — car on pourrait se demander s'il n'y a pas eu abus d'influence auprès du testateur.

Si la personne qui fait son testament est non voyante ou ne peut pas lire, elle peut quand même préparer et signer un testament. Le notaire signera une déclaration spéciale faisant référence aux handicaps physiques de la personne et stipulant qu'elle a semblé comprendre le document lorsqu'on le lui a expliqué.

Pour gagner du temps et réduire les honoraires après le décès, des notaires prépareront un affidavit du témoin à la signature du testament au moment de la signature, certifiant ainsi que l'attestation du testament s'est faite selon la procédure normale.

En faisant préparer l'affidavit du témoin à la signature du testament au moment où le testament est élaboré, vous évitez à votre liquidateur d'avoir par la suite à retrouver les témoins pour confirmer qu'ils ont bien agi à titre de témoins lors de la signature du testament.

CONSEIL

Dans certaines provinces, comme le Québec et la Colombie-Britannique, vous pouvez enregistrer votre testament auprès du bureau d'enregistrement provincial et bien qu'une telle pratique ne soit pas obligatoire, elle vous assure que votre testament sera retrouvé après votre décès. En Colombie-Britannique, vous pouvez enregistrer, auprès du Bureau de l'état civil de la C.-B., un avis de testament qui comprend la date du testament et l'endroit où il se trouve. Le Bureau ne conserve pas le testament.

Savoir que vous avez préparé un testament notarié signifie que ça y est. Vous n'avez plus à vous préoccuper de griffonner une note et d'appeler cela un testament chaque fois que vous partez en vacances ou en voyage d'affaires.

Chapitre 6

Distribuer votre patrimoine en le donnant immédiatement

Des personnes âgées ou des enfants adultes préoccupés par le fait que leur père ou leur mère puisse être trop généreux à leur propre détriment me demandent souvent à quel moment il faut distribuer une partie de ses biens et de ses objets personnels. À mon avis, comme je l'ai expliqué au chapitre 2, la première obligation de chacun est de voir à disposer d'une somme suffisante pour ses propres besoins.

Pour certains, le but financier principal est de laisser un patrimoine important à leurs bénéficiaires. Pour d'autres, laisser un héritage constitue un but secondaire ou n'est même pas un but.

Les aspects techniques abordés dans le présent chapitre ne s'adressent pas à tous. Certains conviennent à la personne âgée qui n'a pas besoin de tout ce qu'elle a en ce moment, même si elle devait vivre jusqu'à 100 ans. Certaines des stratégies présentées conviennent davantage lorsque la mort est proche. De plus, la distribution de vos biens doit se faire avec l'aide d'un conseiller financier pour vous assurer de ne pas vous empêtrer dans les règles d'attribution du revenu ou d'en donner trop. Personne ne devrait faire des dons de manière à se retrouver plus tard dans la pauvreté. Déterminez d'abord ce dont vous avez besoin et mettez également de côté un coussin de sécurité.

Il peut y avoir des avantages à donner une partie de vos biens de votre vivant :

- Vous voulez que ces personnes ou les œuvres de bienfaisance apprécient votre générosité sur-le-champ.
- Les frais d'homologation peuvent être moindres.
- Les honoraires du liquidateur peuvent être moindres.
- Vous pourriez savourer le plaisir de laisser vos affaires en ordre.
- Vous pourriez payer moins d'impôt sur le revenu.
- Certains dons peuvent vous valoir des reçus pour usage fiscal.
- Vous protégez votre intimité et celle de votre destinataire.
- Vous évitez peut-être des chicanes de famille après votre mort !

Il y a, cependant, 4 désavantages à donner ses biens de son vivant :

- Vous pourriez perdre le contrôle exclusif du bien (ce qui peut s'avérer grave s'il s'agit d'une maison, d'une entreprise ou d'un chalet).

- Si le « don » a pris de la valeur depuis que vous l'avez acquis, Revenu Canada pourrait considérer que vous avez « vendu » le bien à sa juste valeur marchande, augmentant du coup votre impôt sur le revenu pour l'année (à moins que vous n'en fassiez don à votre conjoint).

- Vous pourriez rester responsable des impôts sur tout revenu gagné sur le bien en vertu des règles d'attribution de Revenu Canada.

- Si vous vous départez trop tôt de trop de biens, vous pourriez devenir à la charge de votre famille ou de l'aide sociale.

Je ne laisse pas entendre ici que vous devriez ou ne devriez pas vous départir d'une partie de votre argent ou de vos biens. Vous devez d'abord évaluer vos besoins présents et à venir. Si vous croyez pouvoir satisfaire vos propres besoins, alors départez-vous de vos biens en toute connaissance de cause. Vous pouvez discuter avec le destinataire de l'usage que vous souhaitez qu'il fasse de votre bien. Cela m'attriste toujours de voir la déception de quelqu'un qui donne de l'argent à une personne qui ne lui en sera aucunement reconnaissante ou qui le dépensera à des futilités.

Pour donner des biens ou de l'argent, vous devez être sain d'esprit et faire le don sans condition aucune. Si vous dites « Je te donnerai 25 000 $ quand tu te marieras », ce n'est pas un don. Si votre capacité mentale au moment du don est mise en doute, la nouvelle propriété pourrait être contestée. Par ailleurs, selon l'objet donné, un don n'est pas complet tant que la propriété n'en est pas juridiquement modifiée, que le bien n'est pas livré ou que le chèque n'est pas encaissé.

À qui devriez-vous faire des dons et que devriez-vous donner ? Libre à vous de choisir à condition de ne pas donner votre résidence familiale ou des biens qui appartiennent à votre conjoint sans son consentement. Vous pouvez faire des dons aux membres de la famille, aux amis ou à des œuvres de bienfaisance. Vous pouvez aider votre enfant ou votre petit-enfant à acheter sa première maison, à démarrer une entreprise, à payer ses frais de scolarité ou à rembourser ses dettes.

Suivant la personne qui reçoit le don, vous pourriez devoir continuer à payer l'impôt sur le revenu futur gagné sur le bien. Le tableau 4 résume les règles d'attribution du revenu. La conséquence des règles d'attribution est que, même si vous n'êtes pas propriétaire du bien, Revenu Canada pourrait imposer le revenu gagné comme si vous en étiez encore propriétaire. (Les règles d'attribution du revenu ne s'appliquent plus après le décès.)

Tableau 4

Règles d'attribution pour les dons faits à la famille immédiate

DON FAIT À	TYPE DE REVENU GAGNÉ	PERSONNE RESPONSABLE DE L'IMPÔT SUR LE REVENU
un conjoint*	Intérêt	Vous
	Dividende	Vous
	Gains en capital	Vous
une fiducie pour un conjoint	Intérêt	Vous
	Dividende	Vous
	Gains en capital	Vous
un enfant de moins de 18 ans**	Intérêt	Vous
	Dividende	Vous
	Gains en capital	Enfant
un petit-enfant de moins de 18 ans**	Intérêt	Vous
	Dividende	Vous
	Gains en capital	Petit-enfant
un enfant de plus de 18 ans	Intérêt	Enfant
	Dividende	Enfant
	Gains en capital	Enfant
un petit-enfant de plus de 18 ans	Intérêt	Petit-enfant
	Dividende	Petit-enfant
	Gains en capital	Petit-enfant

*comprend le conjoint de fait

**jusqu'à ce que l'enfant ou le petit-enfant atteigne l'âge de 18 ans

6.1 Les dons d'objets personnels

Des gens marquent les objets personnels qui se trouvent dans la maison en apposant des étiquettes, sous un vase par exemple, pour indiquer le nom de la personne qui doit en hériter. Cependant, les étiquettes peuvent être ou sont échangées (parfois par les petits-enfants qui trouvent le jeu très amusant). Pour vous assurer que chaque article est remis à la personne de votre choix, donnez-le directement à cette personne de votre vivant, énumérez les objets dans votre testament ou annexez une lettre à votre testament énumérant chacun des objets et le nom de son destinataire. Certains notaires ajoutent une clause au testament stipulant que vous fournissez une lettre ou une note pour aider votre liquidateur à distribuer vos objets personnels. Puis, si vous changez d'idée à propos de ces dons, vous n'avez qu'à refaire la lettre sans toucher au testament.

Les membres de la famille se querellent souvent à propos de biens, même de peu d'importance, qu'ils auraient voulu avoir ou qui, d'après eux, auraient dû leur revenir. Je vous l'accorde, il est parfois difficile d'évaluer les sentiments véritables des siens, mais les relations familiales resteront plus cordiales si vous notez soigneusement les dons et leurs destinataires. Vous pourriez être tenté de vous dire : « S'ils sont aussi mesquins, ils méritent ce qu'ils ont. » Mais je crois que vous devez aux générations à venir de prévoir les défauts qui pourraient faire surface sous la tension et de prendre les devants.

Certains seront réticents à accepter de vous un don de votre vivant, trouvant cela morbide ou trop tôt. Je crois qu'il s'agit là d'un moyen de mettre de l'ordre dans sa vie et de se préparer à accepter sa propre mort. Si vous en êtes capable, expliquez-le au destinataire (que vous tenez vraiment à lui faire ce don) et que vous espérez qu'il sera en mesure de l'accepter avec plaisir.

6.2 Les dons à vos enfants adultes

Si vous donnez de l'argent à votre enfant adulte, vous pourrez peut-être réduire votre futur impôt sur le revenu. Vous n'avez pas à payer l'impôt sur le revenu gagné sur l'argent ; c'est votre enfant adulte qui en est responsable.

EXEMPLE Robert donne à sa fille adulte Sophie 100 000 $. En supposant un rendement de 5 %, les 100 000 $ rapporteront 5 000 $ d'intérêt par année. Comme les revenus de Robert sont dans la tranche d'imposition de 50 %, il économiserait environ 2 500 $ en impôt chaque année. Si Sophie se sert de l'argent pour rembourser son hypothèque ou pour effectuer un versement initial, elle n'aura pas à payer d'impôt. Si elle place l'argent, elle devra payer l'impôt sur le revenu gagné.

Si le destinataire est un jeune adulte, lui donner de l'argent qu'il pourra verser dans un REER fera en sorte que l'argent fructifiera exempt d'impôt pendant de nombreuses années.

Si vous donnez à votre enfant adulte le chalet, des fonds communs de placement, des actions ou tout bien autre que de l'argent, Revenu Canada présume que vous avez vendu le bien à sa juste valeur marchande, même s'il n'y a eu aucun échange d'argent. Cela peut représenter des gains en capital que vous devrez inclure dans votre déclaration de revenus de l'année.

Soyez très prudent lorsque vous faites des dons uniquement pour réduire les impôts ou les frais d'homologation. J'ai vu des familles qui se sont montrées si généreuses envers leurs enfants que le conjoint s'est retrouvé sans le sou. Des familles qui avaient mis leur chalet au nom des enfants y ont perdu ; en effet, l'un des enfants a divorcé ou a déposé son bilan et a perdu le chalet familial.

6.2.1 Un prêt plutôt qu'un don inconditionnel

Disons que vous voulez donner de l'argent à votre enfant adulte immédiatement plutôt que plus tard. Vous voulez l'aider à s'acheter une maison, mais vous vous inquiétez de la stabilité de son mariage ou vous ne voulez pas lui donner l'argent définitivement. Pensez alors à lui prêter l'argent et à assurer le prêt en lui accordant un prêt hypothécaire sur sa maison. Cette stratégie vous permet à la fois d'aider votre enfant et de protéger votre patrimoine. Si le prêt sert à acheter une maison, il n'y a pas d'attribution de revenu.

Si le prêt visait à fractionner le revenu et que l'argent était utilisé pour faire des placements, le revenu pourrait vous être réattribué.

6.3 Les dons à de jeunes enfants

Même si vous vous servez d'un compte en fiducie pour donner de l'argent à un enfant ou à un petit-enfant de moins de 18 ans, vous devez payer l'impôt sur le revenu d'intérêt ou de dividendes gagné en vertu des règles d'attribution du revenu. Mais si le don accordé à un enfant ou à un petit-enfant mineur rapporte des gains en capital, ce revenu ne vous est pas réattribué et l'enfant doit déclarer le revenu de placement selon sa tranche d'imposition (vraisemblablement) inférieure à la vôtre.

Cependant, tout revenu gagné sur le revenu provenant du don (appelé parfois revenu secondaire) ne vous est pas attribué, même si le don rapportait au départ un revenu en intérêts ou de dividendes. Voilà de bonnes occasions de planification fiscale.

EXEMPLE

Vous donnez 10 000 $ à votre petite-fille de 5 ans pour qu'elle les place dans des obligations d'épargne du Canada courantes qui rapportent 6 % la première année. En vertu des règles

> d'attribution du revenu, vous devez payer l'impôt sur le revenu sur les 600 $ d'intérêts gagnés la première année. Vous utilisez alors les 600 $ d'intérêts pour acheter d'autres obligations d'épargne du Canada au nom de votre petite-fille. La deuxième année, vous devez payer l'impôt sur le revenu gagné sur les premiers 10 000 $ d'obligations, mais votre petite-fille doit payer l'impôt sur l'intérêt gagné sur les 600 $ d'obligations. Supposons que le taux d'intérêt est encore de 6 % et que vous vous situez dans la tranche d'imposition de 50 %, vous économiseriez 18 $ d'impôt. La belle affaire !, direz-vous. Mais imaginez le montant si vous faites cela chaque année pendant 10 ans ou plus.

Est-ce que ça en vaut la peine ? Si vous disposez d'argent et que vous avez la discipline qu'il faut pour virer le revenu chaque année dans un compte séparé pour l'enfant (et conserver les documents y afférant), vous réduirez le fardeau fiscal de votre famille. Si vous vous trouvez dans une tranche d'imposition élevée et n'aimez pas payer d'impôt sur le revenu, cette technique pourrait s'avérer plus facile que de gagner un montant équivalent de revenu net d'impôt. Après tout, abaisser le fardeau fiscal de la famille est l'un des moyens de préserver votre patrimoine pour la génération qui suit.

QUESTION
RÉPONSE

Mon père habite maintenant en Floride. Il désire donner 10 000 $ à chacun de mes trois enfants pour payer leurs études. Doit-il payer l'impôt sur le revenu sur les intérêts gagnés ?

Non. Les règles d'attribution du revenu ne s'appliquent pas aux dons reçus de parents qui ne sont pas résidants canadiens.

Le recours à un Régime enregistré d'épargne-études (REEE) s'avère un moyen de donner de l'argent à un enfant ou à un petit-enfant pour payer ses études postsecondaires sans payer d'impôt. La limite annuelle pour tout bénéficiaire est de 4 000 $ et la cotisation limite à vie est de 42 000 $. Les cotisations aux REEE ne sont pas déductibles du revenu imposable, mais les revenus qui s'accumulent dans le régime ne sont pas imposables. Si l'enfant, ou le bénéficiaire apparenté, ne poursuit pas ses études, l'argent cotisé peut être retiré exempt d'impôt et jusqu'à 40 000 $ du revenu peuvent être transférés dans le REER du cotisant s'il dispose de droits de cotisation suffisants. Si le REEE n'est pas en vigueur depuis 10 ans, tout montant ne pouvant être transféré au REER du cotisant est traité comme un revenu imposable ordinaire dans l'année du retrait et est assujetti à une pénalité fiscale de 20 %.

En plus d'établir des comptes en fiducie pour vos enfants ou d'avoir recours à un Régime enregistré d'épargne-études (REEE), vous pouvez utiliser l'assurance-vie pour économiser en vue des études. Certaines compagnies d'assurances offrent des polices conçues pour accumuler des fonds en vue des études avec l'avantage supplémentaire que, si le parent ou le grand-parent décède prématurément, la police procurera une assurance-vie suffisante pour payer les études.

6.4 Les dons aux œuvres de bienfaisance et aux fondations de bienfaisance

Vous pouvez recevoir un crédit d'impôt non remboursable pour les dons que vous faites à une œuvre ou à une fondation de bienfaisance enregistrées. (Voir le chapitre 15 sur la planification des dons.)

Chapitre 7

Qu'arrive-t-il au décès ?

Les règlements sur la planification successorale varient d'une province à l'autre. Vous avez peut-être des parents qui habitent une autre province que la vôtre et qui s'inquiètent de l'homologation du testament après le décès et des coûts qui s'y rattachent. Le présent chapitre renferme de la documentation qui vous sera utile si vous avez à discuter de ces questions avec des membres de la famille qui vivent dans une autre province ou si on vous demande d'être le liquidateur de la succession d'un parent qui vivait à l'extérieur de votre province

Après votre décès, on trouve votre testament et on en fait la lecture. Si votre liquidateur, votre conjoint, un membre de la famille ou le notaire sait où se trouve le testament, on pourra le retrouver rapidement, mais il arrive qu'on mette des semaines à retrouver un testament parce que personne ne sait où il se trouve. Parfois, le notaire aura en sa possession le document original et invitera la famille à la lecture du testament, mais on voit ce type de situation surtout au cinéma.

QUESTION RÉPONSE

Mon père est décédé la semaine dernière et nous avons le testament en notre possession. Que devons-nous faire ?

Vous pouvez lire le testament, puis vous assurer que la personne nommée à titre de liquidateur reçoit l'original du document afin qu'elle puisse s'acquitter de ses responsabilités.

7.1 L'homologation

Votre liquidateur doit déterminer si votre testament doit être homologué, c'est-à-dire s'il faut obtenir une autorisation du tribunal pour régler la succession et le transfert de vos biens. Lorsque le testament est homologué, toute tierce partie a l'assurance que le liquidateur a l'autorisation légale d'agir au nom de la succession. Autrement dit, si une banque, par exemple, reçoit des instructions du liquidateur (après homologation du testament) et qu'on s'aperçoit que les instructions du liquidateur sont erronées, la banque ne pourra être tenue responsable. Certaines banques, sociétés de fiducie et autres institutions financières ont comme pratique courante d'exiger l'homologation afin que le liquidateur puisse prouver qu'il possède l'autorisation requise.

En général, on ne peut éviter l'homologation du testament si une tierce partie est concernée et a besoin d'une autorisation du tribunal pour accepter des instructions du liquidateur. Voici les biens qui peuvent le demander :

- Biens à une institution financière qui exige des lettres d'homologation

- Biens immobiliers dans des domaines qui exigent des lettres d'homologation

- Actions dans une société ouverte ou lorsque des actions dans une société fermée sont vendus à quelqu'un de l'extérieur de la société

L'homologation est également inévitable lorsque le liquidateur doit intenter une poursuite contre quelqu'un pour régler la succession.

Si votre testament doit être homologué, votre liquidateur présentera le testament original, la valeur totale de la succession ou, dans certaines provinces, un inventaire des biens de la succession et les formulaires de demande dûment remplis au tribunal du dernier lieu où vous avez habité. Le liquidateur peut mettre quelques semaines à remplir les formulaires de demande même s'il dispose de tous les renseignements nécessaires. La demande peut exiger une liste détaillée de tous les biens de la succession, y compris leur valeur marchande au moment de votre décès. Votre liquidateur pourra obtenir de l'aide pour remplir la demande bien qu'il ne soit pas tenu de faire appel à un notaire pour ce faire.

Si le testament et tous les documents pertinents sont en bon ordre, le tribunal apposera son estampille d'homologation et émettra les lettres d'homologation ou accordera un document d'homologation dans l'espace de quelques semaines. En Ontario, les lettres d'homologation s'appellent à présent « certificat de nomination du fiduciaire de la succession avec testament ».

QUESTION
RÉPONSE

Tous les testaments doivent-ils être homologués ?

Non. Lorsque le testament et la succession sont simples, aucune loi n'exige l'homologation du testament.

Si le liquidateur a déjà en sa possession tous les biens, s'il s'agit d'un conjoint par exemple, et qu'il n'a pas à faire affaire avec une tierce partie (comme des institutions financières, le nouveau propriétaire d'une société ou des créanciers), il n'est pas nécessaire d'obtenir des lettres d'homologation. C'est le cas surtout lorsque les biens de la succession se composent principalement d'argent en caisse et de quelques effets personnels.

Lorsqu'il s'agit de comptes passablement modestes, l'institution financière peut faire comme elle le juge à propos et renoncer à la demande d'homologation si elle sait que les biens seront distribués au sein de la famille. Mais les règles et les politiques peuvent changer.

> Au Québec, il n'est pas nécessaire d'homologuer un testament qui a été préparé par un notaire (et porte le sceau du notaire).

Tous les testaments ne sont pas reconnus valides dans leur totalité par les tribunaux. Lorsque le testament n'est pas accepté dans sa totalité, on considère que la personne est décédée sans testament. Il arrive que des testaments contiennent des dispositions périmées ou illisibles, ou que le document n'a pas été correctement attesté ; toutes ces choses peuvent pourtant être évitées. Parfois, le testament lui-même est reconnu valide, mais il y manque certaines dispositions, auquel cas ces portions du patrimoine sont habituellement traitées comme si la personne était décédée sans testament. À titre d'exemple, un testament pourrait ne pas mentionner le reliquat de la succession ou pourrait faire un legs laissé à un bénéficiaire décédé. Dans un cas semblable, le tribunal exigera que cette portion du patrimoine soit régie conformément aux lois sur les successions non testamentaires.

Les activités du tribunal sont de notoriété publique, y compris les testaments déposés pour homologation. Il est très rare en effet qu'un notaire arrive à convaincre le tribunal de sceller un dossier testamentaire. Le public et les médias ont accès aux détails de votre testament, y compris les noms des bénéficiaires et ce qu'ils obtiendront ainsi que les dettes que vous aviez et les noms de vos créanciers. Pour ce qui est des biens qui font partie de votre testament, votre famille, votre entreprise et vos bénéficiaires n'ont droit à aucune confidentialité. Cependant, si votre succession ne fait allusion à aucune maîtresse ni enfant né hors du mariage ni relations d'affaires douteuses, cet état de choses ne devrait pas vous inquiéter.

Pour obtenir de l'information sur un testament en cours d'homologation, vous pouvez communiquer avec le bureau du gouvernement provincial dans la région où habitait la personne décédée. Selon les provinces, ce bureau s'appelle la division des successions et des homologations ou le tribunal des successions et des tutelles.

Une fois le testament confirmé au moyen de l'homologation, votre liquidateur peut commencer à transférer les biens conformément aux dispositions du testament. Il faut compter de six mois à deux ans et plus avant que vos bénéficiaires ne reçoivent le gros de leur héritage. Des biens peuvent être transférés immédiatement, alors que d'autres ne peuvent l'être avant que tous les honoraires reliés à la succession ne soient acquittés.

En principe, votre succession ne peut être entièrement réglée avant la production de votre déclaration de revenus pour l'année du décès et la réception par la succession d'un certificat d'acquit d'impôt de Revenu Canada. Le certificat d'acquit d'impôt confirme que Revenu Canada reconnaît que tous les impôts de la personne décédée ont été acquittés. En demandant et en obtenant le certificat d'acquit d'impôt, le liquidateur se protège contre toute exigibilité future de l'impôt sur le revenu pour la succession.

7.2 Les frais d'homologation

Des frais d'homologation sont versés à partir de la succession à la Cour provinciale pour l'émission des lettres d'homologation. Les frais sont fixés en fonction de la valeur des biens qui sont transmis au moyen du testament. Plus la valeur est grande, plus les frais seront élevés, bien que certaines provinces aient adopté des frais maximums (voir tableau 5). Si un seul bien de la succession exige que le liquidateur obtienne des lettres d'homologation, dans certaines provinces, la valeur de *tous* les biens transmis par l'entremise de la succession doit être incluse dans le calcul des frais d'homologation.

Il y a une certaine controverse à savoir si les frais d'homologation sont véritablement des frais d'administration ou s'il ne s'agit pas plutôt d'une forme de droits de succession, en particulier dans les provinces où il n'existe pas de maximum. La quantité de travail que représente pour les tribunaux l'homologation d'un testament (étant donné que la paperasserie est effectuée surtout par les notaires ou les avocats et non par le gouvernement) est la même, que la succession vaille 2 millions de dollars ou 200 000 $. Pourtant, les frais d'homologation du testament pourraient être très différents. Certains prétendent que les frais pour le processus d'homologation devraient être fixes puisque le « service » est essentiellement le même, peu importe la valeur de la succession.

Tableau 5		
FRAIS D'HOMOLOGATION AU CANADA		MAXIMUM
Alberta	25 $ pour les premiers 10 000 $ et jusqu'à 6 000 $ pour les successions supérieures à 1 000 000 $	6 000 $
Colombie-Britannique	Aucuns frais pour les successions inférieures à 10 000 $; 200 $ (tarif fixe) pour les successions de 10 000 $ à 25 000 $; 6 $ par tranche de 1 000 $ entre 25 000 $ et 50 000 $; 14 $ par tranche de 1 000 $ au-delà de 50 000 $	aucun
Î.-P.-É.	50 $ sur les premiers 10 000 $ et jusqu'à 400 $ pour une succession de 100 000 $; et 4 $ par tranche de 1 000 $ au-delà de 100 000 $	aucun
Manitoba	25 $ pour les premiers 5 000 $ et 6 $ par tranche de 1 000 $ au-delà de 5 000 $	aucun
Nouveau-Brunswick	Jusqu'à 100 $ pour les premiers 20 000 $ et 5 $ par tranche de 1 000 $ au-delà de 20 000 $	aucun

Nouvelle-Écosse	75 $ pour les premiers 10 000 $ et jusqu'à 800 $ pour une succession allant jusqu'à 200 000 $; et 5 $ par tranche de 1 000 $ au-delà de 200 000 $	aucun
Ontario	5 $ par tranche de 1 000 $ pour les premiers 50 000 $ et 15 $ par tranche de 1 000 $ au-delà de 50 000 $	aucun
Québec	65 $ pour un testament olographe ou devant témoins	65 $
	0 $ pour des testaments notariés	aucun
Saskatchewan	7 $ par tranche de 1 000 $	aucun
Terre-Neuve	80 $ pour les premiers 1 000 $; 75 $ plus 5 $ pour chaque tranche de 1 000 $	aucun
Territoires du Nord-Ouest	8 $ pour les premiers 500 $ et jusqu'à 15 $ pour une succession allant jusqu'à 1 000 $ et 3 $ par tranche de 1 000 $ au-delà de 1 000 $	aucun
Yukon	Aucuns frais pour les successions inférieures à 10 000 $; 140 $ (tarif fixe) pour les successions de 10 000 $ à 25 000 $; 6 $ par tranche de 1 000 $ au-delà de 25 000 $	aucun

*au 1er mai 1997

D'après le tableau 5, une succession évaluée à un million de dollars devrait acquitter des frais d'homologation de 14 500 $ en Ontario. Au Nouveau-Brunswick, une succession de 1 million de dollars coûterait 5 000 $ en frais d'homologation. Pas étonnant que les résidants de l'Ontario et de la Colombie-Britannique aient été aussi furieux lorsque les tarifs ont augmenté.

QUESTION
RÉPONSE

J'habite en Ontario et les frais d'homologation sont moins élevés partout ailleurs. Est-ce que je peux faire homologuer mon testament à l'endroit de mon choix?

En général, votre testament est homologué dans la province où vous habitiez au moment de votre décès. Si vous avez des biens dans plus d'une province, votre testament devra peut-être être homologué aussi dans l'autre territoire. (On parle alors de réapposition du sceau.) Habituellement, il n'est pas nécessaire de verser des frais supplémentaires.

Dans la plupart des provinces, les frais d'homologation sont calculés en fonction de la valeur marchande des biens et non de la valeur nette du patrimoine, et les dettes personnelles (autres que les hypothèques sur des immeubles personnels) ne sont pas *déduites* avant le calcul des frais. À titre d'exemple, si vous avez des biens d'une valeur de 300 000 $ que vous transmettez par testament et une marge de crédit non garantie de 100 000 $, les frais d'homologation seront calculés sur 300 000 $ et non 200 000 $.

Et ce n'est pas tout. S'il faut une homologation pour transférer des biens à votre conjoint à votre décès, on pourrait exiger encore des frais sur ces biens lorsqu'ils seront transférés par le testament de votre conjoint. On ne déroge pas aux frais d'homologation lorsque des biens sont transférés d'un conjoint à l'autre. Cependant, si des biens sont détenus en copropriété par les conjoints, les frais d'homologation seront exigés sur ces biens uniquement lorsque leur propriété sera transférée par l'entremise du testament du second conjoint.

On ne peut pas déduire les frais d'homologation de la déclaration de revenus pour l'année du décès.

QUESTION
RÉPONSE

J'ai versé des frais d'homologation sur les biens immobiliers de mon mari lorsqu'ils m'ont été transférés à son décès. Y aura-t-il d'autres frais d'homologation à verser à mon décès ?

Oui, si ces biens sont distribués suivant les dispositions de votre testament et qu'une tierce partie exige l'homologation.

7.3 Les stratégies pour réduire les frais d'homologation

Vous pouvez avoir recours à diverses techniques ou dispositions, des plus simples aux plus complexes, pour réduire les frais d'homologation. Comme les frais d'homologation sont calculés à partir de la valeur des biens qui sont transmis par testament, la stratégie de base pour minimiser les frais consiste à exclure le plus de biens possible du testament.

La réduction des frais d'homologation ne doit pas être une priorité dans votre plan successoral. Mais pourquoi payer des frais si vous n'y êtes pas obligé ? Certaines stratégies pour réduire les frais d'homologation sont relativement faciles à mettre en œuvre et à respecter, comme la nomination d'un bénéficiaire pour votre assurance-vie ou votre régime de retraite. D'autres pourraient ne pas convenir à votre situation ou vous coûter à vous ou à votre succession davantage que les frais évités. À titre d'exemple, vous ne désirez pas faire de votre fils le copropriétaire de votre maison, peu importe l'économie que vous feriez sur les frais d'homologation ! Si vous prévoyez enregistrer un bien immobilier ou des avoirs en copropriété avec vos enfants mariés, vous pourriez exposer vos biens aux problèmes matrimoniaux ou financiers de vos enfants.

Avant de choisir l'une ou l'autre des techniques visant à réduire les frais d'homologation, calculez la valeur des biens qui feront partie du patrimoine et seront distribués suivant les dispositions du testament. Calculez également les coûts de mise en œuvre d'une telle technique et les économies que vous pourriez réaliser. Les coûts peuvent comprendre le réenregistrement du titre de propriété, les impôts sur le revenu, les frais juridiques, les frais d'administration à venir, les droits de cessation immobilière (s'il y a une hypothèque sur le bien immobilier) et peut-être la TPS.

N'insistez pas trop sur la réduction des frais d'homologation. Vous pourriez vous engager dans une opération complexe et coûteuse qui pourrait vous faire économiser un montant relativement modeste en frais et vous occasionner un problème fiscal et la perte du contrôle du bien.

CONSEIL

Voyons comment le fait de prendre des mesures pour transférer des biens autrement que par testament peut se répercuter sur la valeur de votre patrimoine aux fins d'homologation.

Valeur du patrimoine transmis par testament

AVANT LA PLANIFICATION EN VUE DES FRAIS

Résidence familiale (enregistrée à un nom)	200 000 $
Assurance-vie à être versée à la succession	100 000 $
Actions et obligations à votre nom	250 000 $
REER à être versé à la succession	30 000 $
Valeur totale du patrimoine aux fins d'homologation	580 000 $

APRÈS LA PLANIFICATION EN VUE DES FRAIS

Résidence familiale (copropriété avec le conjoint)	0
Assurance-vie à être versée au conjoint	0
Actions et obligations en copropriété avec le conjoint	0
REER (conjoint nommé comme bénéficiaire)	0
Valeur totale du patrimoine aux fins d'homologation	0

S'il y a des frais d'homologation à payer, assurez-vous de disposer de suffisamment d'argent en encaisse ou de biens pouvant être vendus pour les acquitter. On suggère parfois d'utiliser l'assurance pour obtenir suffisamment d'argent pour acquitter les frais d'homologation et les impôts sur le revenu de l'année du décès. Mais déterminez d'abord si les frais justifient une police d'assurance-vie.

CONSEIL

Si une seule institution financière exige une homologation, il peut y avoir une solution de rechange à l'homologation (et aux frais d'homologation). L'institution financière peut accepter une entente relative à la sécurité telle qu'une caution d'homologation (comme une prime d'assurance) ou une lettre d'indemnisation pour s'assurer qu'elle ne sera pas tenue responsable en suivant les instructions du liquidateur.

7.3.1 Les bénéficiaires désignés

Si vous nommez votre succession comme bénéficiaire de votre assurance-vie, de vos régimes de retraite, de votre REER et de vos FERR, il faudra obtenir une homologation, car la distribution de ces biens se fera par testament.

Le moyen le plus simple, le moins cher et le plus pratique de réduire ou d'éviter les frais d'homologation est de nommer un bénéficiaire pour votre REER et votre FERR auprès d'une compagnie d'assurances et pour vos polices d'assurance de façon que le legs ne fasse pas partie de votre patrimoine et qu'il ne soit pas inclus dans le calcul des frais d'homologation.

Certains se demandent si le fait de nommer des bénéficiaires pour des REER et des FERR détenus auprès de banques et de sociétés de fiducie évitera les frais d'homologation puisque les institutions financières peuvent insister sur l'homologation pour se protéger avant de débloquer les fonds. La raison pour laquelle on demandera une homologation est qu'un bénéficiaire du REER nommé dans le testament peut avoir préséance sur un bénéficiaire désigné à l'institution financière si le testament est le document le plus récent. Mon sondage auprès des banques et des sociétés de fiducie a révélé que les institutions s'inquiètent davantage lorsque la valeur du REER ou du FERR est supérieure à 30 000 $. Informez-vous auprès de votre institution financière pour connaître sa politique. Elle pourra peut-être verser le produit sans homologation si vous déposez une caution ou si elle reçoit une lettre du notaire de la succession indemnisant l'institution advenant que les instructions du liquidateur soient erronées. Peu importe, si vous nommez votre conjoint bénéficiaire de vos REER ou de vos FERR, ces biens lui seront transférés sans qu'il ait à payer de l'impôt sur le revenu.

Gardez à jour les noms de vos bénéficiaires puisque les biens sont distribués en vertu du dernier bénéficiaire inscrit. Si votre conjoint est votre bénéficiaire, vous pouvez nommer un bénéficiaire substitut dans le cas où vous décéderiez simultanément.

7.3.2 La copropriété des biens

Une autre technique pour réduire les frais d'homologation consiste à enregistrer des biens comme la résidence familiale, les actions, les obligations ou les fonds communs de placement en copropriété ou copropriété avec droit de survivance.

Lorsque les biens sont enregistrés en copropriété avec droit de survivance, l'intérêt de la personne décédée dans le bien est automatiquement transféré au propriétaire survivant. Ce transfert n'est pas régi par le testament ; il est prévu par d'autres lois. Les biens ne font pas partie du patrimoine et, par conséquent, n'entrent pas dans le calcul des frais d'homologation. À titre d'exemple, supposons que vous et votre conjoint êtes copropriétaires d'un compte bancaire enregistré avec droit de survivance. Lorsqu'un des conjoints décède, le conjoint survivant a automatiquement droit à l'argent qui se trouve dans le compte. Le transfert de propriété se fait sans homologation.

Cependant, un bien enregistré comme propriété *en commun* est traité différemment. Il n'est pas automatiquement transféré à l'autre propriétaire enregistré. Au décès, son transfert se fait conformément aux dispositions du testament de la personne décédée.

QUESTION
RÉPONSE

Puis-je enregistrer mon REER en copropriété ?

Non. Les REER et les FERR ne peuvent pas être enregistrés en copropriété. Voyez le chapitre 9 pour de plus amples détails sur la nomination des bénéficiaires pour les régimes enregistrés.

Il est souvent logique que des conjoints ou des conjoints de fait détiennent des biens en copropriété, mais cela peut devenir problématique dans le cas d'autres personnes. Je ne recommande pas la copropriété uniquement pour éviter les frais d'homologation. Elle doit reposer sur d'autres bonnes raisons.

Bien qu'il soit relativement facile de changer l'enregistrement de la propriété des biens, vous devez tenir compte des inconvénients que représente la copropriété.

- Vous perdez le contrôle exclusif du bien.

- Si l'autre personne dépose son bilan, les créanciers peuvent saisir le bien.

- S'il s'agit d'un bien immobilier, vous avez besoin du consentement du copropriétaire pour le vendre.

- Si le bien est un compte bancaire, le copropriétaire pourrait retirer des fonds sans votre consentement (par ex. si l'un des conjoints quitte l'autre).

- Si le bien immobilier est reconnu résidence familiale (maison ou chalet), le bien pourra être touché advenant un divorce.

- Revenu Canada considérera que vous « avez vendu » une portion du bien à cette personne à la juste valeur marchande (sauf si c'est à un conjoint). S'il y a eu profit au cours de la « vente », même si elle a lieu seulement sur papier, il pourrait y avoir de l'impôt sur le revenu à payer.

- Si l'enregistrement en copropriété est effectué en nom seulement (uniquement pour éviter les frais d'homologation) et qu'il ne s'agit pas d'un véritable transfert des droits et de la propriété, en principe, cela ne suffit pas à exclure le bien du calcul des frais d'homologation.

Pour ce qui est de l'impôt sur le revenu, la personne qui a fourni l'argent pour acquérir le bien est responsable de l'impôt sur tout revenu, sous réserve des règles d'attribution, et sur tous les profits au moment du transfert du bien (sauf si c'est à un conjoint).

QUESTION
RÉPONSE

J'ai un portefeuille de fonds communs de placement et des actions qui sont enregistrés uniquement à mon nom. Pour réduire les frais d'homologation, je désire enregistrer ces placements en copropriété avec mon fils adulte. Cela entraînera-t-il des frais ?

Probablement. Revenu Canada considérera qu'il y a eu vente ou disposition présumée des biens de votre portefeuille. Si la « vente » de 50 % de votre portefeuille à votre fils rapporte un gain en capital (profit), vous êtes tenu de payer l'impôt sur ce gain. De plus, il peut y avoir des frais de transfert ou des commissions à verser pour modifier l'enregistrement du compte ou le transfert d'enregistrement des certificats.

Il y a deux éléments importants dont il faut se rappeler : les REER et les FERR ne peuvent pas être enregistrés en copropriété et, au

Québec, la notion de copropriété avec droit automatique de survivance n'existe pas.

- Bien immobilier

Un bien immobilier enregistré en copropriété n'est pas transmis par testament et n'a pas besoin d'homologation. En droit, la copropriété donne au propriétaire survivant la part du bien immobilier qui appartenait à la personne décédée, à moins que le bien immobilier soit la résidence familiale et que l'un des propriétaires soit une autre personne que le conjoint.

QUESTION
RÉPONSE

Devrais-je enregistrer ma maison à mon nom et à celui de ma fille ? Mon mari est décédé l'an dernier.

Tout dépend. Vous perdriez l'habilité à contrôler en entier la maison. Si vous voulez la vendre, vous devrez obtenir le consentement écrit de votre fille. Si votre fille est mariée, qu'elle vit dans la maison avec son mari puis que son mariage se brise, la situation se complique davantage. Si votre fille est enregistrée comme copropriétaire de « votre » maison, la maison pourrait être considérée comme la résidence familiale (qui a un statut spécial selon le droit de la famille de la province). Pour éviter une telle situation, on suggère que le gendre signe un contrat de mariage à but unique (même si les conjoints sont mariés depuis quelques années) reconnaissant qu'il ne revendiquera aucun droit sur la maison. Bien que l'idée semble bonne en principe, elle peut ne pas être pratique, sauf si toutes les parties sont d'accord et en comprennent les effets juridiques, personnels et financiers. Après avoir étudié les inconvénients de la copropriété, vous déciderez peut-être qu'il ne convient pas d'ajouter un nom à la propriété même si cela se traduit par une réduction des frais d'homologation.

S'il y a une hypothèque sur la maison, le prêteur doit, en général, approuver l'ajout du deuxième propriétaire. Si vous ajoutez le nom de votre conjoint, il s'agit habituellement d'une simple formalité. Le réenregistrement de la propriété peut entraîner des frais.

CONSEIL

Si vous avez au départ enregistré votre maison ou votre chalet au nom de votre conjoint pour protéger la maison de responsabilités professionnelles ou, en vertu des anciennes lois, parce que chaque conjoint pouvait avoir une résidence principale, revoyez votre situation et déterminez s'il convient encore de garder la maison uniquement à son nom. Une maison d'une valeur de 500 000 $ enregistrée en copropriété peut éviter à votre succession 7 000 $ de frais d'homologation en Ontario, le montant étant moindre dans d'autres provinces.

Si l'on vous demande de devenir le deuxième propriétaire de, disons, la maison de votre mère, voyez si une telle stratégie est à votre avantage.

- Si vous possédez votre propre résidence principale, *vous* pourriez avoir à payer de l'impôt sur le revenu pour les profits réalisés sur votre part à la vente de la propriété de votre mère et le montant pourrait s'avérer plus important que les frais d'homologation évités.

- Si vous ne possédez pas votre propre maison et que vous vivez dans la maison de votre mère, vous pourriez ne plus être admissible aux programmes gouvernementaux offerts aux acheteurs d'une première maison comme le programme de prêts sur REER parce que vous seriez déjà propriétaire.

- Autres biens
Pour modifier les enregistrements des comptes de placements, vous devrez demander à l'émetteur d'ajouter le second nom avec un droit de survivance. Dans le cas de certificats de placements

garantis, il est possible d'en changer la propriété au moment du renouvellement. Dans le cas des actions ou des fonds communs de placement, il se pourrait que vous deviez racheter les placements et les acheter de nouveau sous les nouveaux noms, ce qui pourrait engendrer des gains en capital imposables. Consultez votre conseiller avant d'agir. Dans le cas de comptes de dépôt du marché monétaire ou de comptes bancaires, on peut en changer la propriété sans engendrer des gains en capital.

 **EXEMPLE**

Stéphane possédait 500 000 $ en fonds communs du marché monétaire. En planifiant sa succession, il a réenregistré ses fonds en copropriété avec sa conjointe Sophie, pour deux raisons:

1. Pour s'assurer que Sophie a accès à «leur» argent s'il décède subitement;

2. Pour réduire les frais d'homologation.

Le nouvel enregistrement des fonds n'a occasionné aucuns frais et comme il n'y avait pas de «profit», il n'y a pas eu d'impôt à payer. Bien que Stéphane soit toujours tenu de déclarer le revenu annuel provenant de ces fonds, cette opération évitera à sa succession environ 7 500 $ de frais d'homologation (en Ontario) et permettra à Sophie d'avoir accès plus rapidement à l'argent.

Les obligations d'épargne du Canada peuvent être enregistrées en copropriété au moment de l'achat ou, dans le cas des obligations existantes, lorsqu'elles arrivent à échéance. Si les obligations sont enregistrées en copropriété avec droit de survivance, la Banque du Canada les réenregistrera au nom du propriétaire survivant après avoir reçu une preuve du décès. La Banque du Canada n'exige pas d'homologation pour les obligations d'épargne du Canada dont la valeur est inférieure à 20 000 $.

7.3.3 Les dons

Vous pouvez réduire les frais d'homologation en donnant de votre vivant de l'argent ou d'autres biens. La prémisse fondamentale de cette technique est simple. Si vous ne possédez pas le bien au moment de votre décès, il ne peut pas être inscrit dans votre testament. Je ne recommande jamais de donner ses biens uniquement pour éviter les frais d'homologation ou l'impôt sur le revenu à venir. Vous devez être certain que cela convient à votre situation personnelle et que vous avez pris soin d'assurer vos besoins à venir et ceux de votre conjoint.

Il faut cependant vous montrer prudent. Le don de biens en nature peut être considéré comme une « vente » aux yeux de Revenu Canada et être régi par les règles d'attribution. Vous n'avez pas à recevoir de versement en argent pour que Revenu Canada considère qu'il y a profit. Supposons que vous désirez donner à votre fille adulte vos actions de la Banque Scotia qui vous ont coûté 1 000 $ et qui valent à présent 12 000 $. Selon Revenu Canada, si la valeur du bien au moment du don est supérieure à la valeur qu'il avait au moment de l'acquisition, il y a profit. Dans cet exemple, il faudrait payer l'impôt sur le revenu sur les 11 000 $ de profit au moment où est fait le don. Si vous aviez donné 12 000 $ en argent à votre fille, vous n'auriez aucun impôt à payer (à moins d'avoir vendu les actions pour en obtenir l'argent).

Vous pouvez transférer vos biens en tout ou en partie à vos bénéficiaires avant votre décès, surtout lorsque vous savez que votre fin approche. Bien qu'une telle proposition puisse s'avérer difficile à discuter, vous pourriez y trouver des avantages pratiques. Cela simplifierait l'administration de la succession et éviterait des frais d'homologation.

Il est également possible de faire un don sur votre lit de mort, au moyen d'une procuration. On appelle ce type de don une donation à cause de mort et elle peut réduire les frais d'homologation en permettant d'exclure la valeur du don de votre patrimoine et en simplifiant l'administration de la succession.

7.3.4 Les testaments multiples

Les testaments multiples sont une des nouvelles méthodes préconisées par les notaires pour réduire les frais d'homologation. Voici les deux variantes des testaments multiples :

1. Pour différents biens dans une seule province. On prépare deux testaments, l'un pour les biens qui *n'exigeront pas* d'homologation et l'autre pour les biens qui *exigeront* une homologation (p. ex. des actions dans une entreprise familiale). Après le décès, les frais d'homologation seront calculés uniquement sur les biens qui sont transmis par le deuxième testament. De tels testaments doivent être vérifiés par les tribunaux avant que nous puissions être certains qu'ils seront valides. Si ce n'est pas le cas, vous devrez acquitter l'homologation pour le montant combiné (ce qui serait arrivé s'il n'y avait eu qu'un testament).

2. Pour des biens dans différentes provinces. Cette stratégie suppose qu'il est possible d'éviter des frais d'homologation si certains de vos biens sont homologués dans une province où les honoraires sont moindres. Vous préparez deux testaments, l'un pour les biens dans la province où vous habitez et l'autre pour les biens qui sont détenus dans une province où les barèmes des frais d'homologation sont moins élevés. Encore une fois, vous devez évaluer les coûts que représente cette stratégie, les économies éventuelles sur les frais d'homologation et si une telle opération est avantageuse pour vous et vos affaires. Par ailleurs, rien n'empêche les autres provinces de suivre l'exem-

ple de l'Ontario et d'augmenter les frais d'homologation pour réduire la dette provinciale.

Diane possède en Ontario une entreprise privée d'une valeur de 1,5 million de dollars. Elle envisage de déménager son entreprise en Alberta pour réduire les frais d'homologation. Comme le tarif maximum en Alberta est de 6 000 $, elle éviterait 16 000 $ de frais d'homologation.

Les testaments multiples doivent être rédigés uniquement sur les conseils d'un notaire. Vous devez vous assurer que le deuxième testament n'annule pas le premier.

7.3.5 Les fiducies

Des frais d'homologation sont exigés chaque fois que la propriété des biens est transférée par testament. À titre d'exemple, si vous laissez par testament votre portefeuille d'actions d'une valeur de 100 000 $ à votre conjoint, des frais d'homologation seront exigés sur vos actions. Au décès de votre conjoint, lorsque le portefeuille d'actions sera transféré à vos enfants, il faudra acquitter d'autres frais d'homologation sur ces biens. Pour éviter de payer deux fois des frais d'homologation, le portefeuille d'actions peut être détenu par une fiducie testamentaire de conjoint mise sur pied dans votre testament, si cela convient au plan global. Puis, au décès de votre conjoint, les actions seront distribuées à vos enfants suivant les dispositions du contrat de fiducie plutôt que par l'entremise du testament de votre conjoint.

CONSEIL

Certains testaments renferment une clause en cas de décès simultanés ou une clause de survivance de 30 jours. La clause pourra stipuler que, si le conjoint ne survit pas plus de 30 jours, les autres bénéficiaires (disons, vos enfants) recevront l'héritage de votre conjoint. Si elle entre en vigueur, cette clause a pour effet d'éviter les frais d'homologation puisque vos biens iront directement à vos enfants sans être transmis à votre conjoint.

Vous pouvez également avoir recours à une autre méthode pour réduire les frais d'homologation ; il s'agit de transférer vos biens à une fiducie viagère de votre vivant. Ces biens n'auront pas à être homologués parce qu'en principe ils ne vous appartiennent pas au moment de votre décès. Ces biens seraient transférés à vos bénéficiaires suivant les dispositions du contrat de fiducie plutôt que par l'entremise de votre testament. Pour qu'une telle technique s'avère avantageuse, il faut que le montant total des frais d'homologation soit assez important pour compenser les coûts de mise sur pied de la fiducie et les frais d'administration de la fiducie qui s'ensuivent. (Voir le chapitre 13 pour en savoir plus sur les fiducies.)

7.3.6 *La conversion d'une dette personnelle en une dette garantie ou une dette d'entreprise*

Si vous n'êtes pas endetté ou n'avez pas l'intention de contracter des dettes ou si votre seule dette est l'hypothèque de votre maison, la présente section ne s'adresse pas à vous.

À l'exception de l'hypothèque sur votre maison, les dettes personnelles ne *peuvent pas* être déduites de la valeur de vos biens avant que ne soient calculés les frais d'homologation. Par conséquent, si, à votre décès, vous avez des biens d'une valeur de

100 000 $ et des dettes personnelles (comme des cartes de crédit ou une marge de crédit non garantie) de 40 000 $, les frais d'homologation seront calculés sur les biens évalués à 100 000 $ et non sur 60 000 $. Mais les dettes contractées dans une entreprise personnelle ou dans une société de portefeuille peuvent être déduites avant que ne soient calculés les frais d'homologation.

Si vous habitez dans une province où les frais d'homologation ne sont pas limités et que vous disposez d'une marge de crédit moyenne non garantie, vous pourriez envisager de remplacer la marge de crédit non garantie par une hypothèque personnelle ou de la rembourser. Selon les frais d'homologation exigés dans votre province, vous pouvez calculer la réduction des honoraires et les économies globales réalisées une fois que vous aurez acquitté les frais juridiques requis pour l'enregistrement de l'hypothèque (voir le tableau 5).

 **EXEMPLE**

Dettes personnelles	400 000 $
Biens personnels	1 050 000 $
Valeur de l'entreprise	800 000 $
Ensemble du patrimoine à homologuer	1 850 000 $

Frais d'homologation à payer (selon le barème de l'Ontario) :

0,5 % sur les premiers 50 000 $ =	250 $
1,5 % sur 1 800 000 $ =	27 500 $
Ensemble des frais d'homologation	27 750 $

Si vous possédez une entreprise ou une société de portefeuille et avez une dette personnelle, vous pourriez disposer de vos affaires de façon que l'entreprise contracte la dette ou que vous conserviez la dette à titre d'hypothèque personnelle.

Biens personnels	1 050 $
Biens de l'entreprise	800 000 $
Dette de l'entreprise	-400 000 $
Valeur nette de l'entreprise	400 000 $
Ensemble du patrimoine à homologuer	1 450 000 $
Frais d'homologation à payer :	
0,5 % sur les premiers 50 000 $ =	250 $
1,5 % sur 1 400 000 $ =	21 000 $
Ensemble des frais d'homologation	21 250 $

Pour déterminer si cet arrangement est avantageux compte tenu de vos objectifs commerciaux globaux et du point de vue coûts-bénéfices, calculez le coût que représente l'établissement de l'entreprise (si elle n'existe pas déjà), les frais d'administration qui en découleront et le refinancement ainsi que le coût des frais d'homologation dans votre province.

EN RÉSUMÉ Ce chapitre a présenté quelques-unes des stratégies utilisées pour réduire les frais d'homologation. Si vous habitez dans une province où les frais d'homologation sont élevés, il pourrait s'avérer intéressant pour vous d'avoir recours à ces stratégies pour économiser quelques dollars. Mais ne perdez pas la tête pour autant !

Chapitre 8

Le mandat ou les procurations financières

Ma mère a eu une idée brillante. Elle a signé une procuration avant d'entrer à l'hôpital afin de pouvoir payer ses factures et renégocier son bail. Je ne sais pas comment notre famille aurait pu s'arranger sans cette procuration. J'ai vu combien ce document peut être important, alors j'ai préparé les documents pour que mes fils puissent m'aider si jamais cela s'avère nécessaire.

M.

Jusqu'à maintenant, nous avons traité de la planification successorale pour vous permettre de planifier vos affaires en vue de la transmission de vos biens à vos bénéficiaires. Toutefois, la planification successorale ne s'arrête pas là. Qu'arrivera-t-il si vous subissez des blessures graves dans un accident et reposez dans le coma à l'hôpital ? Ou si vous devenez inapte à la suite d'une attaque ? Ou si vous quittez le pays pour une durée prolongée ? Ou si vous vous trouvez dans un état débilitant grave ? Il faudra continuer à payer votre hypothèque et vos autres factures.

De telles situations peuvent se produire n'importe quand, pas uniquement à un âge avancé et elles ne sont *pas* couvertes par votre testament. La procuration doit faire partie de la planification successorale. Elle est essentielle, même si vous n'avez pas des tonnes d'argent ou n'êtes pas âgé. On ne sait jamais, tout peut arriver.

Vous croyez sans doute, comme la plupart des gens, que, si vous devenez inapte à la suite d'un accident ou d'une maladie, votre conjoint ou votre enfant pourra automatiquement s'occuper de vos affaires financières, y compris payer vos factures et gérer vos biens. Ce n'est pas le cas. Sans une procuration signée à cet effet, votre famille immédiate n'a aucun droit légal de s'occuper de vos finances, du moins sans l'obtention d'une approbation du tribunal.

Par ailleurs, si vous et votre conjoint êtes copropriétaires de votre maison, le droit de la famille et la loi sur les biens matrimoniaux peuvent exiger la signature des deux conjoints dans le cas de transactions reliées à la résidence familiale ; c'est aussi le cas même si un seul conjoint est mentionné sur le titre de propriété. Si vous êtes déclaré inapte et que vous n'avez pas signé de procuration, votre conjoint devra obtenir l'approbation du tribunal pour vendre ou hypothéquer la maison.

Certains croient qu'ils ont des droits automatiques sur un compte bancaire si le copropriétaire devient inapte, même sans procuration permanente. La copropriété ne remplace pas l'obligation d'une procuration permanente. On a déjà vu le curateur public geler la part du compte bancaire d'une personne atteinte d'incapacité mentale.

QUESTION RÉPONSE

J'ai signé une procuration à ma banque. Est-ce qu'il m'en faut une autre ?

La procuration signée à la banque couvre uniquement les biens à cette banque. Si vous possédez d'autres biens, la procuration de la banque ne suffit pas ! Si le mandataire que vous avez nommé à la banque n'est pas la même personne que vous avez nommée comme mandataire général, vous pouvez ajouter une explication dans votre procuration générale afin d'éviter toute confusion.

La procuration financière est un document autre que le testament et on l'appelle parfois procuration relative aux biens, procuration relative aux décisions financières ou simplement procuration. Au Québec, on l'appelle mandat. Le document sert à nommer un procureur, un mandataire ou un représentant, selon l'appellation utilisée dans la province.

Le pouvoir accordé par le mandat n'est valide que de votre vivant ; il prend fin à votre décès. Au décès, votre testament entre en vigueur et nomme un liquidateur qui s'occupera de votre patrimoine. Les gens préparent habituellement un mandat au moment de la rédaction ou de la mise à jour de leur testament. Vous pouvez nommer la même personne comme mandataire et comme liquidateur, mais les pouvoirs qui lui sont accordés proviennent de documents différents.

8.1 Le mandat ou la procuration

Le mandat ou procuration est un document « présuccession » qui accorde à la personne ou aux personnes nommées le droit de gérer vos affaires financières à votre place de votre vivant. En préparant d'avance une procuration, vous pouvez choisir la personne qui s'occupera de vos affaires si vous êtes incapable de le faire de façon temporaire ou permanente. Si vous ne nommez pas officiellement quelqu'un pour agir en votre nom pour protéger vos intérêts, un organisme du gouvernement, le Bureau du curateur public, verra à vos affaires et protégera vos droits.

Dans certains cas, le curateur public gérera vos biens si vous en êtes incapable et que vous n'avez pas signé de mandat. Cependant, le curateur public peut très bien prendre des décisions différentes de celles que prendraient les membres de votre famille ou vos amis. Les décisions peuvent plaire ou déplaire à la famille, mais les lois sont conçues pour protéger vos intérêts. Le curateur public a le droit de prendre possession de vos comptes bancaires, de vos obligations et de tous vos biens sans consulter votre famille — peu importe dans quelle mesure votre famille se montre coopérative et morale.

C'est une idée fausse de croire que le gouvernement attend l'occasion de prendre la relève chaque fois que c'est possible. Un Bureau du curateur public général se décrit comme le « décideur de dernier recours ». Si vous devenez inapte et que vous n'avez pas signé de mandat, un membre de la famille peut demander au curateur public de le nommer mandataire. Pour protéger sa propre responsabilité, le curateur public évalue toutes les demandes et peut même exiger des membres de la famille proche un cautionnement ou une garantie et le dépôt d'un plan de gestion tout en surveillant leurs décisions. Ce sont là des gestes que vous voudrez épargner à votre conjoint ou à vos autres parents dans des circonstances difficiles. La meilleure chose à faire est donc de nommer un mandataire à l'avance afin d'éviter à votre famille des tensions supplémentaires.

QUESTION
RÉPONSE

Mon mandataire doit-il être avocat ?

Non. Ce peut être un conjoint, un parent ou un ami en qui vous avez confiance. Vous n'êtes pas obligé d'avoir un mandataire. S'il y a lieu, le gouvernement prendra la relève jusqu'à ce que quelqu'un soit nommé.

À moins de restrictions précises, le mandat autorise le mandataire à agir en votre nom pour tout acte financier que vous pourriez légalement faire, à l'exception de la préparation ou de la modification de votre testament. La portée des pouvoirs accordés au mandataire peut être :

- générale, accordant le pouvoir de faire tous les actes financiers comme payer vos factures, négocier l'hypothèque, vendre vos placements ou retirer de l'argent de votre banque, ou

- limitée à des transactions particulières, comme la vente de votre maison pendant que vous êtes à l'extérieur du pays, l'exécution de transactions bancaires ou le dépôt de vos chèques du Régime de pensions du Canada parce que vous avez de la difficulté à sortir de chez vous.

À moins d'être libellé comme il se doit, votre mandat sera annulé par l'incapacité mentale. Pour que votre mandat continue d'être valide même si vous êtes reconnu inapte plus tard (c'est souvent l'unique raison pour laquelle les gens préparent un mandat), ce dernier doit être libellé de façon à durer ou à continuer en cas d'inaptitude de votre part. Il faut utiliser un libellé du genre « qui subsiste à l'incapacité » selon la loi de votre province pour empêcher l'annulation du mandat si vous devenez inapte. Au Québec, le document doit stipuler « en cas d'inaptitude ».

QUESTION
RÉPONSE

Qui décide que je ne suis pas apte à gérer mes propres affaires ?

Il y a des situations où la décision est facile à prendre, par exemple si vous êtes dans le coma après un accident de voiture. Si vous êtes interné dans un hôpital psychiatrique, la décision peut revenir à votre médecin. Il peut y avoir examen si l'aptitude d'une personne est remise en question. Mais, en règle générale, on suppose que vous êtes apte à moins qu'il n'y ait une bonne raison de croire le contraire.

8.1.1 Si vous habitez au Québec

Au Québec, un mandat en cas d'inaptitude permet au mandant, en l'occurrence vous, de nommer une autre personne ou une société de fiducie comme mandataire pour prendre les décisions à sa place s'il devient inapte. Un même document peut servir à nommer votre mandataire pour vos finances, vos soins personnels, votre testament biologique et vos volontés en matière de don d'organes. Votre mandataire doit s'adresser aux tribunaux pour attester votre inaptitude avant que le mandat n'entre en vigueur. La demande auprès des tribunaux peut inclure une évaluation psychologique et médicale de votre inaptitude.

8.1.2 Si vous habitez en Ontario

Le Bureau du curateur public met à la disposition des résidants de l'Ontario une trousse d'information contenant un guide et des modèles de procurations. On peut se procurer la trousse en téléphonant au Bureau du curateur public au (416) 314-2800 ou au bureau de son député.

En Ontario, en l'absence d'une procuration, la Loi sur la prise de décisions au nom d'autrui permet à un individu de faire une demande auprès du Bureau du curateur public pour devenir le tuteur des biens d'une personne inapte sans passer par la cour. Ce tuteur doit produire un plan de gestion des biens et peut être appelé à verser une caution (comme une prime pour une police d'assurance) ou une garantie pour les biens. La cour peut suspendre l'exigence de caution, surtout lorsque le tuteur est un membre de la famille et que les biens sont des biens familiaux. Dans mon cas, je n'aimerais pas qu'une telle décision soit prise à la discrétion d'un fonctionnaire de la cour. Comme tout devient de plus en plus prétexte aux litiges, je crois que les tribunaux seront de moins en moins enclins à renoncer à ce type de couverture et qu'il sera encore plus important de se munir des documents pertinents.

8.1.3 Si vous habitez en Colombie-Britannique

La Colombie-Britannique s'apprête à proclamer la B.C. Representation Act (semblable à la Loi sur la prise de décisions au nom d'autrui de l'Ontario). Cette loi permet aux adultes de la C.-B. de nommer un représentant pour prendre les décisions financières à l'aide d'une entente de représentation contenant des dispositions standard ou accrues. Le représentant doit agir selon les convictions et les valeurs de l'adulte, si elles sont connues. Pour se protéger d'abus éventuels, l'adulte qui signe une entente de représentation peut nommer un surveillant qui veillera aux décisions prises par le représentant. On peut renoncer à la nomination d'un surveillant.

8.2 Le choix du mandataire

La personne que vous nommez mandataire doit être en mesure de prendre de bonnes décisions financières à votre place. Elle aura les responsabilités suivantes :

- agir au mieux de vos intérêts (pas des siens) et de bonne foi ;
- éviter les conflits d'intérêts ;

- exercer un bon jugement en votre nom ;
- tenir des dossiers ;
- vous consulter dans toute la mesure du possible.

Il faut choisir une personne en qui vous avez une confiance indéfectible et qui a les capacités de faire le travail. Voyez comment elle gère ses propres affaires financières. Voulez-vous que vos affaires soient gérées de la sorte ? Habituellement, les gens nomment leur conjoint, un membre de la famille en qui ils ont confiance ou un ami intime. Si vous choisissez de ne pas nommer votre conjoint ou de nommer quelqu'un qui agira conjointement avec lui, discutez avec votre conjoint de la personne que vous avez nommée et des raisons de votre choix. La gestion quotidienne des affaires financières de la famille pourrait occasionner de grandes frustrations à votre conjoint s'il doit se rapporter à un tiers. Votre notaire pourra vous demander si vous pouvez vraiment faire confiance à cette personne. Vous devrez faire preuve d'un bon jugement. En outre, n'oubliez pas d'avertir la personne en question que vous l'avez nommée mandataire.

Les sociétés de fiducie et les notaires peuvent également être nommés mandataires (ou substituts) lorsque personne d'autre ne peut ou ne veut le faire.

Nous avons parlé de l'importance de nommer un liquidateur substitut et un tuteur substitut et je vous recommande également de nommer un mandataire substitut au cas où le premier ne pourrait ou ne voudrait pas agir à ce titre le moment venu. Choisissez votre mandataire substitut aussi soigneusement que vous l'avez fait pour le mandataire principal.

QUESTION
RÉPONSE

Mon père vient de mourir à la suite d'une longue maladie. Mon frère était son mandataire à la banque. Nous croyons qu'il devrait rester plus d'argent, mais il semble qu'il ait disparu. Que pouvons-nous faire ?

Malheureusement, la mauvaise gestion ou les abus commis par le mandataire sont souvent découverts seulement après le décès. Si vous pouvez prouver qu'il y a eu fraude, vous pouvez porter une accusation.

Votre mandataire n'est pas tenu de prendre exactement les mêmes décisions que vous auriez prises si vous aviez pu le faire. Cependant, vous pouvez aider votre mandataire en lui procurant des instructions écrites à l'avance stipulant de quelle façon vous aimeriez que vos biens soient gérés si vous deveniez inapte, en particulier lorsqu'il y a des décisions importantes à prendre. (C'est une chose que de perdre ses facultés mentales à tout jamais et c'en est une autre d'être dans le coma pendant six mois puis de se réveiller et de découvrir les décisions qui ont été prises et avec lesquelles il faut vivre.) Vous pouvez également accorder à votre mandataire le droit de consulter votre testament afin qu'il puisse gérer vos affaires de façon à tenir compte de vos intentions globales. Bien que de telles instructions écrites puissent servir de guide à votre mandataire, il n'est pas légalement tenu de s'y conformer.

8.3 Les pouvoirs du mandataire

Vous ne devez pas accorder de pouvoirs à la légère puisqu'un mandat général donne au mandataire l'autorisation légale de faire tout ce que vous pouvez faire, y compris retirer de l'argent de votre compte bancaire, acheter ou vendre des biens immobiliers, faire des dons aux œuvres de charité, prêter de l'argent et transférer des valeurs mobilières. En raison des pouvoirs qu'il accorde, le mandat est un document puissant qui est prétexte aux abus. La police a été témoin de nombreux cas d'abus de la part de mandataires, de membres de la famille et d'associés en affaires. Pour réduire le risque de fraude, d'exploitation et de mauvaise gestion, choisissez soigneusement la personne que vous désirez nommer et pensez à établir des limites aux pouvoirs que vous lui accorderez.

Vous pouvez accorder à votre mandataire autant de pouvoirs que vous le désirez. À titre d'exemple, vous pourriez donner à votre mandataire l'autorisation de faire des dons aux membres de la famille ou à des œuvres de bienfaisance.

Les réserves et les garanties imposent à votre mandataire des restrictions qui pourraient l'empêcher d'agir rapidement au besoin. À titre d'exemple, si vous donnez comme instruction que le mandat ne peut être utilisé à moins que vous ne soyez déclaré inapte, votre mandataire devra recourir à un médecin indépendant pour confirmer que vous êtes inapte. Par contre, vous voulez peut-être que votre mandataire puisse agir à votre place lorsque vous êtes incapable de le faire physiquement mais que vous êtes encore apte. C'est une erreur facile à commettre lorsqu'on prépare son mandat sans consulter de conseiller juridique.

Au Québec, à moins de préciser que vous voulez que votre mandataire ait pleins pouvoirs administratifs, le mandat donne uniquement des pouvoirs administratifs simples. Les pouvoirs administratifs simples comprennent les actes et les décisions jugés nécessaires pour préserver votre propriété, comme le versement des paiements hypothécaires, la production de vos déclarations de revenus et l'administration de vos comptes bancaires. Les pouvoirs relatifs aux placements se limiteraient aux placements reconnus sûrs, comme les dépôts bancaires, les actions, les obli-

gations et les certificats de placements. Les pleins pouvoirs administratifs donnent au mandataire des pouvoirs supplémentaires
comme ceux de vendre votre propriété sans avoir à obtenir la permission des tribunaux.

La liste qui suit donne quelques réserves et garanties que des gens
ont incorporées à leurs procurations ou mandats pour éviter les
abus. Il ne s'agit pas d'une liste de réserves recommandées. Lisez-
la attentivement et voyez si votre situation exige de telles réserves
ou garanties :

- Demander à un tiers, comme le notaire, de conserver les mandats avec les instructions écrites stipulant à quel moment les
documents doivent être remis à la personne nommée mandataire.

- Imposer des limites aux pouvoirs accordés au mandataire en
précisant à quelles fins il peut ou ne peut pas s'en servir et dans
quelles conditions.

- Choisir plus d'une personne pour qu'elles agissent conjointement à titre de comandataires pour éviter que le contrôle ou la
responsabilité ne repose que sur une seule personne.
« Conjointement » signifie qu'elles doivent agir ensemble ; « conjointement et individuellement » signifie qu'elles peuvent agir
ensemble ou séparément. Mais voyez si une telle situation est
réalisable. Si vos deux filles habitent à des milliers de kilo-
mètres l'une de l'autre, il pourrait y avoir quelque retard lorsque
les deux signatures seront nécessaires.

- Demander au procureur ou au mandataire de préparer un
inventaire des biens financiers et immobiliers à des fins d'examen périodique par un tiers.

- Inscrire que le mandat ou la procuration ne pourra être utilisé à
moins que vous ne soyez déclaré inapte. Certains notaires et
avocats ne recommandent pas une telle clause, car il pourrait

être difficile de confirmer à quel moment votre mandataire a l'autorisation légale d'agir et cela empêche votre mandataire d'agir en votre nom lorsque le problème n'est pas relié à l'inaptitude. Votre institution financière pourra demander à voir le certificat médical attestant que vous êtes inapte ainsi que le mandat d'inaptitude.

8.4 La préparation du mandat

Pour préparer un mandat, vous devez avoir atteint l'âge de la majorité reconnu dans votre province et être apte. Certaines provinces mettent des guides d'autoplanification à la disposition de leurs résidants. Mais sachez que, selon certains notaires, ces guides laissent place à nombre d'erreurs de la part des mandants.

CONSEIL

Si vous avez un mandat continu et qu'on vous demande plus tard de signer une procuration à la banque ou à la société de fiducie, assurez-vous que la procuration porte une mention telle que « Je ne révoque aucun mandat ou procuration antérieur. Je désire avoir plusieurs mandats ou procurations. »

La préparation d'un mandat par un avocat ou un notaire coûte actuellement moins de 100 $, bien qu'il ne soit pas obligatoire, dans certaines provinces, de voir un avocat ou un notaire pour un tel document. Néanmoins, peu importe où vous habitez, je vous recommande de consulter un avocat ou un notaire. Si vous devez utiliser vos mandats, il faut être certain qu'ils seront admis par vos institutions financières.

Les énoncés qui doivent figurer dans le mandat varient d'une province à l'autre. Votre notaire pourra s'assurer que votre mandat répond à toutes les exigences de votre province. À titre d'exemple, au Québec, votre notaire attestera que vous compreniez la teneur du mandat au moment où il a été préparé. En Alberta, dans le cas d'une procuration permanente, le notaire doit attester que vous compreniez les pouvoirs qu'accorde le mandat et que vous étiez apte au moment de la signature. Au Manitoba, si vous voulez que votre mandataire puisse s'occuper de la résidence familiale, vous devez préciser que vous lui en accordez le pouvoir conformément à la Homestead Act. Si vous préparez une nouvelle procuration permanente en Ontario, le document doit faire référence à la Loi sur la santé mentale.

Il faut faire attester les procurations et les mandats pour réduire la possibilité d'abus. En Ontario, toutes les procurations signées depuis 1995 exigent la signature de deux témoins qui ne sont ni le conjoint, ni l'enfant, ni quiconque ayant des liens quelconques avec vous.

Si vous avez une maison dans d'autres provinces ou pays, vous devrez voir s'il vous faut une procuration dans ces lieux.

QUESTION
RÉPONSE

Ma mère a 85 ans et elle refuse de nous donner une procuration, à mon frère et à moi. Que pouvons-nous faire ?

Rien. C'est son droit de ne pas préparer un mandat. Toutefois, quelqu'un doit gérer ses affaires financières si elle en est incapable. Bon nombre de gens préfèrent choisir cette personne plutôt que de laisser les décisions à un fonctionnaire. Votre mère n'a peut-être pas suffisamment confiance en vous ou pense qu'un organisme indépendant comme le curateur public convient à sa situation. Personne n'est obligé de signer une procuration ou un mandat. Chacun doit le faire uniquement s'il croit que c'est au mieux de ses intérêts, à court terme comme à long terme.

8.5 La révision du mandat

Le mandat n'a pas d'échéance. Vous devriez réviser régulièrement votre mandat, en même temps que votre testament, par exemple, pour vous assurer qu'il répond toujours à vos exigences et que la personne nommée comme mandataire est toujours prête à agir à votre place.

8.6 L'annulation d'un mandat

Un mandat est annulé

- par votre décès ; après votre décès, c'est à votre liquidateur qu'est échue l'autorisation de gérer vos affaires ;

- par l'inaptitude, à moins que le mandat ne contienne un libellé juridique stipulant qu'il subsiste à l'inaptitude ;

- par le décès de la personne nommée mandataire, à moins que vous n'ayez nommé un substitut ;

- par une révocation officielle et attestée dans certaines provinces ;

- par l'émission d'une lettre à la personne nommée mandataire stipulant que le mandat a été annulé, pourvu que vous soyez apte. Vous devez également avertir toutes les personnes auprès de qui le mandataire a pu intervenir à votre place et les informer que le mandat a été annulé. Pensez à votre banque, à votre conseiller financier et à la société hypothécaire. Il est également recommandé d'obtenir le document original.

Un procureur ou un mandataire peut également être révoqué par le curateur public s'il agit de façon inconvenante.

8.7 La rémunération du mandataire

La personne agissant à titre de mandataire peut être autorisée à recevoir un remboursement de tous les frais reliés à la gestion de vos affaires, comme les frais postaux, le kilométrage pour se rendre à votre banque. Dans certaines provinces, votre mandataire peut être légalement autorisé à recevoir une rémunération selon un barème fixe ou la rémunération que vous précisez dans le mandat. Lorsqu'un conjoint agit à titre de mandataire, il ne demande habituellement pas de rémunération. Cependant, comme les services d'un mandataire peuvent être requis pendant de nombreuses années, pensez à rémunérer même les proches pour leurs services.

QUESTION
RÉPONSE

Devrais-je placer mes biens dans une fiducie plutôt que d'utiliser un mandat ?

Si votre situation financière est complexe, la fiducie conviendrait davantage que le mandat puisqu'il y serait indiqué de façon officielle ce qu'il doit advenir de vos biens. Cependant, pour la plupart des gens, un mandat ou une procuration protégera leurs intérêts en cas d'inaptitude.

EN
RÉSUMÉ

Quiconque âgé de 18 ans et plus possède des biens et une maison devrait préparer une procuration financière ou un mandat s'il connaît quelqu'un qui pourra convenir comme procureur ou mandataire. En signant un mandat, vous vous assurez qu'une personne de votre choix, et non quelque fonctionnaire, prendra les décisions à votre place. Une bonne planification vous donne plus d'options pour régler vos affaires. C'est vous qui décidez qui décide !

Chapitre 9

La mort et l'impôt

On ne peut jurer de rien, à part la mort et l'impôt.

Benjamin Franklin

Taxes successorales, droits de succession, impôts sur les successions, droits de mutation par décès, toutes ces expressions ont plus ou moins le même sens pour les Canadiens. Et il n'y a rien de nouveau. Lorsque George Gooderham, président de la Banque de Toronto et fils du fondateur de la distillerie Gooderham and Worts, est décédé en 1905, les droits de succession étaient si élevés qu'ils auraient pu effacer en entier la dette provinciale de l'Ontario !

Tous les droits de succession ont été éliminés au début des années 1970. Malgré cela, votre gouvernement n'attend que votre décès pour percevoir l'impôt sur les profits non déclarés sur les biens (à moins que ceux-ci ne soient laissés à votre conjoint ou conjoint de fait ou à une œuvre de bienfaisance). Revenu Canada veut vous faire payer au décès !

Pendant combien de temps pensez-vous que le gouvernement peut feindre d'oublier le billion de dollars qui, semble-t-il, devrait passer d'une génération à l'autre ? Aux États-Unis, les droits de succession sont calculés sur l'ensemble de la fortune du défunt au moment de sa mort, et on laisse entendre que des droits de succession à l'américaine feraient bientôt leur apparition ici. En 1993, la Commission de l'équité fiscale de l'Ontario a recommandé le retour des droits de succession au fédéral. (Après tout, quelle province voudrait être la première à ramener les droits de succession ?) Imaginez le montant d'impôt qui pourrait être perçu sur ce billion de dollars. Il n'est pas surprenant que nos gouvernements songent périodiquement à remettre en vigueur une forme quelconque de droits de succession.

Le Canada dispose de règles particulières pour la dernière déclaration de revenus d'une personne décédée (qu'on appelle déclaration pour l'année du décès). L'une des responsabilités du liquidateur est de produire la dernière déclaration pour tous les revenus gagnés cette année-là, jusqu'à la date du décès. De plus, les biens que possédait la personne décédée sont considérés comme ayant été vendus à sa mort, même si aucune vente n'a eu lieu, et il faut verser des impôts sur les gains en capital (profits), à moins que les biens ne soient laissés au conjoint. Bien qu'il ne s'agisse pas à proprement parler de droits de succession, Revenu Canada veut percevoir des gains en capital non déclarés avant que le bien ne soit transmis à un bénéficiaire.

QUESTION
RÉPONSE

Quel montant d'impôt faudra-t-il payer au moment de la déclaration pour l'année du décès ?

Tout dépend des biens que la personne décédée possédait au moment de sa mort, du profit sur ces biens, des bénéficiaires et du revenu de la personne décédée pour la dernière année. S'il reste un profit important non assujetti à l'impôt sur ces biens, la règle de dispositions présumées pourrait se traduire en un fardeau fiscal de taille et plus de la moitié de la valeur des REER ou des FERR pourrait aller à l'impôt - s'ils ne sont pas laissés au conjoint.

Vous trouverez à la fin de ce livre des formulaires à utiliser pour estimer vos biens et votre passif au décès. La première version s'adresse à ceux qui ont un conjoint, la deuxième, à ceux qui n'en ont pas. Même si vous êtes marié, je vous recommande de remplir les deux feuilles de calcul en vous servant de la deuxième pour planifier ce qui se passera lorsque les biens seront transmis à la génération suivante.

Le fait de tenir compte des règles fiscales dans votre planification successorale pourra vous aider à réduire ou même à éliminer l'impôt à payer, à moins que vous ne teniez à faire du gouvernement l'un de vos bénéficiaires. Si vous arrivez à planifier votre succession de façon à minimiser l'effet immédiat de la règle des dispositions présumées, vous laisserez à vos bénéficiaires une plus grande part de votre patrimoine exempt d'impôt.

CONSEIL

Avez-vous un parent d'un autre pays qui vous léguera des biens ou de l'argent ? Si son testament est libellé de façon à laisser l'héritage à l'extérieur du Canada, vous pourriez avoir moins d'impôt à payer que s'il vous était laissé de façon inconditionnelle.

9.1 La résidence principale

Votre résidence principale, c'est-à-dire votre maison, est exempte de gains en capital et peut être laissée à tout bénéficiaire sans que ne soit perçu quelque impôt relatif aux gains en capital. Dans la plupart des provinces, l'intérêt du conjoint dans la résidence familiale est protégé et la maison ne peut être donnée ou vendue sans son consentement (voir le chapitre 11).

Si la valeur marchande d'une maison augmente pendant qu'elle fait partie de votre patrimoine (de la date du décès jusqu'avant sa transmission ou sa vente), votre succession devra payer de l'impôt sur cette partie du profit.

QUESTION RÉPONSE

> *Comment puis-je calculer l'impôt à payer après mon décès ? Mon patrimoine vaut 1 000 000 $ et se répartit comme suit :*
>
> *Maison   300 000 $, a coûté 50 000 $*
>
> *CPG, bons du Trésor 100 000 $*
>
> *REER 300 000 $*
>
> *Compte d'actions et de fonds communs de placement valant aujourd'hui 300 000 $ et ayant coûté au départ 100 000 $*
>
> *L'impôt représentera-t-il vraiment 50 % de mon patrimoine ?*

Le montant d'impôt que devra verser la succession dépend du type de biens, de leur coût et de leur valeur au moment du décès. Je suppose que vous voulez connaître l'impôt à payer lorsque les biens seront transmis à vos enfants (lorsque votre patrimoine passera à la génération suivante).

Commençons par les bonnes nouvelles. Votre maison est votre résidence principale ; elle sera donc non imposable lorsqu'elle passera à vos bénéficiaires. Vos CPG et vos bons du Trésor seront légèrement imposés, parce que l'impôt sera calculé sur l'intérêt gagné au cours de l'année du décès.

Voyons maintenant les mauvaises nouvelles. Votre REER sera traité comme si vous l'aviez encaissé. Si la valeur de votre REER est imposée selon le taux d'imposition de 50 %, l'impôt sera de

150 000 $. Votre compte de placements a des gains en capital de 200 000 $ qui coûteront environ 80 000 $ en impôt. Votre succession devra donc acquitter un impôt de l'ordre de 230 000 $, calculés selon les valeurs et les règles fiscales d'aujourd'hui.

9.2 Les transferts au conjoint

Le moyen le plus simple de différer les impôts au décès est de nommer votre conjoint bénéficiaire de vos REER ou de vos FERR et de lui laisser tous vos autres biens. Les biens laissés à votre conjoint, sans condition ou au moyen d'une fiducie, jouissent d'un traitement fiscal avantageux : les biens non enregistrés peuvent être transférés au coût original payé par la personne décédée, ce qu'on appelle un transfert à imposition différée, et l'impôt sur tout gain en capital est différé jusqu'au décès du conjoint.

Évidemment, au décès de votre conjoint, son liquidateur doit inclure tout gain en capital réalisé sur ces biens dans la déclaration pour l'année du décès *comme* si ces biens avaient été vendus à la date du décès. N'oubliez pas : les impôts à payer ne s'évaporent pas ; ils sont simplement reportés à plus tard. (Voir également plus loin dans ce chapitre la section 9.9 « Les régimes enregistrés »).

Lorsqu'on fait une planification fiscale à plus long terme et pour garder une plus grande part du patrimoine pour la génération suivante, il est parfois plus avantageux d'inscrire une partie ou l'ensemble des profits dans la déclaration pour l'année du décès et de choisir de ne pas transférer libres d'impôt tous les biens au conjoint. À titre d'exemple, si les revenus de la personne décédée sont minimes l'année du décès, il pourrait s'avérer intéressant de transférer une partie ou l'ensemble des biens au conjoint à un coût plus élevé et de payer les impôts dans la déclaration pour l'année du décès, si cela ne se traduit pas par un fardeau fiscal énorme. Dans d'autres cas, si la personne décédée avait des pertes en capital inutilisées au moment du décès, le liquidateur pourrait s'en servir pour compenser les autres revenus dans la déclaration pour l'année du décès ou de l'année précédente.

À son décès, Paul avait des gains en capital imposables de 300 000 $ et des pertes en capital de 50 000 $. Son liquidateur a choisi de transférer, exempts d'impôt, 250 000 $ du patrimoine à la femme de Paul, Linda, et de déclarer 50 000 $ de gains en capital pour compenser la perte en capital. Le résultat net dans la déclaration pour l'année du décès est la même que si le liquidateur avait transféré, libre d'impôt, l'ensemble des 300 000 $.

Le véritable avantage de cette technique apparaît lorsque Linda meurt deux mois plus tard : la valeur des biens n'a pas changé. La déclaration pour l'année de décès de Linda n'offre pas d'option de transfert à imposition différée (il y en aurait une si Linda s'était rapidement remariée) ; donc les 250 000 $ de gains en capital doivent être inclus mais pas les autres 50 000 $ qui ont déjà été déclarés.

L'économie d'impôt nette pour la génération suivante que le liquidateur a réalisée en compensant les gains avec les pertes est de 25 000 $ (en supposant un taux d'imposition de 50 %).

Si votre conjoint décide de vendre ces biens après un transfert à imposition différée, il devra payer de l'impôt sur les profits dans sa déclaration de revenus de l'année courante.

9.3 Les autres cotisations au REER du conjoint après le décès

Si la personne décédée avait des droits de cotisation inutilisés à son REER et que lui survit un conjoint ou conjoint de fait âgé de moins de 70 ans, le liquidateur ou le représentant personnel peut cotiser au REER du conjoint et obtenir ainsi une déduction supplémentaire dans la déclaration pour l'année du décès. La cotisation doit être faite dans l'année du décès ou jusqu'à 60 jours suivant l'année du décès.

EXEMPLE

Jean est décédé le 30 novembre 1997 et son épouse lui a survécu. Au moment du décès, il avait des droits de cotisation inutilisés à son REER de 10 000 $. Son liquidateur a choisi de cotiser 10 000 $ au REER du conjoint le 1er février 1998. Comme Jean était imposé au taux maximal, cela a permis une économie d'impôt de 5 000 $ dans sa déclaration pour l'année du décès.

CONSEIL

Si votre conjoint n'est pas le seul bénéficiaire mentionné dans votre testament, d'autres membres de la famille peuvent s'attendre à partager le reliquat. En outre, une cotisation au REER du conjoint réduirait le montant destiné aux bénéficiaires, qui pourraient trouver une telle technique injuste pour eux. Pour désamorcer tout conflit éventuel, vous pourriez indiquer dans votre testament que c'est à votre liquidateur de décider.

9.4 Les biens non laissés au conjoint

Revenu Canada considère que les biens que vous possédiez (et que vous n'avez pas laissés à votre conjoint) **ont été vendus à la juste valeur marchande au moment du décès**, même si aucune vente n'a réellement eu lieu. C'est ce qu'on appelle des dispositions présumées. Si les biens sont présumés avoir été vendus à profit, le gain en capital pourrait représenter un important fardeau fiscal dans la déclaration pour l'année du décès.

Certains croient que tout ce qu'ils possèdent doit être vendu à leur décès. Il n'en est rien. Les biens n'ont pas à être *réellement* vendus à moins que cela ne s'avère nécessaire pour payer les impôts ou les autres dettes.

Rappelez-vous que la résidence principale est exempte de gains en capital. Les gains en capital n'existaient pas au Canada avant 1972 ; les profits imposables reposent donc sur l'augmentation de la valeur depuis le 31 décembre 1971 (appelé jour d'évaluation) ou le jour où les biens ont été acquis, s'il s'agit d'une date ultérieure. Dans le cas d'un bien immobilier qui n'est pas la résidence principale, les règles sont plus compliquées.

Les REER ou les FERR non légués au conjoint sont considérés comme ayant été encaissés et sont imposés.

9.5 Les biens agricoles

Le legs de la ferme familiale aux enfants permet de transmettre la ferme (y compris le fonds de terre, une société de personnes agricole familiale et les actions d'une société agricole familiale) à la génération suivante sans provoquer de gain en capital imposable. La génération suivante comprend les enfants (et les enfants adoptés), les petits-enfants ou les arrière-petits-enfants qui sont résidants du Canada. Les biens agricoles admissibles au Canada peuvent profiter d'un transfert spécial à imposition différée et peuvent être transférés à leur coût de base. Ils peuvent également être admissibles à une exemption pour gains en capital de 500 000 $.

EXEMPLE

Christian a déboursé 25 000 $ pour l'achat d'une ferme il y a de nombreuses années. À son décès, la juste valeur marchande de la ferme était de 425 000 $.

Le liquidateur de la succession de Christian peut choisir de transmettre la ferme à Robert, le petit-fils de Christian en utilisant :

- le transfert libre d'impôt au coût de base de zéro, ou

- la juste valeur marchande de 425 000 $ et en se servant de l'exemption pour gains en capital pour les biens agricoles admissibles pour le profit de 400 000 $.

Les deux options se traduiraient par une absence d'impôt à payer par la succession. Mais en se servant de l'exemption pour gains en capital, Robert pourrait économiser de l'impôt si jamais il vendait la ferme à profit plus tard.

9.6 Les conséquences fiscales sur la nomination des bénéficiaires

Il est important de tenir compte des règles fiscales lorsque vous nommez vos bénéficiaires dans votre testament. Supposons que vous avez l'intention de laisser certains biens à votre conjoint et les autres à d'autres membres de la famille. Si vous laissez les biens avec gains en capital à votre conjoint et les biens avec peu ou pas de gains en capital aux autres, il y aura peu ou pas d'impôt à payer à votre décès. C'est là un outil de planification fiscale important, mais on ne peut l'envisager de façon isolée sans tenir compte des autres objectifs de la planification successorale.

 EXEMPLE

Vous avez un portefeuille de fonds communs de placement qui vous a coûté 25 000 $ en 1980. Ces placements ont fructifié et ont actuellement une valeur marchande de 125 000 $. Au 22 février 1998, vous aviez utilisé toutes vos exemptions pour gains en capital pour d'autres biens. Vous êtes à réviser votre plan successoral et vous envisagez de laisser ce portefeuille à votre conjoint ou à votre frère. Voyez la différence du point de vue fiscal.

PORTEFEUILLE DE FONDS COMMUNS DE PLACEMENT LAISSÉ AU	CONJOINT	FRÈRE
Valeur des dispositions présumées	25 000 $	125 000 $
Coût de base ajusté	25 000 $	25 000 $
Gain en capital au décès	0	100 000 $
Gain en capital imposable (75 %) à la dernière déclaration	0	75 000 $
Impôt à payer dans la dernière déclaration (en supposant un taux de 50 %)	0	37 500 $

Si vous laissez le portefeuille à votre frère, les profits des placements représenteront environ 37 500 $ d'impôt à payer sans compter les surtaxes. Si vous le laissez à votre conjoint, l'impôt sur le portefeuille pourrait être différé jusqu'au décès de votre conjoint (à moins qu'il ne les vende entre-temps).

9.7 Les gains et pertes en capital

Il n'est plus possible de réduire ses impôts en réclamant des gains en capital en vertu de l'exemption pour gains en capital de 100 000 $. En effet, 75 % de *tous* les gains en capital (déduction faite des pertes en capital), à l'exception de ceux qui sont admissibles à l'exemption pour gains en capital de 500 000 $, doivent être déclarés comme revenu imposable, ce qui augmente la dette fiscale et crée un problème plus important aux gens qui souhaitent préserver leurs biens ou la valeur de leur patrimoine. Il serait regrettable que votre famille ait à vendre une entreprise ou un chalet que vous auriez voulu garder dans la famille simplement pour acquitter vos derniers impôts. Une vente forcée n'est jamais souhaitable, surtout si la valeur marchande est à la baisse.

Au fil des ans, le montant imposable des gains en capital a augmenté et l'exemption pour gains en capital a baissé. En 1987, les premiers 100 000 $ de gains en capital étaient exempts d'impôt et seulement 50 % des gains en capital au-delà de 100 000 $ étaient imposés. En 1996, 75 % de tous les gains en capital étaient imposables. À titre d'exemple, si Jacques était mort en 1987, qu'il n'avait pas de conjoint et avait une maison dont le gain en capital était de 600 000 $, la dette fiscale dans sa dernière déclaration de revenus aurait été d'environ 125 000 $. Mais si Jacques était décédé au début de 1996, avec un gain en capital de 600 000 $, l'impôt aurait été de 225 000 $. Un fardeau fiscal largement différent !

À mon avis, l'élimination de l'exemption pour gains en capital de 100 000 $ était une forme de droits de succession ; pour certains Canadiens, la mort était le seul moment où ils pouvaient se prévaloir de l'exemption pour gains en capital.

L'exemption pour gains en capital de 500 000 $ existe encore pour les biens admissibles de petite entreprise et les biens agricoles admissibles.

Les pertes en capital (le contraire d'un profit) peuvent être déduites des gains en capital et d'autres revenus à la dernière déclaration. Au décès, toute perte nette en capital peut être reportée jusqu'à trois ans avant le décès pour réduire tout gain en capital imposable au cours de ces années ou dans la déclaration pour l'année du décès et la déclaration de l'année précédant le décès.

CONSEIL

À vous d'en profiter ! Avant de transférer vos biens libres d'impôt à leur coût de base à un conjoint ou conjoint de fait survivant, le liquidateur doit envisager de profiter pleinement de vos pertes en capital. Assurez-vous que vos dossiers personnels indiquent le montant de toute perte en capital inutilisée.

Si les dispositions présumées portent sur un **bien amortissable** (comme un immeuble, de l'équipement ou de la machinerie), il peut s'ensuivre une perte finale ou une récupération de l'amortissement qui devra apparaître dans la déclaration pour l'année du décès.

9.8 L'impôt à verser sur les gains en capital

Pour estimer le montant d'impôt à verser sur les gains en capital dans votre dernière déclaration de revenus, vous devez analyser votre situation actuelle. Servez-vous des formulaires d'inventaire personnel qui se trouvent à la fin du livre. Énumérez tous les biens que vous ne laisserez pas à votre conjoint, leur coût de base pour les besoins de Revenu Canada et leur valeur marchande actuelle. Puis, calculez les profits non déclarés sur chaque bien depuis 1972 en soustrayant le coût de la valeur marchande et des pertes en capital inutilisées. Calculez ensuite 40 % du montant obtenu. C'est à peu près l'impôt qu'il faudra verser sur les gains en capital de vos biens à votre décès. Pour obtenir un chiffre plus exact, voyez un conseiller financier. Comme la valeur de vos biens change avec les années, il faut réévaluer régulièrement l'impôt à payer.

EXEMPLE En 1973, Georges a acheté 1 000 actions à 10 $ chacune. Au décès de Georges, ces actions valaient 50 $ et elles ont été léguées par testament à sa fille. L'impôt à payer sur ces actions a été calculé comme suit :

Juste valeur marchande des actions au décès	50 000 $
Coût	10 000 $
Gain en capital (profit)	40 000 $
75 % du gain en capital (partie imposable)	30 000 $

Impôt à payer
(en supposant un taux
d'imposition de 50 %)   15 000 $

L'impôt à payer est le même que si Georges avait vendu ses actions de son vivant par l'entremise de son courtier.

Si vous vendez de votre vivant un bien qui rapporte des gains en capital importants, vous pourriez avoir à payer l'**impôt minimum de remplacement**. L'impôt minimum de remplacement est un calcul fiscal conçu pour s'assurer que les gens ayant d'importants montants en déductions fiscales préférentielles, comme les gains en capital, paient au moins un montant minimum d'impôt sur le profit. Si l'impôt calculé selon l'impôt minimum de remplacement est supérieur à l'impôt calculé dans la déclaration de revenus ordinaire, le contribuable doit payer le montant le plus élevé des deux. Bonnes nouvelles, cependant. L'impôt minimum de remplacement ne s'applique pas à la déclaration pour l'année du décès.

QUESTION
RÉPONSE

Je suis veuve et n'ai aucune famille à qui laisser mon FERR qui vaut 100 000 $. Le fait que 50 % de mon FERR ira à l'impôt à ma mort me contrarie énormément. Que puis-je faire pour réduire le fardeau fiscal de 50 000 $?

Vous pourriez envisager de faire un don à une œuvre de bienfaisance pour compenser une partie des impôts. Si vous nommez votre succession bénéficiaire de votre FERR et que par testament vous laissez 40 000 $ à l'œuvre de bienfaisance, le don à cette œuvre donnera droit à un crédit d'impôt non remboursable qui pourrait réduire le montant que touchera Revenu Canada et aidera en même temps l'œuvre de bienfaisance de votre choix.

9.9 Les régimes enregistrés : REER et FERR

Les sommes cotisées à un régime enregistré d'épargne-retraite ont donné droit au cotisant à des déductions fiscales (sauf pour les sommes supérieures aux droits de cotisation). Ces sommes ont fructifié, espérons-le, dans les REER ou les FERR en profitant d'une imposition différée. Lorsque le titulaire d'un REER ou d'un FERR décède, le gouvernement veut récupérer une partie des impôts (et même un peu plus !). Certains oublient qu'ils ont eu droit à des déductions fiscales lorsqu'ils ont effectué leurs cotisations et sont indignés d'avoir à payer de l'impôt au moment d'encaisser les sommes.

Les règles qui s'appliquant aux REER et aux FERR se ressemblent à quelques différences près. Lorsque vous vous éteignez, votre régime enregistré en fait autant. L'argent d'un REER peut être transféré sans impôt dans le REER du conjoint. L'argent d'un FERR peut être transféré dans le régime enregistré du conjoint ou les versements à partir du FERR peuvent se poursuivre au bénéfice du conjoint survivant s'il a été nommé titulaire survivant. Si le bénéficiaire n'est pas le conjoint, l'argent est encaissé et le montant est habituellement versé au bénéficiaire nommé au REER ou au FERR. Si aucun bénéficiaire n'a été nommé, l'argent est versé à la succession. La succession doit acquitter tout impôt à payer sur le montant.

CONSEIL

La Loi de l'impôt sur le revenu ne précise pas que des retenues fiscales sont obligatoires au décès. Le liquidateur peut demander que les retenues fiscales ne soient pas effectuées si cela convient à la succession.

9.9.1 La nomination du bénéficiaire

Le montant d'impôt à payer au décès sur votre régime enregistré dépend du bénéficiaire que vous aurez nommé. Assurez-vous de garder à jour le nom du bénéficiaire, en particulier si vous divorcez ou vous remariez.

Le conjoint

Lorsque le bénéficiaire est le conjoint ou le conjoint de fait, le montant du REER ou du FERR peut être transféré sans impôt immédiat à payer.

REER

Lorsque votre conjoint ou conjoint de fait est votre bénéficiaire, le montant du REER peut être transféré dans son régime enregistré (ou dans un nouveau régime si votre conjoint n'en a pas déjà un). Le transfert est effectué au moyen de ce que Revenu Canada appelle un remboursement de primes selon lequel le montant du REER de la personne décédée est inclus dans le revenu du bénéficiaire *et* compensé par un reçu de cotisation à un REER pour usage fiscal pour le même montant. Cela permet de conserver aux fonds enregistrés leur statut d'imposition différée sans toucher au plafond de cotisation du REER du conjoint.

Évidemment, votre conjoint a aussi l'option de retirer les fonds du régime enregistré après le transfert et de payer l'impôt sur le montant retiré. Il est préférable pour lui de laisser l'argent dans le REER s'il n'en a pas besoin, car une fois le montant retiré, il ne pourra plus le remettre.

Si vous avez un régime d'accession à la propriété au moyen du REER, le prêt impayé sera inclus comme revenu dans la dernière déclaration de revenus, à moins que votre conjoint soit nommé bénéficiaire du REER et qu'il ait souscrit au régime d'accession à la propriété au moyen du REER en même temps que vous.

B arbara et Manuel ont tous deux retiré 15 000 $ dans le cadre du régime d'accession à la propriété au moyen du REER pour acheter leur première maison. Ils se sont nommés l'un l'autre bénéficiaires du REER. Cinq ans plus tard, Barbara décède ; il lui reste encore 10 000 $ à rembourser. Deux options s'offrent à Manuel.

1. Il peut ajouter le solde de 10 000 $ du prêt de Barbara dans la déclaration pour l'année du décès (même si le reste du REER est transféré sans impôt dans son REER à lui).

2. Il peut transférer sans impôt l'ensemble du REER de Barbara, y compris le solde du prêt, dans son propre REER. Le solde du prêt au moyen du REER est maintenant de 20 000 $ puisqu'il avait lui aussi un solde de 10 000 $. Il devra rembourser un minimum de 2 000 $ par année pendant les 10 prochaines années.

FERR

Lorsque votre conjoint est le bénéficiaire ou l'héritier de la rente d'un FERR, il devient le titulaire du FERR et reçoit les versements subséquents. Le montant du FERR peut également être transféré au FERR du conjoint survivant.

S i le conjoint survivant est âgé de moins de 70 ans et n'a pas besoin du revenu annuel du FERR, le FERR peut être reconverti en REER. Ainsi, le revenu de placement est exonéré d'impôt jusqu'à l'échéance du REER.

Un enfant ou un petit-enfant à charge

Si vous nommez comme bénéficiaire un enfant ou petit-enfant mineur qui était à votre charge au moment de votre décès et que vous n'avez pas de conjoint ou conjoint de fait, les fonds enregistrés peuvent servir à acheter une rente productive de revenu jusqu'à ce que l'enfant atteigne l'âge de 18 ans. En achetant une rente, il est possible de répartir sur quelques années le revenu provenant du montant retiré et de payer ainsi moins d'impôt, si cette option répond à vos objectifs financiers globaux. À titre d'exemple, si votre REER vaut 60 000 $ à votre décès et que votre petit-fils a 15 ans, le montant imposé serait d'environ 20 000 $ par année pendant trois ans, si l'on achète une rente, au lieu de 60 000 $ l'année de votre décès.

Si votre conjoint décède avant vous et que vous n'avez pas de jeune enfant ou petit-enfant à nommer comme bénéficiaire, le montant en entier est imposable l'année du décès dans la dernière déclaration.

CONSEIL

Si l'enfant est à votre charge parce qu'il est handicapé, le REER peut être transféré sans impôt à un REER pour l'enfant. Avant de choisir cette option, voyez si les économies d'impôt ainsi réalisées valent la peine, compte tenu des problèmes d'ordre pratique que peut comporter le fait de mettre des fonds entre les mains d'un enfant handicapé.

La succession

Si aucun bénéficiaire n'est nommé, l'argent du REER ou du FERR est encaissé et versé à la succession. La pleine valeur du régime enregistré au moment du décès est ajoutée comme revenu, en plus de tous les revenus que vous avez eus durant l'année, dans la déclaration pour l'année du décès.

Si vous n'avez pas de conjoint ou conjoint de fait ni d'enfant de moins de 18 ans, le fait de nommer votre succession comme bénéficiaire s'avère parfois une stratégie efficace, en particulier dans le cas où la succession aurait besoin d'argent pour payer les factures ou si vous ne prévoyez pas d'autres revenus à déclarer l'année de votre décès. (Si seulement nous pouvions prévoir tout ça de façon précise !)

CONSEIL

Qu'arrive-t-il si votre conjoint vous survit mais que vous ne l'avez pas nommé bénéficiaire de votre régime enregistré ? Si votre conjoint reçoit le produit par testament, il peut choisir de faire transférer le produit du REER dans son propre REER à titre de remboursement de primes.

QUESTION RÉPONSE

Je suis un veuf de 65 ans et j'ai un REER qui vaut 100 000 $. Mon revenu annuel est de 45 000 $. Je ne veux pas que ma succession ait à payer tant d'impôt sur mon REER à mon décès. Devrais-je envisager de retirer l'argent de mon REER maintenant ?

Si vous retirez maintenant tout l'argent de votre REER, vous devrez payer l'impôt sur le plein montant. Si vous le laissez dans le régime, votre succession devra payer l'impôt sur le plein montant. Si vous avez besoin d'argent aujourd'hui, vous pouvez en retirer une partie maintenant, mais voyez les répercussions qu'un tel retrait pourrait avoir sur les prestations de vieillesse que vous recevez. En règle générale, il est préférable de laisser l'argent dont vous n'avez pas besoin dans votre REER afin de profiter du report d'impôt. Revenu Canada finira par avoir son dû tôt ou tard. Je vous recommande que ce soit plus tard que plus tôt — vous ne vous y opposerez pas autant à ce moment-là.

Quelqu'un d'autre

Il faut une planification fiscale rigoureuse lorsque le bénéficiaire de votre REER ou de votre FERR n'est pas votre conjoint ou conjoint de fait ni un enfant ni un petit-enfant à votre charge. Dans ce cas, la valeur marchande du régime est traitée comme si le régime avait été encaissé à la date de votre décès.

L'institution financière versera l'ensemble du produit au bénéficiaire nommé ou effectuera une retenue fiscale pouvant aller jusqu'à 30 %. La succession doit s'occuper de payer l'impôt dans la déclaration pour l'année du décès, ce qui réduit la valeur de la succession des autres bénéficiaires nommés au testament.

EXEMPLE

Suzanne est veuve et a trois enfants adultes. Pour être juste, elle voulait laisser à chacun le même montant d'argent à son décès. Elle a prévu de distribuer ses biens (tous enregistrés à son nom) comme suit :

À l'aîné, 200 000 $ en argent légués par testament.

Au deuxième fils, sa maison valant 200 000 $ léguée par testament.

Au cadet, son REER valant 200 000 $ légué par nomination à titre de bénéficiaire au REER.

Mais au décès de Suzanne, voici ce qui s'est passé :

Son deuxième fils a reçu la maison (sans impôt à payer puisque c'était la résidence principale de Suzanne).

Son cadet a reçu 200 000 $ du REER.

Son aîné a reçu 100 000 $ (les 200 000 $ en argent moins l'impôt payé par la succession sur le REER).

Ce n'était pas ce que voulait Suzanne. Si elle avait su et avait organisé ses affaires autrement, chacun de ses fils aurait reçu une part égale.

**QUESTION
RÉPONSE**

Je possède pas mal d'obligations à coupons détachés et d'actions dans mon FERR autogéré. J'ai nommé mes enfants bénéficiaires (mon mari est décédé il y a deux ans). Ces placements devront-ils être encaissés ?

Pas nécessairement. Si la succession dispose de suffisamment d'argent pour payer les derniers impôts sans devoir retirer de l'argent du régime enregistré, votre liquidateur peut demander à l'institution financière de réenregistrer les biens dans un compte ouvert chez un courtier.

Lorsque les biens et les régimes enregistrés ne sont pas laissés au conjoint, le fardeau fiscal de la succession peut s'avérer fort important. Si vous devez quoi que ce soit à Revenu Canada, il faudra payer comptant. Il est important de vous poser la question suivante : « Ma succession disposera-t-elle de suffisamment d'argent, au moyen de liquidités, d'assurances ou de biens pouvant être vendus facilement, pour acquitter les impôts ? » Pour préserver les biens qui forment votre patrimoine, vous devrez peut-être nommer votre conjoint bénéficiaire ou transférer des biens sans gains en capital à d'autres bénéficiaires ou disposer de liquidités suffisantes (encaisse ou biens que vous êtes prêt à vendre) pour payer l'impôt. Si vous ne pensez pas avoir suffisamment d'argent et désirez que les biens restent dans la famille, vous pourriez contracter une assurance-vie ou repenser votre plan successoral.

Mon seul bien est mon REER qui vaut 100 000 $. J'ai nommé ma sœur comme bénéficiaire. Est-ce que je viens de déjouer le percepteur d'impôts ?

Non. Si une succession ne disposait pas de liquidités suffisantes pour payer l'impôt sur le REER, Revenu Canada «demanderait» au bénéficiaire de payer les impôts à partir du montant reçu du REER. Comme vous avez nommé votre sœur bénéficiaire, l'institution financière verserait normalement 70 000 $ (100 000 $ moins les 30 000 $ de retenues fiscales que l'institution financière doit obligatoirement effectuer) directement à votre sœur. Revenu Canada demanderait ensuite à votre sœur de payer l'impôt qui reste (le montant résiduel dépend du taux d'imposition de votre sœur). Espérons seulement qu'elle n'aura pas tout dépensé !

Si votre succession ne dispose pas de liquidités suffisantes ou de biens pouvant être vendus pour payer l'impôt, Revenu Canada a le pouvoir de communiquer avec les personnes qui ont reçu des dons avant votre décès afin de trouver des biens pour payer l'impôt.

9.10 Les droits de succession américains

Si vous êtes Canadien et que vous possédez un bien aux États-Unis, vous êtes un étranger non résident. Un étranger non résident pourrait devoir payer des droits de succession sur la valeur marchande d'un bien américain au moment du décès. Les biens comprennent, mais non de façon limitative, les biens immobiliers comme un condominium en Floride et des biens en copropriété.

Depuis 1988, les Canadiens qui possédaient, au moment de leur décès, pour plus de 60 000 $ en biens aux États-Unis étaient assujettis aux droits de succession américains. Revenu Canada imposait le profit réalisé sur ces biens jusqu'à la date du décès, et ces

Canadiens étaient obligés de payer des droits de succession américains sur l'ensemble de leur fortune (pas seulement sur le profit) en plus des impôts à payer à Revenu Canada. Cela créait une possibilité de double imposition.

En 1995, le Canada et les États-Unis ont ratifié une convention fiscale et désormais les Canadiens dont la valeur du patrimoine mondial est inférieure à 600 000 $US peuvent être exemptés des droits de succession américains. Les Canadiens qui possèdent des biens aux États-Unis profitent d'un certain dégrèvement fiscal en matière de double imposition lorsque les biens mondiaux de la personne décédée sont inférieurs à 1,2 million de dollars et qu'un fort pourcentage de ces biens (y compris les produits d'une assurance-vie) sont détenus aux États-Unis. Si un très petit pourcentage des biens du patrimoine est détenu aux États-Unis, il y aura un léger dégrèvement fiscal en vertu des nouvelles règles.

Le nouveau dégrèvement fiscal unifié est basé sur la formule suivante :

$$192\ 800\ \$US \times \frac{\text{valeur des biens aux É.-U.}}{\text{valeur des biens mondiaux}}$$

9.10.1 L'estimation du fardeau fiscal américain

Le tableau 6 est tiré d'une déclaration de revenus américaine ; tous les chiffres sont en dollars américains. L'exemple qui suit montre comment se servir du tableau pour estimer le fardeau fiscal américain (les chiffres utilisés dans l'exemple sont en caractères gras dans le tableau).

Tableau 6

A Montant imposable de plus de ($)	B Montant imposable ne dépassant pas ($)	C Impôt sur le montant de la colonne A ($)	D Taux d'imposition sur le montant dépassant le montant A (%)
0	10 000	0	18
10 000	20 000	1 800	20
20 000	40 000	3 800	22
40 000	60 000	8 200	24
60 000	80 000	13 000	26
80 000	100 000	18 200	28
100 000	150 000	23 800	30
150 000	**250 000**	**38 600**	**32**
250 000	500 000	70 800	34
500 000	750 000	155 800	37
750 000	1 000 000	248 300	39
1 000 000	1 250 000	345 800	41
1 250 000	1 500 000	448 300	43
1 500 000	2 000 000	555 800	45
2 500 000	3 000 000	1 025 800	53
3 000 000		1 290 800	55

Richard possédait un condo en Floride d'une valeur de 200 000 $US. Les droits de succession américains estimés seraient de 54 600 $, calculés comme suit :

Valeur de la propriété détenue à la date du décès	200 000 $US
Droits à payer sur les premiers 150 000 $ (colonne C)	38 600 $
Droits à payer sur les 50 000 suivants (colonne D)	50 000 $ x 32 % = 20 800 $
Montant de droits de succession américains à payer avant le dégrèvement	54 600 $

Comme le patrimoine mondial de Richard a été évalué à 1 million de dollars américains, le dégrèvement fiscal serait calculé comme suit (voir la formule à la page précédente) :

$$192\ 800\ \$ \times \frac{200\ 000\ \$}{1\ 000\ 000\ \$} = 38\ 560\ \$$$

Montant des droits de succession américains à payer par la succession de Richard après le dégrèvement unifié	16 040 $

Nota : Avant la ratification de ce nouveau traité, les Canadiens obtenaient une déduction de 600 000 $ de la valeur marchande du bien américain au moment du décès. À titre d'exemple, les droits de succession américains auraient été calculés sur 140 000 $ pour le condo de Richard et les droits de succession américains auraient été plus élevés.

9.10.2 Les stratégies pour réduire le fardeau fiscal américain

Les étrangers non résidents ont recours à une foule de techniques pour réduire leurs droits de succession américains ; en voici quelques-unes :

- Faire régulièrement de petits dons en biens américains (bien que cela soit difficilement réalisable si votre seul bien américain est un condo d'une valeur de 150 000 $).

- Vendre votre bien avant votre décès. Si vous n'utilisez plus le condo aussi souvent qu'avant ou que vous pensez mourir bientôt (par exemple, si l'on a diagnostiqué chez vous une maladie en phase terminale), vous pourriez vendre le bien de votre vivant et en rapatrier le produit au Canada. Si vous ne possédez pas de bien aux États-Unis au moment de votre décès, votre succession n'aura pas à appuyer de droits de succession américains.

- Détenir des placements américains à l'intérieur d'une société canadienne. Des conseillers recommandent de détenir des placements américains (mais pas de bien immobilier personnel) à l'intérieur d'une société canadienne dont l'objectif est de détenir des biens à usage personnel. Cependant, le gouvernement américain peut modifier ses règles en tout temps et déterminer que les biens détenus ainsi ne constituent pas un patrimoine d'entreprise, ce qui limiterait l'efficacité de la stratégie.

- Laisser le bien à votre conjoint canadien, puisque le nouveau traité prévoit un dégrèvement supplémentaire pour le conjoint.

- Faire en sorte que votre patrimoine vaille moins de 1,2 million de dollars américains.

- Contracter une assurance-vie pour procurer des fonds qui serviront à payer l'impôt. Mais auparavant, il faut faire faire une analyse coûts-bénéfices indiquant le fardeau fiscal et le coût des primes de l'assurance-vie.

Lorsque votre succession doit envoyer un chèque à l'Internal Revenue Service, ce dernier veut se faire payer en devises américaines. Le taux de change en vigueur au moment d'émettre le chèque peut avoir des conséquences sur le montant qui restera pour vos bénéficiaires. Si le montant à payer est de 100 000 $US et que les liquidités de la succession sont en devises canadiennes, le liquidateur devra acheter des devises américaines pour payer l'impôt. Si le dollar canadien vaut 0,72 $US, la succession devra débourser 138 000 $CAN.

Les Canadiens qui sont mariés à des citoyens américains ou qui ont la double nationalité doivent tenir compte d'autres considérations en matière de planification successorale et ils devraient consulter un comptable qui se spécialise dans la planification fiscale américaine pour les Canadiens.

Si vous possédez des biens à l'extérieur du Canada ou des États-Unis, votre planification successorale peut s'avérer encore plus complexe. Consultez votre conseiller afin de déterminer si vous devrez payer des impôts dans ce pays.

Chapitre 10

La production des déclarations pour l'année du décès

Votre liquidateur a la responsabilité de produire à temps les dernières déclarations fiscales et de s'assurer que tous les impôts sur le revenu payables au fisc sont versés. La dernière déclaration de revenus pour un contribuable décédé comprend tous ses revenus de l'année courante jusqu'à la date du décès et est la même que celle que vous produisez chaque année. Votre liquidateur doit également produire les déclarations fiscales des années précédentes si elles ne l'ont pas été.

Revenu Canada offre un guide d'impôt supplémentaire intitulé « Déclarations de revenus de personnes décédées », offert au bureau de district d'impôt. Nous verrons dans le présent chapitre les règles les plus courantes qui n'ont pas été abordées au chapitre 9.

10.1 Les dates limites

La date limite de production de la dernière déclaration fiscale et du paiement des impôts dépend de la date du décès. Si le décès a lieu entre le 1ᵉʳ janvier et le 31 octobre, la date limite de la dernière déclaration est le 30 avril de l'année suivante. Si le décès a lieu entre le 1ᵉʳ novembre et le 31 décembre, la dernière déclaration doit être produite au plus tard six mois après la date du décès.

Si vous produisez la déclaration en retard en raison de circonstances indépendantes de votre volonté, vous pouvez rédiger une lettre à Revenu Canada (et à Revenu Québec, dans le cas des contribuables québécois) pour expliquer le retard et demander d'être dispensé des intérêts et de la pénalité.

Revenu Canada impose des pénalités d'intérêt sur tout montant exigible qui n'est pas payé à la date d'échéance. En 1997, la pénalité pour avoir produit une déclaration en retard était de 5 % du montant exigible, plus un autre 1 % pour chaque mois de retard jusqu'à un maximum de 12 %, soit un total de 17 %.

Assurez-vous que votre succession disposera de liquidités suffisantes pour acquitter les impôts sur le revenu. Si vous avez distribué tous vos biens de votre vivant de façon qu'il ne reste rien de valeur pour acquitter les derniers impôts sur le revenu, Revenu Canada a le droit de faire appel à vos bénéficiaires pour le paiement des impôts.

Lorsqu'un impôt sur le revenu est exigible sur des gains en capital pour la vente présumée de biens, l'impôt peut être payé en dix versements annuels. Si la succession dispose de liquidités limitées, elle peut se prévaloir de ce mode de paiement afin d'éviter de vendre prématurément un bien alors que le marché n'est pas favorable. Mais votre succession doit disposer des liquidités nécessaires pour acquitter chaque versement et les intérêts exigibles (non déductibles) sur le montant impayé pour profiter du privilège. Cette méthode pourrait également retarder la distribution de la succession puisque le liquidateur peut choisir d'attendre d'avoir reçu le certificat de décharge de Revenu Canada avant de régler entièrement la succession.

QUESTION RÉPONSE

Je suis veuve et possède un immeuble d'une valeur de 1 million de dollars. Comme l'immeuble représente 800 000 $ de gains en capital, ma succession devrait-elle vendre immédiatement l'immeuble pour payer l'impôt sur le revenu exigible ?

Je suppose que l'immeuble est votre seul bien important. Il pourrait être vendu immédiatement si le prix est bon et qu'un acheteur intéressé se présente. Ou bien vous pourriez donner à votre liquidateur le pouvoir de conserver l'immeuble dans la succession jusqu'à ce que le marché soit favorable et de payer l'impôt sur le revenu par versements. Votre liquidateur ferait alors une analyse coûts-bénéfices des divers scénarios et calculerait le montant d'impôt sur le revenu ainsi que les intérêts et les pénalités à payer par versements, puis évaluerait la situation du marché de l'immobilier à l'endroit où se trouve l'immeuble. Après avoir étudié les données, certains liquidateurs pourraient décider de vendre l'immeuble le plus tôt possible afin de régler la succession.

Le liquidateur qui doit déterminer s'il est préférable de vendre l'immeuble ou de payer par versements pourra demander l'avis d'un évaluateur d'immeubles reconnu ou d'un autre professionnel afin de s'assurer qu'il agit au mieux des intérêts des bénéficiaires.

10.2 Les déclarations facultatives

On peut produire jusqu'à quatre déclarations de revenus pour la personne décédée : la dernière déclaration et trois déclarations facultatives en fonction du type de revenu qu'a reçu la personne décédée (les déclarations facultatives ne s'appliquent pas à tous). Comme tout le revenu de la personne décédée peut figurer dans la dernière déclaration, le liquidateur n'est pas tenu de soumettre des déclarations facultatives. Mais lorsque les déclarations facultatives s'appliquent, certaines exonérations fiscales personnelles et des crédits d'impôt peuvent être utilisés plus d'une fois et permettent de réduire les impôts.

Il y a 3 types de déclarations facultatives.

10.2.1 La déclaration pour les droits ou les biens

Les droits et les biens sont des montants qui sont payables à la personne décédée au moment de son décès et qui n'ont pas été payés, notamment :

- la paie de vacances, les salaires ou commissions gagnées ;
- le revenu de placements gagné, tel qu'un dividende déclaré avant le décès ou des intérêts provenant de coupons d'obligation échus qui n'ont pas été encaissés (l'intérêt gagné sur un dépôt bancaire mais qui n'a pas été imputé au compte n'est pas considéré comme un droit ou un bien).

Le revenu de droits et biens sur des biens transférés à un bénéficiaire dans les 12 mois suivant la date du décès peut également être reporté sur la déclaration de revenus du bénéficiaire si le revenu du bénéficiaire est très modeste.

10.2.2 La déclaration pour un propriétaire ou associé unique

Si la personne décédée a gagné un revenu d'entreprise à propriété unique ou d'une société de personnes dont la fin d'année n'était pas le 31 décembre, le liquidateur peut produire une déclaration facultative pour le revenu gagné entre la dernière fin d'année de l'entreprise et la date du décès. Encore une fois, le revenu mentionné dans la déclaration facultative peut correspondre à un taux d'imposition moindre, ce qui se traduit par des économies d'impôt.

EXEMPLE

La fin d'année du cabinet de dentiste de Lyne était le 31 janvier. Lyne est décédée le 30 avril 1994. Son liquidateur avait le choix de produire une dernière déclaration fiscale pour 15 mois de revenu ou deux déclarations de revenus, une dernière pour les 12 mois de revenu se terminant le 31 janvier 1994 et une déclaration facultative pour le revenu d'entreprise gagné entre le 1er février 1994 et le 30 avril 1994.

10.2.3 La déclaration pour le revenu provenant d'une fiducie testamentaire

Si la personne décédée recevait un revenu d'une fiducie testamentaire (une fiducie établie dans le testament de quelqu'un d'autre) dont la fin d'année n'était pas le 31 décembre, le liquidateur peut produire une déclaration facultative pour le revenu de fiducie reçu jusqu'à la date du décès. Encore une fois, le fait de déclarer ce revenu dans une déclaration facultative peut réduire l'impôt à payer.

10.3 Les déclarations fiscales pour la succession et les fiducies testamentaires

En plus de la déclaration pour l'année du décès et des déclarations facultatives, le liquidateur est tenu de produire une déclaration annuelle (T3, déclaration de revenu de fiducie) afin de rendre compte du revenu gagné sur tout bien détenu dans la succession depuis la date du décès jusqu'à ce que tous les biens soient distribués, à quelques exceptions près.

EXEMPLE

Le compte bancaire de 50 000 $ du défunt est transféré à la succession. Avant que le compte ne soit distribué au bénéficiaire, 500 $ ont été imputés au compte qui devront être déclarés dans le formulaire T3 sur le revenu de fiducie plutôt que dans la dernière déclaration fiscale du défunt.

La fiducie pour la succession paie des impôts sur le revenu établis en fonction de taux d'imposition progressifs (comme dans le cas des déclarations de revenus des particuliers) mais n'a droit à aucun crédit d'impôt personnel. Le crédit d'impôt pour dons de bienfaisance est le seul crédit d'impôt auquel a droit une succession.

QUESTION
RÉPONSE

La succession de mon mari n'a duré que quelques mois et tout me revenait. La succession a gagné 8 000 $ en revenu d'intérêt. Dois-je produire une déclaration de revenus facultative pour la succession ?

Non, vous avez le choix d'ajouter simplement le revenu de la succession de votre mari à votre propre déclaration de revenus. Cependant, si vous avez vous-même un revenu, vous pourriez économiser de l'impôt en produisant une déclaration distincte pour le revenu gagné pendant la durée de la « succession ». À titre d'exemple, si votre revenu est de 60 000 $, vous devrez payer 4 000 $ sur le revenu de la succession. Si vous produisez une déclaration distincte pour les 8 000 $ d'intérêt, vous paieriez très peu d'impôt.

Il vaut donc la peine de remplir un autre formulaire gouvernemental pour la succession. Mais une succession ne peut exister uniquement pour la répartition du revenu. S'il faut détenir les biens en fiducie pour un bénéficiaire durant une longue période, le testament devra établir une fiducie testamentaire.

Si le liquidateur est nommé fiduciaire des fiducies testamentaires établies en vertu du testament, il produira des déclarations de revenus distinctes pour ces fiducies. (Voir le chapitre 13 sur les fiducies.)

Chapitre 11

Le droit de la famille et votre plan successoral

Chaque province dispose de son propre droit de la famille pour protéger les droits du conjoint et des personnes à charge. Vos obligations financières et juridiques restent vos obligations même après votre décès et influent sur votre liberté à disposer de vos biens. Les notaires appellent cela la restriction à la liberté de tester. Une personne à charge est une personne qui comptait sur votre soutien financier immédiatement avant votre décès et comprend habituellement le conjoint et les enfants à charge. À l'Île-du-Prince-Édouard et en Ontario, le conjoint de fait, les parents et les grands-parents sont également définis comme des personnes à charge.

11.1 L'entretien

Si votre testament omet de prévoir l'entretien adéquat des personnes à votre charge, ces dernières peuvent s'adresser au tribunal pour obtenir une ordonnance d'entretien continu contre la succession. La législation qui traite de l'entretien fait partie de lois telles que The Family Relief Act (Alberta), la Loi sur l'aide aux personnes à charge (Manitoba), la Wills Variation Act (C.-B.), la Dependants of a Deceased Person Relief Act (Î.-P.-É.) et la Loi portant réforme du droit des successions (Ontario). Bien que le nom et le libellé de la loi varient d'une province à l'autre, l'intention reste la même. Dans chaque province, le tribunal a le pouvoir d'ordonner à la succession d'assurer l'entretien des personnes à charge de la personne décédée (qu'on appelle le testateur). Pour vous donner une idée de la portée d'un tel libellé, voici un extrait (traduction libre) de la Testator's Family Maintenance Act de la Nouvelle-Écosse :

Lorsqu'un testateur décède sans avoir pris des dispositions particulières dans son testament pour assurer l'entretien approprié d'une personne à charge, un juge, à la demande ou au nom de la personne à charge, a le pouvoir discrétionnaire, après avoir pris en considération toutes les circonstances pertinentes du cas, d'ordonner les dispositions qu'il juge adéquates pour que la succession pourvoie à l'entretien approprié de la personne à charge, personne à charge signifiant ici veuf ou veuve ou enfant.

Si une personne à charge renonce à son droit de faire une demande en vertu de la présente loi, l'engagement ne lie pas la personne à charge.

L'ordonnance d'entretien peut être satisfaite par le revenu ou le capital de la succession et peut être payée de la façon suivante :

- Montant mensuel ou annuel pour une durée limitée ou indéfinie, ou jusqu'à un âge précis ou un événement comme un mariage

- Montant forfaitaire devant être détenu en fiducie

- Biens devant être détenus en fiducie pour la personne à charge pour une durée limitée ou indéfinie

- Possession de biens particuliers à vie ou pour une durée précise

- Tout autre moyen que le tribunal juge approprié

Lorsqu'une ordonnance est accordée, elle a préséance sur les dispositions de votre testament et peut restreindre la distribution de la succession.

D'autres obligations peuvent figurer dans le contrat de mariage ou l'accord de séparation.

11.2 Les unions de fait

En vertu de la Loi de l'impôt sur le revenu du gouvernement fédéral, les conjoints de fait ont les mêmes droits que les couples mariés. Les biens, les REER et les FERR peuvent être transférés à un conjoint de fait, et l'impôt sur le revenu peut être différé jusqu'au décès du conjoint survivant. En général, les conjoints de fait n'ont aucun droit sur les biens en vertu du droit de la famille, mais ils peuvent faire une demande d'entretien continu.

CONSEIL

Pour protéger votre conjoint de fait (et vous-même), vous pouvez :

* détenir les biens en copropriété ;

* vous nommer l'un l'autre comme bénéficiaires dans vos testaments, de votre assurance-vie et de vos REER ou FERR ;

* vous nommer l'un l'autre comme mandataires dans vos procurations ou mandats ;

* préparer un accord de cohabitation pour les biens et l'entretien en cas de séparation ou de décès.

11.3 Les unions entre partenaires de même sexe

Les partenaires de même sexe ne sont pas reconnus par la loi qui régit la planification successorale, mais des changements sont à prévoir depuis la récente modification de la Loi sur les droits de la personne. Le mot « conjoint » dans le présent livre *ne s'applique pas* aux conjoints de même sexe. Il est important pour les gens vivant une union avec un partenaire du même sexe d'indiquer claire-ment leurs intentions dans les documents se rapportant à leur planification successorale.

QUESTION
RÉPONSE

Mon partenaire et moi entretenons une union entre partenaires de même sexe. Sommes-nous protégés par le droit de la famille ?

En Ontario, un règlement du tribunal en 1996 a accordé des obligations d'entretien à des couples de même sexe mais, dans d'autres provinces, la protection des partenaires de même sexe est minime ou inexistante. La Loi de l'impôt sur le revenu ne les con-sidère pas comme des conjoints. Ils ne reçoivent pas de versements du Régime de pensions du Canada, des régimes de pensions d'invalidité ou de la plupart des régimes de retraite d'entreprise.

Pour protéger les biens dans le cas d'une union entre partenaires de même sexe, assurez-vous de nommer votre partenaire bénéficiaire de votre REER, de votre régime de retraite et de votre assurance-vie et de préparer votre testament. Vous pouvez également utiliser la copropriété.

11.4 Le divorce

Si vous êtes divorcé et que vous assurez l'entretien de votre ancien conjoint ou d'un enfant en vertu d'un accord de séparation, vous pourriez être tenu de continuer d'assurer l'entretien après votre décès. Certains accords stipulent que l'entretien prend fin au décès. D'autres peuvent exiger que vous contractiez une assurance afin de disposer de fonds pour continuer d'assurer l'entretien des personnes à votre charge après votre décès. Enfin d'autres accords peuvent n'en faire aucune mention. Le manquement à vos engagements pourrait annuler des dispositions contenues dans votre testament.

11.5 Le déménagement

Le droit de la famille est de juridiction provinciale. Si vous déménagez, révisez votre plan successoral de façon qu'il tienne compte de la législation familiale de votre nouvelle province. Si vous laissez tout à votre conjoint et aux autres personnes à votre charge, vous n'aurez pas de changements majeurs à y apporter.

11.6 Les biens matrimoniaux

Certaines provinces disposent de lois qui protègent le droit du conjoint à une distribution juste et équitable des biens (y compris la résidence familiale) au décès. Autrement dit, le conjoint ne peut être écarté du testament ou recevoir moins que ce qu'il aurait en cas de divorce.

Le liquidateur peut être tenu personnellement responsable de toute perte pour le conjoint s'il omet de tenir compte du droit du conjoint aux biens au moment du décès.

Il faut tenir compte des répercussions de ces lois au moment de la rédaction du testament, sinon le testament peut être annulé.

CONSEIL

Le liquidateur testamentaire pourrait être tenu personnellement responsable s'il omet d'informer le conjoint survivant du droit de recevoir un paiement de péréquation. Le liquidateur chargé à la fois de prendre des décisions au mieux des intérêts du conjoint survivant et de suivre les volontés de la personne décédée pourrait faire face à un conflit.

11.7 Les contrats de mariage

Dans la plupart des provinces, les couples peuvent signer un contrat de mariage ou un accord prénuptial afin de protéger les biens qu'ils apportent en se mariant ou d'officialiser leurs accords et ententes verbaux.

Avant de signer quelque contrat que ce soit, répondez aux questions suivantes :

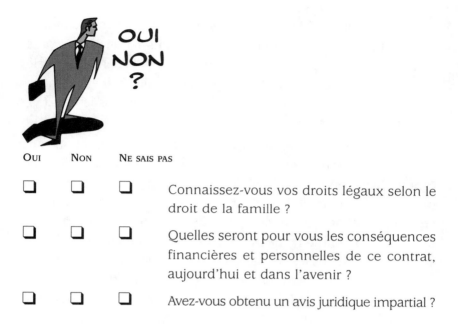

Oui	Non	Ne sais pas	
❑	❑	❑	Connaissez-vous vos droits légaux selon le droit de la famille ?
❑	❑	❑	Quelles seront pour vous les conséquences financières et personnelles de ce contrat, aujourd'hui et dans l'avenir ?
❑	❑	❑	Avez-vous obtenu un avis juridique impartial ?

CONSEIL

Si le droit de la famille de votre province ne correspond pas à vos besoins familiaux ou commerciaux, pensez à mettre vos intentions par écrit. Supposons que vous vous remariez et que vous voulez protéger votre entreprise pour vos enfants. Établissez votre succession en préparant comme il se doit un testament, un contrat de mariage ou un contrat de fiducie viagère.

11.8 Le droit de la famille

Passer outre au droit de la famille peut engendrer une tension inutile dans les relations familiales, retarder le règlement de la succession et entraîner des résultats non voulus. Peu importe quand et où a été rédigé votre testament, lorsque vous décédez, les lois du droit de la famille s'appliquent à votre patrimoine successoral. À titre d'exemple, comme nous l'avons vu au chapitre 3, si vous mourez sans laisser de testament au Québec, votre conjoint aura droit à une pension alimentaire et aux biens familiaux suivants, peu importe la propriété légale de ces biens : résidence familiale, ameublement, véhicules utilisés par la famille, bénéfices accumulés dans un régime de pension ou un REER moins le passif.

En Ontario, le droit de la famille stipule que les biens acquis durant le mariage doivent être partagés également si le mariage échoue ; la mort est considérée comme une forme d'échec du mariage. Le conjoint survivant a le droit légal de choisir de recevoir l'héritage selon les dispositions du testament ou, si ce dernier lui laisse moins de 50 % du bien net familial, de s'adresser au tribunal dans les six mois (ou plus tard si le tribunal accorde un prolongement en raison de circonstances particulières) pour recevoir un paiement de péréquation basé sur les biens détenus le jour précédant la date du décès comme « si les conjoints s'étaient séparés ». Si le conjoint n'exerce pas son droit dans les six mois, il est présumé avoir accepté les dispositions du testament.

Certains conjoints sont réticents à exercer leur droit même si cela s'avère au mieux de leurs intérêts. Le fait d'exercer son droit ne remet pas en question l'état du mariage. Il révèle simplement un manque de planification de la part de la personne décédée.

QUESTION
RÉPONSE

J'habite en Ontario. Mon épouse va recevoir un revenu annuel généreux de ma succession. Est-ce suffisant ?

En vertu de la Loi sur le droit de la famille de l'Ontario, un conjoint peut choisir d'accepter les dispositions du testament ou de recevoir un paiement de péréquation. Votre épouse déterminera s'il est préférable pour elle d'accepter les dispositions du testament ou de choisir le paiement de péréquation. Si elle préfère recevoir directement un montant forfaitaire plutôt qu'un revenu annuel (même généreux), elle peut le faire. Si elle choisit le paiement de péréquation, cette décision a préséance sur les dispositions du testament.

11.8.1 Le paiement de péréquation

Si votre conjoint ne reçoit pas tout en vertu de votre testament, il pourra évaluer la valeur des legs qu'il recevrait en vertu du testament par rapport à la valeur d'un paiement de péréquation. Il est souhaitable d'obtenir un avis juridique impartial. Pour déterminer le montant du paiement de péréquation, on calcule la valeur du bien familial net, en général, en fonction de la valeur de tous les biens le jour précédant la date du décès :

- *moins* la valeur des biens apportés en mariage, mais sans compter la résidence familiale (la maison et le chalet utilisés par vous et votre conjoint)

- *moins* la valeur des dons ou des héritages reçus pendant le mariage, sauf si l'argent a servi à rembourser une résidence familiale

- *moins* tout revenu reçu d'un don ou d'un héritage si le donateur y avait joint des instructions écrites à l'effet qu'il devait être exclu du bien familial.

EXEMPLE

André laisse par testament à son épouse Lise des biens évalués à 150 000 $. Le calcul du bien familial net indique que Lise détenait 50 000 $ de bien familial net à son nom et qu'André en détenait 450 000 $ à son nom. En vertu du droit de la famille de l'Ontario, Lise a droit à la moitié du bien familial net (450 000 $ - 50 000 $) ÷ 2 = 200 000 $.

Comme le testament d'André laisse à Lise des biens d'une valeur de 150 000 $, Lise aurait intérêt à choisir de recevoir le paiement de péréquation de 200 000 $.

Au décès de Marthe, l'actif et le passif de la famille étaient comme suit :

Thomas	Marthe	
150 000 $	150 000 $	résidence en copropriété
	200 000 $	capital-immeubles
	400 000 $	entreprise qui emploie les enfants
	(100 000 $)	moins la valeur de l'entreprise au moment du mariage
0	0	moins le passif
150 000 $	650 000 $	bien familial détenu

En vertu du testament de Marthe, le capital-immeubles évalué à 200 000 $ va à Thomas et son entreprise va aux enfants.

Calcul du paiement de péréquation :

650 000 $ - 150 000 $) ÷ 2 = 250 000 $.

Thomas pourrait choisir de recevoir le paiement de péréquation, qui est de 50 000 $ supérieur à ce qu'il recevrait en vertu du testament. Comme la succession ne dispose pas de liquidités suffisantes pour payer à Thomas les 50 000 $, son choix obligerait la vente de l'entreprise ou bien il pourrait devenir à contrecœur associé de l'entreprise avec les enfants.

Toutefois, Thomas et Marthe avaient convenu que la police d'assurance-vie de Marthe comblerait ses besoins.

La valeur de l'ensemble des biens que possèdent les deux conjoints le jour précédant la date du décès est comprise dans le paiement de péréquation, sans inclure le produit d'une assurance-vie détenue par la personne décédée.

Si vous ne prévoyez pas tout laisser à votre conjoint, extrapolez la valeur du paiement de péréquation et prenez les mesures nécessaires pour éviter à votre conjoint d'avoir à faire une demande.

CONSEIL

Dans le cas de Thomas et Marthe, Marthe veut peut-être protéger son entreprise pour ses enfants et veiller à ce que son mari ne la fasse pas changer d'idée. En plus des testaments, ils pourraient préparer un contrat de mariage ou un contrat à but unique pour officialiser leur accord afin que l'arrangement ne soit pas laissé au bon vouloir du conjoint survivant. Il est possible de signer un tel contrat en tout temps pendant le mariage. Chaque conjoint devrait obtenir un avis juridique et financier impartial pour faire en sorte qu'il ne soit pas forcé d'« abandonner » quoi que ce soit et que la contestation de l'accord ne soit pas rendue plus difficile plus tard. Vous devez également voir dans quelle mesure il est réaliste de vous attendre à ce que votre conjoint signe un contrat de mariage *après* avoir été marié 20 ans avec vous.

EN RÉSUMÉ

Assurez-vous de discuter avec votre avocat ou votre notaire de la portée du droit de la famille sur votre plan successoral dans votre province. J'ai simplement effleuré ici les questions qui peuvent s'avérer complexes.

Chapitre 12

L'assurance-vie

Savoir, c'est pouvoir.

Sir Francis Bacon

Qui peut dire ce que l'avenir nous réserve? Lorsque vous souscrivez à une assurance-vie, la compagnie d'assurance-vie accepte de verser un montant exempt d'impôt à votre bénéficiaire à votre décès en échange des primes que vous payez. L'assurance-vie est parfois désignée sous le nom de gestion du risque : le risque que vous gérez est la conséquence financière de votre décès sur les personnes à votre charge.

Définition simple de l'assurance-vie :

Vous payez. Vous décédez.
La compagnie d'assurances paie.

Avant de souscrire à une assurance-vie, déterminez si vous ou plutôt les personnes à votre charge en avez vraiment besoin. En réalité, on souscrit à une assurance-vie pour d'autres raisons en plus du paiement d'une prestation de décès au conjoint ou aux membres de la famille. D'autres parties peuvent s'intéresser à la valeur économique de votre vie — et risquent d'y perdre si cette valeur n'est pas remplacée par l'assurance-vie, comme votre associé en affaires ou la banque qui détient une hypothèque sur votre maison.

Voici les raisons les plus courantes pour lesquelles on recourt à l'assurance-vie dans la planification successorale :

- Créer un patrimoine successoral instantané qui permettra d'élever votre famille, de payer les études des enfants et l'entretien des personnes à votre charge. Si vous êtes divorcé, vous pourriez être tenu légalement de souscrire à une assurance-vie pour continuer les versements de pension alimentaire après votre décès.

- Rembourser l'hypothèque ou d'autres dettes. À titre d'exemple, vous et votre conjoint avez les moyens d'effectuer les versements hypothécaires tant que vous travaillez tous les deux, mais vous ne voulez pas que votre conjoint ait à vendre la maison si vous décédez prématurément.

- Régler les honoraires de la succession (y compris les frais d'homologation, les honoraires juridiques et les droits de succession américains) sans avoir à vendre des biens.

- Compenser tout impôt exigible de Revenu Canada afin de conserver intacts les biens du patrimoine successoral (voir le chapitre 9).

- Payer les frais funéraires.

- Fournir des liquidités pour que votre associé en affaires puisse racheter votre part de l'entreprise.

- Faire à une œuvre de bienfaisance un don plus généreux que vous ne pourriez pas vous permettre autrement.

- Profiter des avantages de report d'impôt de l'assurance-vie.

- Remplacer en tout ou en partie la valeur du patrimoine successoral que pourriez dépenser ou donner de votre vivant.

- Planifier la relève des entreprises privées ou des sociétés de personnes.

- Laisser aux membres de votre famille des legs égaux à partir de votre patrimoine successoral. À titre d'exemple, si vous prévoyez laisser le chalet ou l'entreprise à l'un des membres de la famille, vous pourriez laisser aux autres membres de la famille les produits d'une assurance-vie du même montant.

Si vous décidez qu'il vous faut une assurance-vie, vous devez vous poser les questions suivantes : combien, avec qui, quel type de police et avec quelles caractéristiques ou quelles options ?

12.1 Souscrire à une assurance-vie

12.1.1 Combien ?

Le montant d'assurance-vie dont vous avez besoin dépend de votre situation (le nombre et les besoins des personnes à votre charge et de vos associés en affaires), de l'assurance à laquelle vous souscrivez actuellement, de votre revenu actuel, des biens que vous possédez, de vos dettes, des honoraires du liquidateur et des frais d'homologation, des impôts sur le revenu à payer à votre décès, du financement des études, des autres sources de revenus que pourraient avoir vos survivants et de quelques hypothèses à propos de l'avenir.

Lorsque vous vous apprêtez à acheter une nouvelle voiture, vous avez une idée de ce dont votre famille a besoin. Si vous devez transporter vos trois enfants et le chien, vous savez qu'une voiture sport ne conviendra pas (même si vous en avez vraiment envie!). Prenez le temps d'envisager dans quelle situation se trouverait votre famille si vous étiez fauché par un autobus demain matin. Vos survivants auraient-ils suffisamment d'argent pour payer les factures, finir leurs études ou simplement vivre au jour le jour? Y aurait-il suffisamment d'argent pour leur fournir le revenu dont ils ont besoin? Parlez-en avec votre conjoint; cela vous aidera à mieux comprendre ce qu'il vous faut.

12.1.2 De combien d'assurance-vie ai-je besoin?

Vous devriez faire le calcul pour vous puis pour votre conjoint pour faire en sorte que vous ayez tous deux une couverture d'assurance suffisante.

Il faudra inclure ce qui suit dans chacun des calculs:

1. Le montant de capital qui reste après votre décès

   La prestation de décès de l'assurance que vous avez déjà moins les avances sur police   -

   La valeur de vos placements actuels   +

   La valeur de votre REER   +

   La prestation de décès ou la valeur de rachat
   de votre régime
   de retraite   +

   La prestation de décès du Régime de pensions
   du Canada   +

   Autre   +

   Montant du capital   (1)   =

2. Le coût des derniers frais de votre succession

   Montant de l'impôt exigible au décès

   Montant de toute dette à rembourser en entier (hypothèques, emprunts, cartes de crédit, etc.)   +

   Frais funéraires   +

   Frais d'homologation   +

   Frais juridiques et autres frais professionnels   +

   Autres derniers frais   +

   Coût total des derniers frais   (2) =

3. Montants forfaitaires nécessaires pour financer des besoins spéciaux

   Montant nécessaire pour les études des personnes à votre charge

   Montant nécessaire pour établir un fonds d'urgence   +

   Autres besoins spéciaux   +

   Coût total des besoins spéciaux   (3) =

4. Déterminez le revenu mensuel dont les personnes à votre charge auront besoin après votre décès et qui ne sera pas remplacé par le revenu provenant d'autres sources.

   Revenu du conjoint

   Revenu de la rente de survivant   +

   Revenu du portefeuille de placements   +

   Revenu des REER ou des FERR   +

   Autres sources de revenus   +

   moins Dépenses mensuelles pour le train de vie familial -

   Montant de revenu mensuel nécessaire*   =

*Si le solde est négatif, il faut suppléer ce montant.

227

Pour estimer le montant d'assurance qu'il faut pour répondre aux besoins de votre famille, déterminez le montant de capital comme suit :

1) Montant de capital

2) Coût total des derniers frais   -

3) Coût total des besoins spéciaux   -

    Montant de capital   =

L'étape suivante consiste à établir si le capital qui reste suffit à financer le revenu annuel à remplacer. Vous pouvez aussi vous demander combien d'argent il faudrait placer pour obtenir le revenu annuel nécessaire. Vous devez tenir compte du taux d'inflation, du taux de rendement réaliste que vous pourriez atteindre, du nombre d'années pendant lesquelles le revenu sera nécessaire et du taux d'imposition de la personne qui recevra le revenu. NOTA : Ces diverses étapes ne tiennent pas compte de l'assurance qu'il faudrait pour subvenir aux besoins de l'entreprise.

QUESTION RÉPONSE

À quelle fréquence dois-je revoir mon assurance ?

Les polices d'assurance se retrouvent souvent dans le tiroir d'un classeur à ramasser la poussière. Chaque fois que votre situation familiale change ou que vous changez d'employeur ou d'assurance collective ou bien que la valeur de vos placements change, le montant et le type d'assurance dont vous avez besoin peuvent aussi changer. En avez-vous trop ? Votre couverture d'assurance est-elle suffisante ? Comme dans le cas d'un emprunt à la banque, le meilleur moment d'obtenir de l'assurance est avant que vous n'en ayez besoin. Révisez votre couverture d'assurance tous les deux ou trois ans et chaque fois qu'un changement majeur se produit.

Souscrire à une assurance-vie consiste à faire correspondre vos besoins à la police qui convient. Le montant d'assurance dont vous avez besoin à 40 ans peut être extrêmement différent du montant qu'il vous faudra à 60 ans. Si vous avez besoin de moins d'assurance que ce que vous avez en ce moment, vous pouvez réduire votre couverture par divers moyens :

- Souscrivez à une nouvelle police pour un montant moindre. (Faites attention, cependant. Une nouvelle police peut s'avérer plus onéreuse en raison de votre âge ou de votre état de santé.)

- Libérez une police existante (comme si elle avait une valeur en argent).

- Annulez-la.

- Faites-en don à une œuvre de bienfaisance.

Ces options présentent des avantages et des inconvénients, alors discutez-en avec votre conseiller pour éviter d'avoir à faire face à des conséquences fiscales défavorables et pour déterminer ce qui vous convient le mieux.

Pour souscrire à une assurance-vie, vous devez remplir une demande d'assurance.

CONSEIL

Si vous avez établi vos besoins en assurance-vie à partir de calcul reposant sur des taux d'intérêt de 10 % (selon lesquels la valeur doublerait en 7 ans), je vous recommande de refaire le calcul en fonction des taux d'intérêt d'aujourd'hui et du revenu dont votre famille a besoin. Lorsque les taux d'intérêt baissent, il faut un capital plus important pour obtenir le même revenu.

La compagnie d'assurance-vie évaluera votre demande et étudiera votre dossier médical et d'autres facteurs. Si la compagnie d'assurances accepte votre demande, elle émettra une police d'assurance-vie. Vous avez le droit d'examiner la police pour voir si elle offre la protection dont vous avez besoin. Comme dans le cas de tout contrat, prenez soin de lire la police d'assurance et de demander des explications s'il y a des clauses que vous ne comprenez pas.

La stabilité financière de la compagnie d'assurances, les caractéristiques de la police, les garanties et le coût sont des considérations importantes lors du choix de l'assureur et d'une police en particulier.

QUESTION RÉPONSE

Y a-t-il des garanties que la compagnie d'assurance-vie va payer ?

En vertu de la loi canadienne, la compagnie d'assurances a des obligations financières envers ses titulaires de polices. Les polices d'assurance précisent les situations qui ne sont pas couvertes (qui sont exclues) par le contrat, comme le suicide dans les deux ans suivant la souscription de la police. Si une compagnie d'assurances se déclare en faillite, la SIAP (Société canadienne d'indemnisation pour les assurances de personnes) garantit aux titulaires de polices une couverture d'assurance-vie allant jusqu'à 200 000 $ par personne pour toute compagnie d'assurances. Vous pouvez obtenir un livret sur le Fonds de garantie à l'intention des titulaires de polices d'assurance de personnes canadiens en téléphonant au centre d'information de la SIAP au 1 800 268-8099 (dans la région de Toronto, faites le (416) 777-2344).

Si vous avez besoin d'une couverture d'assurance-vie supérieure à 200 000 $, vous pourriez répartir le montant qu'il vous faut entre plusieurs compagnies pour maximiser votre garantie par la SIAP.

Plus le nombre de compagnies sera grand, plus votre prime totale sera élevée (puisque chaque compagnie impose des frais fixes), mais cela pourra vous garantir que la couverture sera respectée le moment voulu.

12.1.3 De quel type ?

QUESTION
RÉPONSE

Quel est le meilleur type d'assurance ?

Pas facile de répondre à une telle question. Il vous faut obtenir une couverture suffisante auprès d'un assureur réputé à un prix concurrentiel.

De nombreux produits d'assurance sont offerts sur le marché ; certains conviennent mieux à des situations particulières que d'autres. On peut classer l'assurance-vie en deux grandes catégories : l'assurance temporaire et l'assurance permanente, de nombreuses polices étant soit des combinaisons soit des variantes de ces deux grandes catégories. Le nom inscrit sur la police n'indique pas toujours le type de couverture.

Le coût d'une assurance-vie, la prime annuelle, est établi en fonction de divers facteurs comme l'âge, le sexe, le montant d'assurance demandé, le type de police, les caractéristiques particulières comme l'indexation au coût de la vie et les garanties, l'état de santé, si vous êtes fumeur ou non fumeur, vos loisirs (ex. le pilotage), les définitions de la police, la structure de prix de la compagnie d'assurances et les hypothèses sur les taux de mortalité (le taux de mortalité est le calcul de la probabilité de décès à un âge donné établi par la compagnie).

CONSEIL

Si vous décidez de rénover votre maison, vous allez obtenir plus d'une soumission ou irez en appel d'offres. Pour agir en consommateur averti en matière d'assurance-vie, je vous recommande d'obtenir plus d'une soumission pour la couverture dont vous avez besoin. (Mais n'attendez pas trop longtemps. Vous ne voulez pas mourir avant d'avoir obtenu votre assurance-vie.) Comme les noms des produits et les caractéristiques des polices varient d'une compagnie d'assurances à l'autre, comparez la couverture en fonction des caractéristiques que vous recherchez. Si la police offre des caractéristiques dont vous n'avez pas besoin, vous pourriez payer plus cher pour rien.

Assurance temporaire

L'assurance temporaire verse une prestation de décès si le décès survient au cours d'une période prévue au contrat (d'où le qualificatif temporaire). Elle procure la prestation de décès la plus élevée pour la prime la moins élevée ; vous obtenez donc le montant d'assurance maximal pour votre argent. On désigne parfois l'assurance temporaire par le nom d'assurance pure parce qu'elle ne comporte ni épargne ni placement.

Le prix d'une assurance temporaire augmente chaque fois que la police arrive à échéance. Chaque fois que la période prend fin, l'assuré est plus âgé et la probabilité qu'il décède est plus élevée, alors les primes le sont également. Les primes pour une police de un an augmentent chaque année. Les primes d'une police de 10 ans augmentent tous les 10 ans.

Certains contrats stipulent qu'ils sont renouvelables à des primes garanties. Les primes garanties ne signifient *pas* que la prime n'augmentera pas. Cela signifie plutôt que le coût de la prime à un âge donné est garanti dans le contrat pour la durée de la police. Une police temporaire renouvelable garantie de 10 ans garantit les primes et vous offre la possibilité de renouveler l'assurance sans avoir à produire une preuve de bonne santé tous les 10 ans. Avec ce type de couverture, la compagnie d'assurances ne peut pas refuser de prolonger votre assurance peu importe votre état de santé dans l'avenir.

Les raisons les plus courantes d'avoir recours à l'assurance temporaire dans un plan successoral sont de créer un patrimoine successoral instantané pour la famille et d'éliminer les dettes importantes.

CONSEIL

Si vous pouvez prouver que vous êtes en bonne santé, vous pourriez refaire une demande à la compagnie d'assurance-vie avec laquelle vous faites affaire pour voir s'il est possible d'obtenir la même police temporaire en payant une prime moins élevée. Il arrive parfois que le prix des polices change et que vous puissiez obtenir une meilleure prime. Si l'ancienne police est plus avantageuse, gardez-la.

Assurance à terme à 100 ans

Il est possible de souscrire à une assurance temporaire de façon à conserver la même prime annuelle jusqu'à un âge déterminé. Une assurance à terme à 100 ans garantit que le coût de la prime n'augmentera pas jusqu'à l'âge de 100 ans. À titre de boni supplémentaire, si vous vivez au-delà de 100 ans, vous n'avez plus à payer les primes mais la couverture se poursuit. (Ce n'est toutefois pas le cas de toutes les polices, alors vérifiez votre contrat.)

Vous pouvez aussi obtenir des assurances temporaires dont le terme est différent. La couverture (et les primes) dans le cas d'un terme à 75 ans prend fin à 75 ans. Si vous vivez jusqu'à 79 ans, votre bénéficiaire ne recevra rien de cette police. Comme l'espérance de vie des hommes et des femmes augmente de plus en plus, choisissez une police dont le terme correspond à la couverture dont vous avez besoin.

Bien qu'une police à terme à 100 ans coûte généralement plus cher qu'une police d'assurance pure lorsque vous êtes jeune, elle peut vous procurer la deuxième prestation de décès la plus élevée pour l'argent que vous dépenserez en primes. Par ailleurs, comme les primes n'augmentent pas, le titulaire conservera vraisemblablement la police à terme à 100 ans plus longtemps qu'une police de un an.

Certaines compagnies d'assurances vendent aussi une police à terme à 100 ans, ou terme fixe, qui peut offrir des valeurs de rachat en espèces garanties si vous gardez la police assez longtemps. Si vous comparez deux polices à terme à 100 ans, celle qui offre une valeur de rachat en espèces garantie peut s'avérer le meilleur choix si la différence de coût n'est pas importante.

Assurance-vie entière

L'assurance-vie entière est une assurance permanente qui allie une assurance pour toute la durée de votre vie et un volet épargne. Comme les primes de l'assurance-vie entière restent les mêmes (c'est-à-dire qu'elles n'augmentent pas), vous pouvez conserver l'assurance plus longtemps qu'une police temporaire renouvelable. Dans le cas de la police d'assurance-vie entière, le montant de la couverture obtenue par dollar de prime est moindre que la couverture obtenue par dollar de prime d'assurance temporaire.

Une prévision de la valeur de rachat calculée à partir des hypothèses de la compagnie d'assurances vous donnera une idée de la future valeur de rachat en espèces de la police. Mais rappelez-vous qu'une prévision et une garantie sont deux choses différentes. Vous pouvez disposer de la valeur de rachat en espèces d'une police d'assurance-vie entière sous forme de prêt sur police tant que la police est en vigueur ou sous forme de paiement en espèces si vous annulez la couverture.

Certaines personnes comparent la différence entre une assurance-vie entière et une assurance temporaire à la différence qu'il y a entre le fait de louer une maison ou de l'acheter. Ces personnes n'aiment pas l'idée de « gaspiller l'argent des primes » en souscrivant à une assurance temporaire. Elles préfèrent l'assurance-vie entière, car elles en retireront quelque chose au bout du compte. Mais l'assurance-vie n'a rien à voir avec la propriété. Si vous choisissez une police en raison de son volet épargne plutôt que le montant d'assurance dont vous avez vraiment besoin, vous pourriez vous retrouver sous-assuré.

Assurance-vie universelle

L'assurance-vie universelle comporte un volet assurance à terme et un volet placement ou épargne à impôt différé. Avec ce type d'assurance, vous obtenez un montant de couverture d'assurance-vie, vous payez les primes de base et vous pouvez payer des primes supplémentaires pour des placements ou de l'assurance supplémentaire. Le volet espèces de la police est placé dans des moyens de placements choisis par le titulaire de la police. Bien que la prestation de décès minimale soit habituellement garantie, la valeur de rachat en espèces et la prestation de décès maximale varient selon le rendement des placements. Des changements mineurs dans les hypothèses sur les taux d'intérêt et les taux de rendement peuvent avoir des répercussions énormes sur la valeur de rachat à venir.

On vend l'assurance-vie universelle en vantant la souplesse qu'elle offre d'augmenter (sous réserve de votre assurabilité) ou de diminuer le montant de l'assurance suivant l'évolution de votre situation. Les primes peuvent être augmentées pour maximiser le volet épargne ou diminuées ou encore, tant que le volet épargne/placement comporte suffisamment d'argent, suspendues (congé de primes), et la police peut être payée à partir de la valeur de rachat.

CONSEIL

Comparez le coût des primes d'une assurance-vie universelle avec le coût des autres types d'assurance. Examinez les garanties, le cas échéant, les prévisions côté épargne et les frais. Si vous ne maximisez pas le volet épargne/placements de la police ou profitez à plein des « congés » de primes, ce type de police pourrait s'avérer avec le temps plus onéreuse que l'assurance à terme.

12.2 La désignation d'un bénéficiaire

Au décès, la prestation de décès à laquelle donne droit la police est versée exempte d'impôt directement au bénéficiaire dont le nom apparaît sur la police. Si vous indiquez « succession » comme bénéficiaire, la prestation de décès sera versée à votre succession et pourrait occasionner des frais d'homologation. Si vous avez des créanciers, ils pourraient réclamer les produits de l'assurance-vie une fois qu'ils auront été versés à la succession.

Il y a des avantages à désigner un bénéficiaire (autre que votre succession) :

- La prestation de décès est versée directement au bénéficiaire désigné.

- Le bénéficiaire canadien n'a pas à payer d'impôt sur le montant.

- Le versement se fait rapidement (habituellement dans les 30 jours suivant la présentation d'une preuve du décès).

- Comme la prestation de décès ne passe pas par le testament, elle n'entre pas dans le calcul servant à établir les frais d'homologation.

- La prestation de décès est à l'abri des créanciers de la personne décédée, à l'exception de Revenu Canada.

Si la police comporte un prêt sur police non remboursé, le montant du prêt est soustrait de la prestation de décès avant tout versement au bénéficiaire.

Le nom du bénéficiaire sur votre police d'assurance-vie est révocable (vous pouvez le changer en tout temps) ou irrévocable (vous ne pouvez le changer sans le consentement écrit du bénéficiaire précédent). Les désignations irrévocables de bénéficiaires sont plus courantes dans les anciennes polices.

CONSEIL

On peut établir une fiducie d'assurance-vie pour la prestation de décès devant être versée à partir de la police d'assurance-vie en se servant des mêmes modalités que la fiducie testamentaire établie dans le testament de la personne décédée. La fiducie d'assurance-vie peut détenir l'argent pour les jeunes enfants ou les enfants handicapés mentaux ou les petits-enfants. L'argent placé dans une fiducie d'assurance-vie reste à l'abri des créanciers.

Il est important de garder les choix des bénéficiaires à jour sur toutes vos polices d'assurance-vie, y compris les polices d'assurance collective. Si vous désirez changer votre bénéficiaire, communiquez avec la compagnie d'assurances ou votre courtier d'assurances pour obtenir un formulaire à cet effet. Les bénéficiaires révocables peuvent également être désignés dans votre testament, mais une telle pratique peut entraîner des frais d'homologation.

CONSEIL

Pour exclure l'argent de votre patrimoine successoral, nommez un bénéficiaire subrogé sur votre police au cas où votre premier bénéficiaire décéderait avant vous. À titre d'exemple, vous voulez que votre conjoint reçoive la prestation de décès. Mais si votre conjoint décède avant vous, vous voudrez que vos enfants se divisent la prestation de décès à parts égales. Si les enfants sont mineurs, l'argent devra être détenu en fiducie jusqu'à ce qu'ils aient l'âge voulu.

12.3 Les primes d'assurance-vie et l'impôt sur le revenu

Si vous laissez tout à votre conjoint, l'impôt sur le revenu pourra être reporté après le décès de votre conjoint, lorsque les biens passeront à la génération suivante. Mais si vous survivez à votre conjoint ou que vous n'avez pas de conjoint et que vous possédez un chalet, un REER, un FERR, un portefeuille de placements ou une entreprise, vous pourriez être étonné du montant d'impôt à payer lors de la dernière déclaration de revenus. Les REER et les FERR sont traités comme s'ils avaient été encaissés et, pour ce qui est des autres biens, tous les gains en capital auparavant exempts d'impôt sont imposables.

À présent que l'exemption de 100 000 $ sur les gains en capital a été éliminée, il est encore plus important de tenir compte de l'impôt sur le revenu exigible sur les biens qui ne sont pas transférés avec exonération d'impôt. Vous voulez faire en sorte que des biens précis, comme un chalet ou une entreprise, ne seront pas vendus afin d'obtenir des liquidités pour payer l'impôt.

QUESTION RÉPONSE

J'envisage de souscrire à une assurance-vie pour payer l'impôt sur le revenu qui sera exigible à mon décès. La prestation de décès provenant d'une police d'assurance-vie est-elle imposable ?

Non.

Le recours à l'assurance-vie pour payer l'impôt et les autres dettes au moment du décès n'est pas nouveau ; les dettes ont toujours fait partie du calcul du montant dont vous avez besoin. L'estimation du montant d'impôt sur le revenu à payer au décès n'est pas une science exacte, c'est une cible mobile. Cependant, le calcul le plus rudimentaire vous donnera un chiffre de départ. Demandez-vous ensuite si vous voulez souscrire à une assurance pour le garantir. Pour certains, la vraie question à ce chapitre n'est pas « De combien d'assurance ai-je besoin ? » mais plutôt « Est-ce que je veux payer des primes d'assurance chaque année ? » et « Qu'arrivera-t-il si je ne souscris pas à une assurance ? »

CONSEIL

Avant de souscrire à une assurance-vie pour préserver la valeur de votre patrimoine successoral pour vos enfants adultes, voyez si cela s'y prête. Si vos enfants ont besoin de la pleine valeur de votre patrimoine successoral, vous pourriez augmenter la valeur après impôts de votre patrimoine en vous servant de l'assurance-vie comme épargne.

Pour souscrire à suffisamment d'assurance pour remplacer l'impôt à payer sur votre FERR lorsqu'il sera présumé encaissé, vous devez estimer la valeur future de votre FERR. Pour prévoir la future valeur de votre FERR, vous devez formuler quelques hypothèses :

• Le taux de rendement que vous recevrez de vos placements

• Les retraits que vous effectuerez

• Votre espérance de vie

 **EXEMPLE** Supposons que votre FERR vaut actuellement 213 000 $, que vous obtiendrez un rendement annuel moyen de 6,5 % et que vous retirerez le montant minimal obligatoire selon votre âge au mois de décembre de chaque année. La colonne de droite montre l'impôt éventuel à un âge donné si l'on suppose un taux marginal d'imposition de 50 %. À 78 ans, l'impôt sera de l'ordre de 100 808 $.

Âge	Valeur du FERR au début de l'année	% de retrait	Montant de retrait minimal	Valeur au 31 décembre	Impôt éventuel
69	200 000	0	0	213 000	106 500
70	213 000	4,76	10 139	216 706	108 353
71	316 706	5,00	10 835	219 957	109 978
72	219 957	7,38	16 233	218 021	109 011
73	218 021	7,48	16 308	215 885	107 942
74	215 885	7,59	16 386	213 531	106 766
75	213 531	7,71	16 463	210 948	105 474

Âge	Valeur du FERR au début de l'année	% de retrait	Montant de retrait minimal	Valeur au 31 décembre	Impôt éventuel
76	210 948	7,85	16 559	208 100	104 050
77	208 100	7,99	16 627	204 999	102 500
78	204 999	8,15	16 707	201 617	100 808
79	201 617	8,33	16 795	197 927	98 964
80	197 927	8,53	16 883	193 909	96 955
81	193 909	8,75	16 967	189 546	94 773
82	189 546	8,99	17 040	184 827	92 413
83	184 827	9,27	17 133	189 707	89 853
84	179 707	9,58	17 216	174 172	87 086
85	174 172	9,93	17 295	168 198	84 099
86	168 198	10,3	17 324	161 806	80 903
87	161 806	10,8	17 475	154 849	77 424
88	154 849	11,3	17 498	147 416	73 708
89	147 416	12,00	17 690	139 308	69 654
90	139 308	12,7	17 692	130 671	65 335

12.4 Les polices d'assurance-vie sur deux têtes

Une police d'assurance-vie sur deux têtes est une police selon laquelle la nécessité d'assurance repose sur deux vies. Le coût (les primes) est également fonction de l'âge et de la santé de deux personnes. Il y a deux types d'assurance-vie sur deux têtes : assurance sur deux têtes payable au second décès et assurance sur deux têtes payable au premier décès.

12.4.1 L'assurance sur deux têtes payable au second décès

Une police d'assurance sur deux têtes payable au second décès accorde le versement de la prestation de décès après le décès de la seconde personne assurée. Rien n'est versé au bénéficiaire avant le décès des deux personnes assurées, et les primes de la police doivent être payées tant qu'un des deux assurés est encore en vie.

À titre d'exemple, les Tremblay ont amassé un patrimoine important (maison, chalet, entreprise) qu'ils veulent laisser à leurs enfants adultes. Chacun des conjoints possède un REER pour lequel il a nommé l'autre comme bénéficiaire. Leurs autres biens sont enregistrés en copropriété afin qu'au décès du premier conjoint tous ces biens soient transférés au conjoint survivant libres d'impôt. Cependant, au décès du second conjoint, ils prévoient que le fardeau fiscal, les frais d'homologation et les honoraires juridiques seront élevés *et* ils veulent garder l'entreprise et le chalet dans la famille. Les Tremblay souscrivent à une assurance sur deux têtes payable au second décès dans le but d'obtenir suffisamment d'argent nécessaire pour payer les factures afin que leur patrimoine successoral puisse être transféré, intact, à leurs enfants.

CONSEIL

Si le but de la prestation de décès de l'assurance-vie est de payer l'impôt sur le revenu de la personne décédée, le fait de nommer la succession comme bénéficiaire permet que l'argent soit versé à la succession et soit disponible à cette fin, à moins que des créanciers présentent une réclamation contre la succession.

Le coût de ce type d'assurance est habituellement moins élevé pour un couple marié qu'une assurance offrant la même prestation de décès pour un homme célibataire du même âge. La principale raison est que les femmes vivent vraisemblablement plus longtemps que leurs conjoints et que la prestation n'est versée qu'au décès du second conjoint.

Pour estimer les coûts-avantages d'une assurance sur deux têtes payable au second décès, calculez le nombre d'années pendant lesquelles les primes seront vraisemblablement payées. Prenons Maurice et Fernande, tous deux âgés de 60 ans, qui envisagent de souscrire à une assurance sur deux têtes payable au second décès avec un terme à 100 ans. Le tableau des primes qu'ils ont consulté évaluait les coûts-bénéfices de la police pour 20 ans, ou dans ce cas précis, jusqu'à ce que Maurice ait 80 ans. Mais, selon Statistique Canada, une femme de l'âge de Fernande a 48 % de probabilité d'être encore en vie à 85 ans. Donc un tableau basé sur 20 ans serait sous-représentatif du coût possible si Fernande vit jusqu'à 85 ans. Vous devriez demander des tableaux jusqu'à 86 ou 92 ans si vous le jugez plus pertinent. Idéalement, le coût de l'assurance-vie à payer pendant votre vie devrait être inférieur au montant d'impôt sur le revenu à payer.

Lorsque le but de l'assurance est de préserver la valeur de votre patrimoine pour vos enfants, certains suggèrent de leur faire payer les primes annuelles si vous n'avez pas les moyens de les payer. C'est là une bonne idée, mais vous devrez d'abord en discuter avec eux et les convaincre de l'idée. D'après mon expérience, les gens en général ne veulent pas discuter de leurs affaires avec leurs enfants ou apprendre que les enfants n'ont pas les moyens de payer.

D'autres disent que ce n'est pas leur problème et ne veulent pas payer de primes d'assurance-vie pour compenser le fardeau fiscal. Vous pouvez vous dire que, de toute façon, vos enfants vont obtenir un bon montant, pourquoi dépenser encore plus ? Il n'y a pas de bonne ou de mauvaise réponse. Il s'agit de votre argent. Vous pouvez en faire ce qui vous plaît. Dépensez-le selon ce qui vous semble logique du point de vue économique et qui répond à votre système de valeurs et aux besoins de votre famille.

QUESTION
RÉPONSE

Je n'ai pas de conjoint. Est-il préférable de laisser ma succession payer l'impôt sur mon REER ou mon FERR ou de souscrire à une assurance-vie pour couvrir le fardeau fiscal ?

Vous devez tenir compte de votre situation et de nombreux facteurs.

- Êtes-vous assurable ?

- Avez-vous les moyens de payer les primes d'assurance ?

- Quelle serait la valeur de votre FERR à votre décès ? Le pourcentage d'augmentation sera-t-il supérieur au pourcentage de retrait que vous y ferez ?

- L'idée de payer plus d'impôts vous horripile-t-elle au point d'accepter de payer des primes de votre vivant ?

- Y a-t-il d'autres moyens de réduire le fardeau fiscal ? À titre d'exemple, si vous n'avez pas de famille et que vous désirez tout laisser à un organisme de bienfaisance enregistré, vous pourriez nommer votre succession bénéficiaire de votre FERR et dans votre testament faire un don à l'organisme et recevoir un allégement fiscal pour le don de bienfaisance. (Voir le chapitre 15.)

12.4.2 *L'assurance sur deux têtes payable au premier décès*

Une assurance-vie sur deux têtes payable au premier décès verse la prestation de décès lorsque la première personne assurée décède. À titre d'exemple, deux associés en affaires souscrivent ensemble à une assurance sur deux têtes payable au premier décès. Lorsque le premier associé décède, l'associé survivant reçoit le produit de l'assurance qui lui permet d'acheter les actions de l'autre de la succession.

12.5 La prestation de décès versée du vivant de l'assuré

Les contrats d'assurance-vie stipulent que la prestation de décès est payable uniquement après réception d'une preuve de décès. Pourtant, certains états de santé avant le décès entraînent des difficultés financières si grandes que la prestation de décès se révélerait beaucoup plus avantageuse si elle était versée du vivant de l'assuré. Les personnes malades en phase terminale qui ont une assurance-vie peuvent recevoir une partie de la prestation de décès de leur vivant — en fait, il s'agit d'une avance sur la prestation de décès pouvant atteindre 50 % (maximum de 50 000 $) de la prestation elle-même. C'est ce que les compagnies d'assurances appellent une prestation de décès versée du vivant de l'assuré.

Si la police est en cours depuis au moins deux ans et que des certificats médicaux attestent que vous êtes en phase terminale et ne devriez pas vivre plus de deux ans, vous pouvez être admissible à une prestation de décès versée du vivant de l'assuré. Certains nouveaux contrats d'assurance stipulent qu'une prestation de décès versée du vivant de l'assuré est offerte. Si vous vous retrouvez dans une situation semblable, vérifiez auprès de votre compagnie d'assurances, même si la prestation versée du vivant n'est pas stipulée formellement, pour voir si elle a mis en œuvre une telle prestation.

Des malades en phase terminale ont racheté leurs polices à perte ou utilisé leur police d'assurance comme nantissement afin de surmonter leurs difficultés financières.

QUESTION RÉPONSE

Je suis un veuf de 76 ans et je suis en bonne santé. Comment puis-je réduire les impôts que le fisc veut percevoir à mon décès ?

Les règles fiscales ne vous favorisent pas. Vous devez d'abord évaluer le fardeau fiscal. Voici quelques idées à considérer pour régler le problème des impôts éventuels :

- Si vous laissez un héritage important, vous pourriez souscrire à une assurance-vie. Le produit de l'assurance procurera les liquidités nécessaires pour payer les impôts qu'exige Revenu Canada (et Revenu Québec, dans le cas des contribuables québécois).

- Donnez une partie de votre patrimoine pour qu'il ne soit plus en votre possession au moment de votre décès.
- Envisagez des dons de bienfaisance pour compenser les impôts.

Chapitre 13

Les fiducies

C'est tellement difficile de savoir si je fais la bonne chose pour mon fils. Il a 20 ans et je ne sais pas à quel âge il aura la sagesse qu'il faut pour gérer tout mon argent. Je lui ai tout laissé en fiducie jusqu'à ce qu'il ait 30 ans et j'ai choisi des fiduciaires qui comprennent mes volontés. J'espère que j'ai bien fait.

L.

Les fiducies existent depuis des siècles et on peut y avoir recours pour une foule de raisons, mais toutes confient à un fiduciaire des biens au nom d'autres personnes. Les fiducies peuvent être établies après votre décès (fiducie testamentaire) ou de votre vivant (fiducie entre vifs). Le présent chapitre explique en quoi consiste une fiducie et donne quelques moyens de s'en servir dans la planification successorale ou la planification fiscale ou pour répondre à un besoin familial.

Bien que les fiducies ne conviennent pas à tous, on s'en sert dans diverses situations comme :

- la gestion de l'argent des enfants jusqu'à ce qu'ils soient plus vieux ;

- la gestion des biens d'un enfant ou d'un conjoint qui ne peut s'en occuper pour des raisons d'invalidité, d'âge ou d'incapacité mentale ;

- la planification fiscale (bien que des modifications des règles fiscales la rendent de plus en plus difficile) ;

- la protection des biens contre les poursuite et les créanciers ;

- la répartition du revenu entre les membres de la famille ;

- les dons de bienfaisance ;

- la réduction des frais d'homologation ;

- solution de rechange au mandat si votre situation exige des instructions plus officielles ;

- la protection des renseignements personnels puisque les fiducies sont privées, alors que les biens qui sont transmis par testament peuvent devenir de notoriété publique.

De certains points de vue, la fiducie semble s'occuper de la distribution de biens qui aurait pu se faire par un testament. En réalité, une fiducie testamentaire est établie par testament. Cependant, il arrive qu'une personne désire établir une fiducie de son vivant.

Comme c'est le cas pour toute stratégie financière, vous devez peser le pour et le contre avant d'établir une fiducie. Dans les cas simples, la fiducie n'est peut-être pas réaliste ou rentable. Dans d'autres, comme une fiducie pour un enfant mineur ou un adulte invalide, les coûts passent au second plan.

En termes simples, une fiducie est un contrat officiel par lequel le propriétaire (qu'on appelle le constituant) transfère ses biens à une fiducie. Un fiduciaire est nommé pour suivre les règles du contrat de fiducie et pour gérer les biens pour les bénéficiaires qui, en bout de ligne, tireront avantage de ces biens.

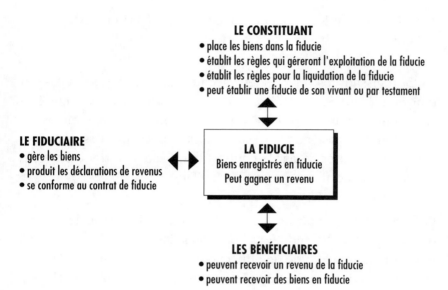

LE CONSTITUANT
- place les biens dans la fiducie
- établit les règles qui géreront l'exploitation de la fiducie
- établit les règles pour la liquidation de la fiducie
- peut établir une fiducie de son vivant ou par testament

LE FIDUCIAIRE
- gère les biens
- produit les déclarations de revenus
- se conforme au contrat de fiducie

LA FIDUCIE
Biens enregistrés en fiducie
Peut gagner un revenu

LES BÉNÉFICIAIRES
- peuvent recevoir un revenu de la fiducie
- peuvent recevoir des biens en fiducie

13.1 Le contrat de fiducie

Les règles d'une fiducie testamentaire apparaissent dans le testament. Les règles d'une fiducie entre vifs ou fiducie viagère apparaissent dans un contrat de fiducie séparé, qu'on appelle aussi acte de fiducie. Les modalités de la fiducie précisent habituellement ce qui suit :

- Le but de la fiducie

- Les biens à mettre en fiducie

- Les bénéficiaires de la fiducie

- Les noms des fiduciaires que vous nommez

- Les pouvoirs accordés aux fiduciaires
- Les avantages que les bénéficiaires recevront de la fiducie et le moment auquel ils y auront droit
- La façon dont les biens en fiducie seront distribués en bout de ligne

La loi régissant les fiducies leur accorde une grande souplesse et tant que le but est légal, les modalités de la fiducie peuvent être aussi personnelles que l'est votre situation et aussi limitées ou aussi souples que vous le désirez. Tout aspect qui n'est pas couvert de façon précise par le contrat de fiducie sera traité en vertu des lois provinciales régissant les fiducies.

Pour éviter les complications d'ordre fiscal ou juridique, le contrat de fiducie doit être rédigé par un spécialiste en droit successoral qui connaît bien le type de fiducie que vous voulez établir. Si vous avez besoin des conseils d'un expert dans le domaine, ne lésinez pas. L'exactitude du libellé juridique est très importante. Une fois le contrat établi, il est très difficile, très coûteux et parfois même impossible de le modifier. Un contrat de fiducie mal rédigé peut finir par vous coûter très cher, à vous ou à vos bénéficiaires.

Une fiducie peut durer de nombreuses années ou encore les biens qu'elle détient peuvent être distribués selon les dispositions du contrat à votre décès ou au décès du dernier bénéficiaire survivant. Si tous les bénéficiaires ont plus de 18 ans, ils peuvent demander au fiduciaire de distribuer les biens en fiducie plus tôt que ne le prévoient les dispositions du contrat. Il s'agit d'un moyen de dissoudre la fiducie lorsqu'elle ne sert plus à rien. (Attention : les bénéficiaires doivent obtenir un avis juridique et financier impartial avant de demander la dissolution de la fiducie afin de s'assurer qu'ils ne renoncent pas à quelque avantage fiscal ou juridique.)

13.2 Les bénéficiaires

Les bénéficiaires d'une fiducie reçoivent l'avantage des biens détenus en fiducie soit immédiatement ou plus tard. Les bénéficiaires peuvent être soit des bénéficiaires du revenu ou des bénéficiaires du capital, ou les deux à la fois. En général, les bénéficiaires du revenu ont droit au revenu (comme le revenu d'intérêt, de dividende ou de rente gagné par la fiducie) et les bénéficiaires du capital ont droit au capital de la fiducie (comme les actions, les CPG et l'immobilier).

13.3 Le fiduciaire

Le fiduciaire est responsable de la gestion des biens détenus en fiducie et doit :

- gérer et contrôler les biens en vertu du contrat de fiducie et de la Loi sur les fiduciaires de la province ;
- agir au mieux des intérêts de tous les bénéficiaires ;
- exécuter les tâches avec honnêteté, compétence et le plus grand soin ;
- exécuter lui-même les tâches et ne pas les déléguer à d'autres ;
- agir sans conflit d'intérêts.

Les fiduciaires peuvent être tenus personnellement responsables de toute perte financière encourue s'ils ne s'acquittent pas de leurs responsabilités. Il arrive parfois que le contrat de fiducie stipule que le fiduciaire est libéré de toute responsabilité financière pourvu qu'il ait agi de bonne foi.

Les fiduciaires sont tenus d'agir de façon impartiale et doivent parfois prendre des décisions difficiles au mieux des intérêts de tous les bénéficiaires. Prenons un contrat de fiducie qui a été établi pour un conjoint et qui stipule qu'à son décès tout le capital en fiducie disponible devra être distribué aux enfants à parts égales. Un contrat pourrait spécifier que le conjoint a droit seulement au revenu gagné par la fiducie. Un autre pourrait accorder au fiduciaire tous les pouvoirs discrétionnaires, y compris celui de donner au conjoint le revenu de la fiducie *et* tous les biens. De telles fiducies de conjoint pourraient rapporter des revenus différents au conjoint et des patrimoines successoraux très différents aux enfants. Au pire, le premier contrat pourrait faire en sorte que le conjoint ne reçoive pas suffisamment d'argent pour assurer son train de vie normal (car il obtient uniquement le revenu gagné par la fiducie). Le deuxième contrat pourrait être très généreux pour le conjoint mais en laisser peu à distribuer aux enfants. Prenons un autre exemple : Carl et Éric sont les deux enfants bénéficiaires. Carl a besoin d'une certaine somme pour payer ses études. Si Carl retire de l'argent de la fiducie, Éric pourrait percevoir ce geste comme une utilisation d'une partie des avantages auxquels il aura droit plus tard. Pour aider le fiduciaire, l'acte de fiducie devrait préciser les intentions du constituant.

Le fiduciaire que vous choisissez peut être un membre de la famille ou un ami en qui vous avez confiance. On choisit parfois un fiduciaire professionnel. Un fiduciaire professionnel, comme une société de fiducie, peut s'avérer un choix utile, en particulier dans les cas suivants :

- Les biens devant être détenus sont particulièrement complexes ou de grande valeur.

- La fiducie durera de nombreuses années.

- Il faut des connaissances particulières.

- Les membres de la famille pourraient avoir de la difficulté à agir de façon impartiale.

Vous pouvez envisager de nommer un fiduciaire professionnel et un membre de la famille comme cofiduciaires. Avec un contrat du genre, vous obtenez l'avis d'un professionnel et la participation d'une personne qui représente les intérêts de la famille.

CONSEIL

Si le contrat de fiducie est rédigé par un avocat ou un notaire représentant un fiduciaire professionnel, vous devriez obtenir un avis juridique impartial pour vous assurer que le document protège adéquatement toutes les parties en cause.

Comme c'est le cas pour la plupart des documents de planification successorale, nommez un fiduciaire subrogé. Si votre fiduciaire décède et que votre contrat de fiducie ne nomme pas de relève, votre fiduciaire pourrait être remplacé par son propre liquidateur.

13.3.1 Les pouvoirs du fiduciaire

Les pouvoirs du fiduciaire sont accordés par la loi provinciale régissant les fiduciaires (au Québec, le Code civil) et le contrat de fiducie. Vous pouvez donner au fiduciaire des instructions très précises dans le contrat de fiducie. Si vous désirez accorder à votre fiduciaire le pouvoir étendu de distribuer le revenu et le capital et de prendre les décisions de placements qu'il juge appropriées, vous devez préciser vos intentions dans les modalités de la fiducie.

Certains mettent toute leur énergie à choisir un bon fiduciaire. Puis, plutôt que de rédiger des instructions pour chacune des situations possibles, ils accordent au fiduciaire des pouvoirs étendus afin qu'il prenne des décisions au mieux des intérêts des bénéficiaires. De tels pouvoirs discrétionnaires permettent au fiduciaire d'user de son jugement pour prendre les meilleures décisions qui soient. À titre d'exemple, si vous placez de l'argent en fiducie pour votre fils de 5 ans, vous ne pouvez pas savoir combien coûteront des études universitaires dans 15 ans. S'il a des pouvoirs discrétionnaires, votre fiduciaire pourra verser le montant nécessaire ; ainsi, vous n'avez pas à stipuler un montant à utiliser dans 15 ans. Pour savoir si cette stratégie vous convient, il faut tenir compte de la personne que vous nommez comme fiduciaire et de vos bénéficiaires.

Le contrat de fiducie doit accorder au fiduciaire le pouvoir nécessaire pour bien gérer la fiducie. Dans certaines provinces, les fiduciaires doivent suivre la règle du bon père de famille, c'est-à-dire faire des placements prudents. Dans d'autres, ils doivent se conformer à une liste de placements admissibles. Si vous souhaitez que votre fiduciaire ait tous les pouvoirs en matière de placements, vous devez explicitement les lui accorder.

13.4 Les fiducies testamentaires

Une fiducie testamentaire reçoit ses instructions du libellé du dernier testament. Les clauses du testament nomment les bénéficiaires, les biens à détenir en fiducie et la façon de les gérer et, en bout de ligne, de les distribuer. Le coût d'établissement d'une fiducie testamentaire est inclus dans les honoraires du notaire au moment de la préparation du testament. On peut modifier les modalités de la fiducie testamentaire simplement en mettant à jour son testament soit au moyen d'un codicille ou en préparant un nouveau testament. (Voir le chapitre 14 pour en savoir plus.)

Votre succession est un type de fiducie testamentaire puisque les biens sont détenus en attendant d'être distribués à vos bénéficiaires. Souvent, le fiduciaire d'une fiducie testamentaire est également le liquidateur testamentaire. Mais, contrairement à votre succession, une fiducie testamentaire peut durer des années.

Les types courants de fiducies testamentaires sont la fiducie de conjoint et les fiducies familiales. Les fiducies familiales se répartissent comme suit :

• Fiducies pour enfants mineurs qui ne peuvent détenir les biens directement

• Fiducies pour les dépensiers

• Fiducies pour les membres de la famille ayant des besoins spéciaux

13.4.1 Les fiducies de conjoint

Une fiducie de conjoint détient des biens dans l'intérêt exclusif d'un conjoint survivant et peut être établie à l'aide de l'héritage en tout ou en partie. Autrefois, on établissait des fiducies de conjoint pour les veufs qui n'avaient aucune expérience dans la gestion des biens dont ils héritaient. De nos jours, elles servent à plusieurs fins, dont les suivantes :

• Partager le revenu lorsque votre conjoint a un revenu. Supposez que la moitié de votre patrimoine successoral est laissé directement à votre conjoint, que l'autre moitié est placée dans une fiducie de conjoint et que le revenu est imposé dans la fiducie. Chaque année, il faut produire deux déclarations de revenus, l'une pour votre conjoint et l'autre pour la fiducie, ce qui pourrait se traduire par une économie d'impôt à verser.

EXEMPLE Vous avez 100 000 $ de placements qui rapportent 10 000 $ de revenu par année. Si vous laissez les 100 000 $ directement à votre conjoint, il devra ajouter les 10 000 $ à ses autres revenus. L'impôt de votre conjoint sur les 10 000 $ pourrait atteindre 5 000 $ (en supposant un taux marginal d'imposition de 50 %). Mais si vous laissez les 100 000 $ dans une fiducie testamentaire pour votre conjoint, l'impôt serait d'environ 2 500 $ par année, soit une économie d'impôt de 2 500 $ par année.

- Subvenir aux besoins de votre conjoint *et* conserver les biens dans la fiducie pour vos enfants au cas où votre conjoint se remarie.

- Subvenir aux besoins de votre conjoint et faire en sorte que vos enfants d'un mariage antérieur reçoivent quelque chose de votre patrimoine successoral. Une fiducie de conjoint peut garantir un revenu à vie à votre conjoint mais à son décès permet de distribuer le reste des biens à vos enfants. Cela signifie que l'héritage de vos enfants ne repose pas sur le bon vouloir d'un beau-parent ni sur les intentions du testament du beau-parent.

- Réduire les frais d'homologation. À titre d'exemple, si vous laissez votre portefeuille d'obligations de 100 000 $ à votre conjoint par testament, des frais d'homologation seront facturés pour ces obligations. Au décès de votre conjoint, il y aura encore des frais d'homologation. Si, par contre, à votre décès, les obligations sont détenues dans une fiducie testamentaire de conjoint jusqu'au décès de votre conjoint, elles pourraient alors être distribuées à vos enfants conformément au contrat de fiducie, ce qui éviterait des deuxièmes frais d'homologation.

Selon le droit de la famille ou les lois sur les biens matrimoniaux en vigueur dans votre province, vous pourriez avoir besoin d'un contrat de mariage pour indiquer que votre conjoint consent à recevoir l'héritage au moyen d'une fiducie.

13.4.2 Les fiducies familiales

On peut établir des fiducies pour des membres de la famille autres que le conjoint, la plupart du temps pour de jeunes enfants ou des enfants ayant des besoins spéciaux ou aux fins de planification fiscale. Le libellé de votre testament précise les règles de la fiducie et ces dernières peuvent être propres à votre situation.

Les fiducies pour enfants

Les enfants n'ont pas le droit légal de détenir des biens avant l'âge de la majorité. S'ils reçoivent un héritage, ce dernier doit être détenu en fiducie jusqu'à ce que l'enfant puisse y avoir droit. Si aucune fiducie n'est établie, l'héritage sera géré par le curateur public (l'État) jusqu'à ce que l'enfant atteigne l'âge de la majorité. L'enfant recevra alors la totalité de l'héritage d'un seul coup. Même si votre enfant est en âge de posséder légalement des biens, que diriez-vous si votre fils de 18 ans recevait directement un important héritage, ce qui vous a pris toute une vie à acquérir ?

Vous pouvez établir par testament une fiducie testamentaire en précisant à quel moment et de quelle façon l'argent sera distribué. Les instructions pourraient stipuler, par exemple, ce qui suit :

• Le revenu gagné par la fiducie est versé à l'enfant chaque année, mais le capital est détenu jusqu'à un âge que vous définissez, avec ou sans versement discrétionnaire pour les besoins spéciaux.

• Toutes les distributions de la fiducie sont laissées à la discrétion du fiduciaire.

• Le revenu et le capital de la fiducie peuvent être versés en tout temps à condition qu'ils servent au paiement des études.

QUESTION
RÉPONSE

Que dois-je faire si je ne veux pas que mes enfants reçoivent leur héritage à 18 ans?

Votre testament pourrait établir une fiducie testamentaire qui veillerait à payer leurs études et d'autres dépenses. Il y a plusieurs façons de s'y prendre. À titre d'exemple, chaque enfant pourrait recevoir la moitié de sa part restante à l'âge de 25 ans et l'autre moitié à 30 ans.

Les fiducies de partage du revenu

Les grands-parents veulent parfois laisser de l'argent à leurs petits-enfants pour payer leurs études ou d'autres dépenses plutôt que de laisser leur héritage directement à leurs propres enfants, peut-être mieux établis. Le parent du petit-enfant (votre enfant) pourrait agir comme fiduciaire, s'il est en mesure de le faire de façon impartiale au nom de ses enfants.

QUESTION
RÉPONSE

J'ai trois petits-enfants pour qui je voudrais placer de l'argent en fiducie. Dois-je établir une seule fiducie pour les trois enfants ou est-il préférable d'avoir trois fiducies séparées?

Vous pouvez faire les deux. Le but de trois fiducies séparées serait surtout de produire trois déclarations de revenus séparées et de faire payer l'impôt par chaque fiducie au taux d'imposition le plus bas possible. Cependant, il est arrivé, par le passé, que Revenu Canada décide que si les bénéficiaires sont de la même classe, les revenus de ces fiducies doivent être imposés ensemble.

L'établissement d'une fiducie pour les petits-enfants pourrait permettre à la famille un partage quelconque du revenu. Le revenu gagné sur l'héritage en fiducie pourrait payer l'impôt à un taux inférieur que s'il était laissé directement au parent (pour l'enfant) et imposé au taux d'imposition plus élevé du parent. Cependant, bien qu'en principe il s'agisse d'une stratégie rentable, je ne vous la recommande pas vraiment. Vos propres enfants pourraient en être offensés et se sentir écartés même s'ils comprennent votre raisonnement. Par ailleurs, n'oubliez pas que certains parents croient leurs enfants mieux nantis qu'ils ne le sont en réalité.

EXEMPLE

Montant à mettre de côté pour le petit-enfant	50 000 $

50 000 $ DÉTENUS EN FIDUCIE TESTAMENTAIRE POUR L'ENFANT

Revenu annuel gagné en fiducie (à 10 %)	5 000 $
Coût annuel d'administration de la fiducie	0
Revenu de la fiducie	5 000 $
Impôts sur le revenu payés par la fiducie (fédéral et provincial)	1 075 $
Revenu net de la fiducie	3 925 $

50 000 $ LAISSÉS AU PARENT DIRECTEMENT POUR LE PETIT-ENFANT

Revenu annuel gagné au nom du parent	5 000 $
Impôts payés selon le taux d'imposition du parent	2 500 $
Revenu net pour l'enfant	2 500 $
Économies annuelles de la famille (parent/petit-enfant)	1 425 $

Les fiducies pour les enfants de plus de 18 ans

Une fiducie testamentaire établie pour des enfants de plus de 18 ans peut protéger les biens des créanciers de vos enfants ou d'un règlement de divorce. Vous pourriez discuter avec vos enfants des dettes qui pourraient les attendre. À titre d'exemple, des professionnels, comme des médecins, des avocats et des comptables, enregistrent encore leur maison au nom de leur conjoint pour protéger leurs biens des créanciers ou des poursuites.

Selon le montant, il pourrait également être possible de profiter d'un partage du revenu (semblable à une fiducie de conjoint).

Les fiducies pour dépensiers

Une fiducie pour dépensiers, appelée parfois fiducie de protection, sert à gérer les biens de personnes qui ne seraient pas en mesure de s'occuper de ces biens s'ils les recevaient directement. À titre d'exemple, votre fils aîné s'est marié deux fois et a fait faillite. Si vous lui laissez les biens directement par testament, vous croyez que ceux-ci ne dureront pas longtemps. Vous pourriez établir une fiducie testamentaire qui lui donnerait droit au revenu des biens sans lui donner le contrôle de ces biens.

Les fiducies pour des membres de la famille ayant des besoins spéciaux

Vous pourriez utiliser une fiducie testamentaire pour fournir des fonds aux bénéficiaires qui sont à votre charge et qui ne seront jamais en mesure de gérer leurs affaires financières en raison d'invalidité ou d'incapacité mentale. Il peut s'agir d'un parent âgé ou d'une personne atteinte d'incapacité physique ou mentale. À titre d'exemple, une personne handicapée physique peut être en mesure de gagner un revenu, mais ses parents veulent mettre de l'argent en fiducie au cas où elle ne pourrait plus travailler et subvenir à ses besoins. Au cas où il resterait des biens en fiducie au décès de la personne ayant des besoins spéciaux, la fiducie doit également nommer des bénéficiaires.

La valeur de votre patrimoine successoral, les biens placés en fiducie et la façon dont les biens sont gérés détermineront si les fonds suffiront à subvenir aux besoins de la personne. Si le membre de la famille est invalide et reçoit des prestations d'aide sociale ou une prestation de formation, l'héritage pourra avoir des répercussions sur son admissibilité aux prestations. Si c'est le cas, discutez des options qui s'offrent à vous avec un avocat ou un notaire qui a de l'expérience avec des familles aux prises avec de telles situations pour voir si la fiducie peut être établie de façon à ne pas nuire au versement de ces prestations.

13.5 Les fiducies entre vifs

Une fiducie entre vifs est mise sur pied du vivant du constituant et on l'appelle parfois fiducie viagère. Au fil des ans, ce type de fiducie a servi au partage du revenu entre les membres de la famille et à la planification financière. À présent que les lois se resserrent, les fiducies entre vifs servent souvent à la planification successorale lorsqu'il est préférable de transférer les biens à une fiducie du vivant du constituant plutôt que par testament ou au moyen d'une fiducie testamentaire.

Les fiducies entre vifs peuvent servir en planification successorale pour les raisons suivantes :

- Minimiser les impôts sur le revenu exigibles au décès, en gelant la valeur des placements ou des actions d'une entreprise.

- Assurer aux bénéficiaires la protection des renseignements personnels puisque les biens en fiducie ne sont pas de notoriété publique.

- Procurer à un particulier l'usage d'un bien avec instructions d'en transférer la propriété à quelqu'un d'autre au décès.

- Minimiser les frais d'homologation.

- Faire don à un organisme de bienfaisance (voir le chapitre 15).

- Remplacer une procuration puisqu'un contrat de fiducie peut donner suffisamment de renseignements et de contrôle sur la gestion des biens.

- Mettre les biens à l'abri des créanciers.

QUESTION
RÉPONSE

Qu'est-ce qu'une fiducie révocable ?

Une fiducie révocable est une fiducie à propos de laquelle vous vous réservez le droit de changer d'idée et de récupérer les biens. Les biens en fiducie ne seraient pas soumis à des frais d'homologation puisque, en principe, les biens en fiducie appartiennent aux bénéficiaires. Une fiducie révocable peut offrir une protection limitée contre les créanciers si les dettes n'étaient pas contractées au moment de l'établissement de la fiducie.

Avec une fiducie irrévocable, vous ne pouvez pas changer d'idée et récupérer les biens. Une fiducie irrévocable peut présenter certains avantages fiscaux, mais vous perdez alors le contrôle de vos biens.

Les fiducies entre vifs peuvent être révocables ou irrévocables.

13.6 Les fiducies au porteur

Certains biens peuvent être détenus dans de simples fiducies au porteur pour les enfants de moins de 18 ans ; vous en avez peut-être établi une à la banque. L'enregistrement du compte pourrait se lire comme suit : « Marie Lambert en fiducie au bénéfice de Julie Lambert », Julie étant la fille de Marie. Les règles d'attribution de Revenu Canada s'appliquent à de tels comptes. (Voir le chapitre 6 sur les règles d'attribution du revenu.)

Comme ce type de « fiducie » ne comporte pas de contrat de fiducie, ce n'est pas une fiducie officielle. Légalement, les biens d'une fiducie au porteur deviennent la propriété de l'enfant lorsque ce dernier atteint l'âge de la majorité. Si vous prévoyez que le montant à être détenu en fiducie sera important ou que vous ne voulez pas que l'enfant ait accès aux fonds avant qu'il soit plus vieux, ce type de fiducie ne convient pas. Il est préférable d'établir un contrat de fiducie en bonne et due forme et d'en déterminer les modalités.

13.7 Les fiducies et les impôts

Le fiduciaire est tenu de produire chaque année une déclaration de revenus T3 séparée pour la fiducie lorsque la fiducie doit payer des impôts ou verser un revenu à un bénéficiaire. Certaines dépenses de la fiducie sont déductibles du revenu imposable. Dans la plupart des cas, le taux d'impôt provincial payé par la fiducie dépend de l'endroit où habite le fiduciaire.

13.7.1 Les fiducies testamentaires

Lorsque les biens sont transférés à une fiducie testamentaire qui n'est pas une fiducie de conjoint, l'impôt sur tout gain en capital provenant de la vente « présumée » de ces biens jusqu'à la date de décès est versé lorsqu'est effectuée la déclaration finale du défunt.

Lorsqu'un bien est transféré à une fiducie testamentaire de conjoint (au moyen d'une disposition de roulement au conjoint), l'impôt peut être reporté jusqu'au décès du conjoint survivant, comme si les biens avaient été laissés directement au conjoint.

Imposition continue

Le revenu gagné sur les biens détenus en fiducie testamentaire est imposé suivant un taux d'imposition progressif, comme le revenu d'un particulier. Lorsque le revenu gagné est modeste, le taux d'imposition est faible ; lorsque le revenu gagné est élevé, le taux d'imposition est plus élevé. Une fiducie testamentaire n'a droit à aucun crédit d'impôt personnel ni à aucun autre crédit d'impôt non remboursable.

13.7.2 Les fiducies entre vifs

Lorsque les biens sont transférés dans une fiducie entre vifs, ils sont « présumés » avoir été vendus à la juste valeur marchande. À titre d'exemple, si la valeur du bien a augmenté, le constituant devra payer de l'impôt sur les gains en capital jusqu'au moment du transfert.

Imposition *continue*

Les règles fiscales pour les fiducies entre vifs sont moins intéressantes qu'il y a 10 ans. Depuis 1985, les modifications à la Loi de l'impôt sur le revenu du gouvernement fédéral a limité le recours aux fiducies entre vifs pour le partage du revenu entre les membres de la famille. En vertu des règles fiscales pour l'attribution de Revenu Canada, les fiducies entre vifs s'avèrent plus intéressantes lorsqu'on s'en sert pour les enfants de plus 18 ans plutôt que pour ceux de moins de 18 ans.

La fin de l'exercice de toutes les fiducies entre vifs est le 31 décembre et tout le revenu en fiducie est imposé au taux maximal le plus élevé. Autrement dit, presque la moitié de chaque dollar de revenu gagné par la fiducie va à Revenu Canada. En 1997, une fiducie entre vifs ayant un revenu imposable de 40 000 $ devra payer environ 20 000 $ en impôts fédéral et provincial (une fiducie testamentaire ne paierait que 12 225 $).

Avant 1996, une fiducie entre vifs pouvait nommer bénéficiaires privilégiés un groupe de bénéficiaires. De cette façon, le revenu pouvait être conservé en fiducie et imposé comme s'il avait été versé au bénéficiaire. Si le bénéficiaire avait peu ou pas d'autre revenu, il avait peu ou pas d'impôt à payer *et* le revenu pouvait continuer à croître dans la fiducie.

En 1996, la nomination de bénéficiaires privilégiés a été abolie, sauf dans le cas de bénéficiaires qui reçoivent des crédits d'impôt pour incapacité physique ou mentale. Dans le cas de tous les autres bénéficiaires, le revenu de fiducie doit être versé aux bénéficiaires pour qu'ils puissent se prévaloir de leur taux d'imposition. Les gains en capital et le revenu de dividende jouissent encore de l'avantage fiscal. À titre d'exemple, lorsque la fiducie gagne un revenu de dividende d'une société canadienne et qu'elle le verse au bénéficiaire, le bénéficiaire peut le déclarer comme un revenu de dividende et obtenir un crédit d'impôt pour dividende.

CONSEIL

Si la fiducie avait recours à la nomination de bénéficiaires privilégiés, vous pouvez encore utiliser le taux d'imposition inférieur de l'enfant et conserver le contrôle sur l'argent si le revenu de fiducie peut servir à payer les études de l'enfant et d'autres dépenses chaque année.

13.7.3 La règle des 21 ans

Après 21 ans, les fiducies sont tenues de déclarer une « disposition présumée » des biens à leur juste valeur marchande. L'impôt est exigé sur tout profit découlant de cette « vente », de sorte que les biens ne puissent pas être à l'abri de l'impôt indéfiniment en étant détenus en fiducie.

Des fiducies avec bénéficiaires privilégiés ont réussi à reporter la disposition présumée jusqu'au décès du dernier bénéficiaire privilégié, ce qui pouvait se prolonger sur plusieurs générations. À compter de janvier 1999, le report de la règle des 21 ans sera abolie pour les fiducies familiales avec bénéficiaires privilégiés et l'impôt sur les profits sera exigible.

CONSEIL

Dans le cas des fiducies qui ont été mises sur pied avant 1979 et dont la valeur des biens a augmenté, déterminez avec votre comptable le meilleur plan à adopter pour janvier 1999. Vous devez éviter que la fiducie se retrouve avec un impôt énorme et sans liquidités pour le payer.

D'un côté, avoir les liquidités pour payer l'impôt peut exiger que vous vendiez quelques-uns des biens avant 1999. Par exemple, une famille fortunée avait mis sur pied une fiducie familiale pour détenir une collection d'antiquités canadiennes. La valeur de la collection a considérablement augmenté, mais la fiducie n'a pas été exemptée de déclarer des gains en capital en raison de la nomination de bénéficiaires privilégiés. La fiducie aura d'énormes impôts à payer sur les gains en capital en 1999 et il faudra peut-être vendre quelques antiquités pour les acquitter. D'ici 1999, les fiduciaires prévoient vendre quelques pièces pour minimiser le fardeau fiscal et faire en sorte qu'ils n'auront pas à vendre de pièces à rabais.

D'un autre côté, cette modification pourrait se traduire par la distribution de quelques biens directement aux bénéficiaires avant 1999. Mais il faut d'abord revoir les raisons pour lesquelles la fiducie a été établie. Est-ce principalement pour gérer et contrôler les biens ? Si oui, il n'est peut-être pas souhaitable de retirer les biens de la fiducie puisque le fiduciaire n'aura plus de contrôle direct sur les biens.

Si le contrat de fiducie n'accorde pas au fiduciaire le pouvoir de s'adapter aux nouvelles réalités fiscales, le fiduciaire pourrait devoir s'adresser aux tribunaux pour modifier officiellement les modalités de la fiducie.

QUESTION
RÉPONSE

Qu'est-ce qu'une fiducie de protection des biens ?

Une fiducie de protection des biens est une fiducie établie en vue de protéger les biens des créanciers ou de la rupture d'un mariage. Comme les biens en fiducie sont en principe hors de votre contrôle, les créanciers ne peuvent avoir accès à ces biens pour le règlement de vos dettes. Mais si vos créanciers ou votre conjoint séparé peuvent prouver que vous avez établi la fiducie pour vous soustraire à vos obligations juridiques, une fiducie de protection des biens ne vous apportera aucune « protection ». Les minimums suggérés pour une fiducie de protection des biens extraterritoriale sont de 250 000 $ (et de préférence 500 000 $ pour compenser les frais d'établissement et d'administration).

13.8 Les coûts d'établissement et d'entretien d'une fiducie

L'établissement d'une fiducie entraîne des frais : frais juridiques, frais d'administration continus et frais de distribution finale. Si votre province dispose de lignes directrices écrites sur les frais, les maximums sont établis selon la loi sur les fiduciaires de la province où habite le fiduciaire. Dans le cas d'une fiducie testamentaire, le coût d'établissement est compris dans le coût de rédaction du testament. Pour une fiducie entre vifs, le coût d'établissement comprend les frais juridiques pour l'établissement du contrat de fiducie.

Les coûts d'établissement et d'entretien d'une fiducie sont fonction de la complexité de la fiducie, de la valeur des biens devant être détenus en fiducie et du recours aux services d'un fiduciaire professionnel. Si le fiduciaire est un membre de la famille, il n'y a habituellement pas de frais de fiduciaire. En général, des biens d'une valeur inférieure à 100 000 $ ne suffiraient pas à compenser les coûts d'une gestion professionnelle. En fait, les petites fiducies doivent payer des frais minimums pour les services d'un fiduciaire professionnel et ces frais s'avèrent dissuasifs.

Questions à poser au fiduciaire à propos des frais

Y a-t-il des frais annuels :

Oui	Non	
❑	❑	pour préparer la déclaration de revenus ?
❑	❑	pour gérer les biens, en fonction de la valeur de ces biens ?
❑	❑	pour les services du fiduciaire ?
❑	❑	en fonction du revenu gagné par la fiducie ?
❑	❑	en fonction de l'argent versé par la fiducie chaque année ?
❑	❑	pour la distribution des biens aux bénéficiaires ?

Si « oui », demandez à voir le barème des frais et qu'on vous explique le calcul des frais.

Les frais des fiduciaires peuvent se négocier, en particulier si la valeur des biens est considérable.

CONSEIL

Les frais d'administration annuels pour une fiducie entre vifs avec des biens d'une valeur de 500 000 $ rapportant 10 % annuellement pourraient se calculer comme suit :

268

Frais annuels pour la préparation de la déclaration de revenus	350 $
Frais d'administration annuels (1/2 de 1 %)	2 500 $
Frais basés sur le revenu gagné et versé (5 % de 50 000 $)	2 500 $
Total annuel	5 350 $

Le fiduciaire peut également exiger des frais au moment de liquider la fiducie et de distribuer l'ensemble des biens aux bénéficiaires du capital. Les frais sont calculés en fonction de la valeur des biens et du type de documents que nécessite le transfert de propriété de la fiducie aux bénéficiaires.

Le curateur public, s'il doit agir comme fiduciaire, a le droit d'exiger des frais de fiduciaire, bien que, dans le cas de petits comptes ou de gens prestataires de l'aide sociale, le curateur public renonce à sa rémunération.

13.9 Que faire avec le chalet familial ?

Vous aurez peut-être à décider ce qu'il faut faire avec le chalet familial. Les familles doivent explorer toutes les avenues, y compris établir une fiducie, afin de trouver la solution qui leur convient le mieux. Il existe des stratégies conçues pour réduire l'impôt sur le revenu à payer au décès. Il y en a d'autres qui tiennent compte davantage des intentions de la famille. Voyons les avantages et les inconvénients de quelques-unes de ces stratégies.

Tout d'abord, si vous désirez garder le chalet dans la famille, demandez à vos enfants s'ils sont intéressés à l'avoir. Il ne revêt peut-être pas à leurs yeux l'importance qu'il a pour vous ! À titre d'exemple, Lise et David ont trois enfants adultes, deux à Québec et l'un à Valleyfield. Ils pourraient laisser leur chalet situé dans la région de Québec aux trois enfants, chacun héritant d'un tiers de la propriété. Mais s'agira-t-il vraiment d'un avantage pour l'enfant qui habite à Valleyfield ? Il serait plus équitable de laisser le chalet aux deux enfants de Québec et de laisser des liquidités ou d'autres biens à l'enfant qui habite à Valleyfield.

Le chalet pourrait être laissé à la génération suivante par testament de diverses façons :

- Léguer le chalet aux enfants qui en veulent et laisser d'autres biens ou de l'assurance aux autres.

- Donner aux enfants le droit de premier refus à l'achat du chalet de la succession.

- Laisser aux enfants une part égale de la propriété du chalet. Si votre famille s'entend bien, cela peut s'avérer une bonne stratégie. Mais qu'arrive-t-il si l'un d'eux veut vendre sa part mais que les autres n'ont pas les moyens de racheter la part de leur frère ou de leur sœur ?

- Placer le chalet en fiducie testamentaire, ce qui le protégerait pour les enfants mineurs et en cas de divorce ou de faillite d'un des enfants. Le contrat de fiducie devra établir des règles pour assurer un usage juste et équitable de la propriété et régir le paiement des frais d'exploitation.

S'il faut payer des gains en capital sur le chalet à votre décès, la succession sera tenue de les payer. Si vous avez l'intention de garder le chalet dans la famille, veillez à disposer des liquidités nécessaires pour payer les impôts afin d'éviter d'avoir à vendre le chalet.

Autrefois, les gens se servaient d'une partie de leur exemption pour gains en capital pour minimiser l'impôt sur la vente du chalet. Comme l'exemption pour gains en capital a été abolie, ceux qui croient que la valeur de leur chalet va monter se servent des stratégies suivantes pour réduire les impôts. Ces stratégies supposent le transfert de propriété du chalet de votre vivant et le transfert de l'impôt sur les profits à venir à la génération suivante.

- Si vous êtes prêt à renoncer à la propriété (et à toutes les responsabilités qui s'y rattachent), vous pouvez donner ou vendre le chalet aux enfants à la juste valeur marchande et détenir une hypothèque sur le chalet pour protéger vos propres intérêts. Rappelez-vous, cependant, que la vie sera très différente si vous êtes l'invité et si vos enfants adultes sont les propriétaires.

- Transférez le chalet à une fiducie entre vifs, mais n'oubliez pas que les fiducies entre vifs doivent produire une déclaration de revenus et payer de l'impôt sur les gains en capital tous les 21 ans.

- Transférez le chalet à une société de portefeuille ou à un organisme sans but lucratif.

Si le chalet a pris de la valeur et qu'il y a un gain en capital imposable sur la vente réelle ou «présumée» lorsque la propriété est transférée, vous serez responsable d'acquitter tout impôt occasionné par la vente.

Si vous prévoyez vendre votre maison et déménager dans un appartement locatif, il serait plus simple de faire de votre chalet la résidence principale. Tant que votre chalet sera votre résidence principale, toute augmentation de la valeur serait exemptée d'impôt en vertu de l'exemption pour la résidence principale.

Enfin et surtout, ne faites rien pour le moment, sauf prendre bonne note de tous les coûts de rénovation.

EN
RÉSUMÉ

Ce chapitre a abordé quelques-unes des raisons pour lesquelles il faut établir une fiducie. Une fiducie peut s'avérer un outil efficace pour atteindre vos objectifs en matière de planification successorale, mais elle peut représenter des coûts et se révéler complexe. Vous devez obtenir un avis professionnel pour que la fiducie soit établie comme il se doit.

Chapitre 14

La planification de la succession d'une entreprise

La question suivante s'adresse à vous si vous êtes propriétaire d'une entreprise : L'entreprise survivra-t-elle si vous disparaissez ? Pas *peut*-elle survivre, mais avez-vous pris le temps d'en planifier l'avenir afin qu'elle *survive* avec une base financière et de gestion bien établie ?

En plus de s'occuper de la planification de sa succession personnelle, le propriétaire d'entreprise doit veiller à ce que l'entreprise reste dans la famille ou passe aux mains des gens prévus afin qu'elle continue de prospérer. La plupart des entrepreneurs ont trimé trop dur pour laisser l'avenir de leur entreprise au destin. Certains points à aborder dans la planification de la succession d'une entreprise sont les mêmes que dans la planification personnelle : traiter les membres de la famille de façon équitable, minimiser les impôts à payer au décès et disposer de liquidités suffisantes pour les acquitter. En plus d'un testament, le propriétaire d'une entreprise pourra avoir à préparer des conventions des actionnaires, à obtenir une assurance-rachat de parts d'associés et à établir des contrats de fiducies plus complexes.

Un changement de direction et les impôts à payer peuvent faire en sorte qu'une entreprise survive difficilement à la perte du propriétaire principal, en particulier si le décès survient au cours des deux premières années d'exploitation. Plus l'entreprise a d'expérience, plus elle a des chances de survivre si l'on a bien planifié sa succession en conséquence. Et n'oubliez pas qu'entreprise familiale ne veut pas dire petite entreprise. Quebecor, une société fort connue évoluant dans l'industrie des communications et de l'impression, est une entreprise familiale.

Il est difficile de planifier la succession de votre entreprise, c'est-à-dire d'envisager l'avenir sans vous, mais il faut vous en occuper. Même le propriétaire d'entreprise le plus prospère finira par s'éteindre.

CONSEIL

En 1984, l'Association canadienne des entreprises familiales a été fondée pour aider les entreprises familiales à préparer la planification de la succession de leur entreprise et à résoudre d'autres problèmes. Parmi les programmes offerts aux quelque 900 membres d'entreprises familiales, mentionnons le mentorat, les groupes consultatifs personnels, la formation et la constitution de réseaux d'entraide. Pour obtenir de l'information ou connaître laquelle des 12 sections est la plus près de chez vous, téléphonez au bureau de l'Association de Montréal au (514) 282-3801.

Questions à considérer à propos de l'avenir de votre entreprise

Évaluez la situation de votre entreprise.

OUI	NON	NE SAIS PAS	
❑	❑	❑	Est-ce que l'entreprise, c'est vous ?
❑	❑	❑	L'entreprise pourra-t-elle continuer sans vous ?
❑	❑	❑	L'entreprise pourra-t-elle être vendue après votre décès comme une entreprise en exploitation ?
❑	❑	❑	Si vous avez un conjoint, ce dernier désire-t-il poursuivre l'exploitation de l'entreprise ?
❑	❑	❑	Si vous avez des associés ou d'autres propriétaires, ont-ils les moyens de racheter votre part ?
❑	❑	❑	Vos enfants ont-ils l'intention de suivre vos traces ?
❑	❑	❑	Est-ce qu'un de vos enfants a la bosse des affaires ?
❑	❑	❑	Préparez-vous votre successeur ?
❑	❑	❑	Un de vos employés pourra-t-il prendre la relève ?

Oui	Non	Ne sais pas	
❑	❑	❑	Les liquidités suffiront-elles à payer les impôts sur le revenu ?
❑	❑	❑	Votre conjoint devra-t-il réclamer un paiement de péréquation contre la succession et l'entreprise ?
❑	❑	❑	Disposez-vous de contrats de société ou de convention des actionnaires ?
❑	❑	❑	L'entreprise devra-t-elle être vendue ?

Voilà des questions auxquelles il est difficile de répondre et pour lesquelles il n'existe pas de réponses claires. Mais la survie même de votre entreprise et les besoins de votre famille dépendent de la façon dont vous réglerez ces questions avec votre conseiller.

Vous devrez aussi répondre à certaines de ces questions au moment de prendre votre retraite.

Devez-vous souscrire à une assurance au nom de la personne clé ? Ce type d'assurance procure l'argent nécessaire pour obtenir, après son décès, les services, que fournissait une personne clé au sein de l'entreprise. Voulez-vous que vos survivants soient en mesure d'engager quelqu'un pour gérer l'entreprise à votre décès en attendant qu'elle soit vendue ou que quelqu'un soit prêt à prendre la relève ? Évidemment, si l'entreprise dispose de réserves financières suffisantes, le salaire de cette personne sera payé à même les placements détenus à l'intérieur de l'entreprise plutôt qu'à partir de l'assurance au nom de la personne clé.

14.1 Vendre l'entreprise

Si vous ne pensez pas que votre entreprise vous survivra, vous pouvez planifier votre retraite et peut-être vendre l'entreprise. Si vous êtes le principal atout de l'entreprise, cette dernière pourrait se vendre plus cher pendant que vous êtes encore là et capable d'aider le nouveau propriétaire à s'installer (au moyen d'un contrat de gestion, par exemple). Céder le contrôle est souvent une décision difficile et cette suggestion pourrait être bonne en théorie seulement, surtout si l'entreprise est le but principal de votre vie.

Si vous vendez l'entreprise mais ne recevez pas la totalité du prix de vente en un an, vous pouvez vous prévaloir d'une réserve pour gains en capital, qui vous permet d'égaler le montant de gains en capital imposables avec le montant que vous recevez chaque année (jusqu'à cinq ans après la vente). À titre d'exemple, vous vendez votre entreprise 300 000 $ et recevez le prix de la vente en versements échelonnés sur trois ans. La première année, le montant des gains en capital déclarés serait de 100 000 $ et le montant qui reste pourrait constituer une réserve pour gains en capital qui diminuerait au cours des deux années suivantes. Vous pourriez également constituer une allocation de retraite avec la vente afin de transférer le montant maximum permis libre d'impôt dans votre REER.

14.2 Garder l'entreprise dans la famille

Votre entreprise peut représenter votre seul avoir important. Qui continuera de l'exploiter ? Prévoyez-vous la répartir entre les membres de votre famille ? laisser le tout à votre conjoint ? laisser l'entreprise à parts égales à tous vos enfants ou à un seul d'entre eux ? Même si vous préférez voir vos enfants travailler ensemble, ce n'est pas ce qui se produit dans la plupart des familles. Si l'un des enfants dirige l'entreprise, ses objectifs peuvent différer de ceux des autres enfants qui sont des associés plus ou moins effacés.

Si vous avez l'intention de traiter tous vos enfants le plus également possible mais de léguer l'entreprise à un seul d'entre eux, vous pourriez équilibrer les legs de ceux qui ne participent pas à l'entreprise en prenant les mesures suivantes :

- Les nommer bénéficiaires de l'assurance-vie ;
- leur laisser des biens personnels ou autres que l'entreprise ;
- leur laisser des actions sans droit de vote dans l'entreprise ;
- choisir tout autre moyen qui correspond à votre situation familiale ou personnelle.

Si votre conjoint n'est pas intéressé à diriger l'entreprise et que l'entreprise est votre principal bien, vous devez prévoir comment subvenir adéquatement aux besoins de votre conjoint. Vous avez sûrement entendu parler de situations où le conjoint de la personne décédée a joué un rôle actif au sein de l'entreprise, jetant la consternation parmi les autres associés, à cause d'une lacune dans la planification successorale au sujet de l'entretien ou du droit de la famille.

14.2.1 Les possibilités de chicane de famille

Prenons le cas de deux frères, âgés de 25 ans et de 20 ans, et de deux sœurs, de 23 ans et de 18 ans. Leur père est mort à 50 ans après avoir mis sur pied une entreprise 4 ans auparavant. Il a laissé une conjointe, une petite assurance-vie et quelques dettes. Il n'y avait pas de quoi subvenir aux besoins de la veuve et le seul bien familial était la jeune entreprise. Comme la vente de l'entreprise rapporterait peu d'argent, quelqu'un a dû intervenir et s'occuper de l'entreprise familiale.

Il n'y avait pas de plan successoral — en fait, il aurait été difficile d'avoir un plan précis étant donné l'âge des enfants à l'époque. La veuve a commencé à travailler dans l'entreprise et le fils aîné et la fille aînée lui ont donné un coup de main, mais le fils aîné avait d'autres ambitions professionnelles. Au fil du temps, les deux autres enfants ont tenté d'apporter leur aide, mais l'un n'avait aucune aptitude pour les affaires et l'autre trouvait trop difficile de travailler avec la famille et a quitté l'entreprise.

Dix ans plus tard, la veuve a pris sa retraite et sa « pension » aujourd'hui repose sur la poursuite de l'exploitation de l'entreprise. La fille aînée et son mari dirigent encore l'entreprise avec succès. Les trois autres enfants, qui ne participent pas activement à l'exploitation, considèrent encore qu'ils ont droit à l'entreprise de « papa ».

Cette histoire a toutes les caractéristiques des bons téléromans : malheur, destin, chance, ambition, conflit et succès. S'il s'agissait de votre entreprise, comment voudriez-vous qu'elle soit traitée ? Le gendre devrait-il avoir droit à une propriété partielle de l'entreprise en remerciement de sa contribution importante ? Ou devrait-il être traité comme n'importe quel employé ? Tous les enfants devraient-ils avoir droit aux profits, même si un seul est nettement responsable d'avoir soutenu et fait progresser la compagnie ? Comment les enfants doivent-ils partager le succès de la vision de leur père ?

Évidemment, il n'y a pas de réponse toute faite. Peu importe qu'il s'agisse d'un terrain de camping familial, d'une entreprise de frites congelées, d'un garage ou d'une grande entreprise de détail.

14.3 La planification fiscale

Si vous souhaitez garder l'entreprise dans la famille et que sa valeur a augmenté, vous devez estimer les impôts à payer pour la vente « présumée » de l'entreprise à votre décès. Si vous laissez l'entreprise à votre conjoint, vous devez tout de même prévoir les impôts, car vous ne faites que retarder le paiement des impôts jusqu'au décès de votre conjoint.

Comme c'est le cas pour la planification financière, la réduction des impôts ne doit pas être votre premier objectif lorsque vous envisagez quoi faire. Vous devez plutôt d'abord décider de ce que vous voulez qu'il advienne de l'entreprise. Ensuite, en tenant compte des règles fiscales, vous pourrez structurer le plan de façon à minimiser les impôts.

14.4 Les gels successoraux

Le gel successoral est une stratégie de planification successorale qui sert à minimiser les impôts à payer au décès. Plusieurs techniques s'appliquent et chacune vise à bloquer la valeur d'un bien à un moment donné et à transférer la croissance ou le profit à venir à la génération suivante. Le gel successoral se révèle le plus avantageux dans le cas de biens dont la valeur devrait augmenter.

Le transfert des biens dans une fiducie entre vifs est l'une des techniques les plus courantes pour créer un gel successoral puisque vous conservez un certain contrôle sur la gestion des biens. La vente ou le don d'un bien à un enfant adulte bloquera également sa valeur en date d'aujourd'hui. Vous pouvez déclencher un gel successoral en transférant l'actif de votre entreprise dans une société de portefeuille ou en réorganisant votre entreprise.

CONSEIL

Si votre entreprise est une PME, la vente de vos actions peut vous donner droit à l'exemption pour gains en capital de 500 000 $. Pensez au gel successoral pour bloquer ou cristalliser les futures économies d'impôt de l'exemption pour gains en capital de 500 000 $.

Pour être admissible à l'exemption pour gains en capital de 500 000 $, l'entreprise doit avoir des actions admissibles de petite entreprise et réussir le test des 50 % et le test des 90 % au cours des 24 mois précédant la vente des actions :

1. Seulement l'actionnaire (ou les actionnaires parents) détenait des actions de l'entreprise.

2. Plus de 50 % de la juste valeur marchande des biens de l'entreprise étaient des biens qui servaient à faire des affaires principalement au Canada (test des 50 %).

3. Toute la valeur ou presque toute la valeur des biens de l'entreprise privée canadienne servait principalement à faire des affaires au Canada (test de 90 %).

L'exécution efficace d'un gel successoral est complexe et demande des conseils financiers professionnels, fiscaux et juridiques. À mon avis, quiconque envisage un gel successoral devrait le considérer comme permanent parce qu'il est difficile et coûteux à annuler (bien que ce soit techniquement possible). Vous voulez être certain qu'il n'y aura pas de conséquences fiscales défavorables immédiatement et vous avez envisagé tous les aspects de cette formule.

Pour satisfaire Revenu Canada, il est important d'obtenir une évaluation impartiale de la juste valeur marchande de tout bien ou entreprise à des fins de vérification.

Lorsque vous envisagez un gel successoral, posez-vous les questions suivantes :

• Votre entreprise présente-t-elle un bon potentiel de croissance ?

• Êtes-vous prêt psychologiquement à abandonner le contrôle de l'entreprise et de le céder à la génération suivante ? Si vous travaillez à construire l'entreprise, vous n'êtes peut-être pas prêt à laisser tomber les bénéfices de vos efforts.

- Un gel successoral engendrera-t-il une perte ou un gain en capital qui se traduira par des répercussions fiscales immédiates ?

- Y a-t-il un bon moment pour exécuter un gel successoral ? Lorsque la valeur marchande des biens est faible, les conséquences fiscales immédiates pourraient être moindres.

- Quels seront les coûts juridiques et comptables ? Les avantages sont-ils supérieurs aux coûts ?

Un gel successoral peut servir à réduire l'impôt à payer au décès mais cela ne doit pas en être la *seule* raison. Il doit aussi constituer une bonne décision d'affaires !

14.4.1 Le gel successoral au moyen d'une société de portefeuille

Le transfert des biens d'une ancienne entreprise à une nouvelle société de portefeuille, en échange d'actions ordinaires ou privilégiées de la nouvelle société, peut constituer un gel successoral. Normalement, le parent propriétaire détiendrait les actions privilégiées et les enfants détiendraient les actions ordinaires. Toute la croissance que connaîtrait l'entreprise se répercuterait alors sur les actions ordinaires détenues par les enfants. (S'ils sont mineurs, les actions seraient détenues en fiducie.) Le titulaire des actions privilégiées avec droit de vote continue de diriger l'entreprise et la valeur de l'entreprise n'a pas changé.

14.4.2 Le gel successoral au moyen d'une réorganisation de l'entreprise

On peut aussi créer un gel successoral en réorganisant la répartition des actions d'une entreprise existante (aussi appelé gel aux termes de l'article 86 de la Loi sur le revenu de Canada). Les actions d'un type sont échangées pour des actions d'un autre type. Par exemple, les actions ordinaires d'une entreprise seraient réorganisées en deux nouvelles catégories d'actions, les actions ordinaires et les actions privilégiées. Le propriétaire de l'entreprise détiendrait suffisamment d'actions privilégiées (avec droit de vote) pour conserver le contrôle de l'entreprise. La génération suivante détiendrait les actions de croissance de l'entreprise.

Dans certains cas, la réorganisation d'une entreprise s'accomplit à l'aide de plusieurs techniques de gel successoral combinées ; en voici deux :

• Transférer une entreprise active à une société de portefeuille (aux termes de l'article 85 de la Loi de l'impôt sur le revenu du Canada).

• Utiliser les actions qui restent pour réorganiser le capital de l'entreprise de telle sorte qu'après le gel successoral les enfants détiennent les actions de croissance et le parent détient les actions privilégiées.

14.5 Les besoins des associés en affaires et des actionnaires

Le décès d'un associé principal ou d'un actionnaire privé peut représenter un grand risque pour l'avenir de l'entreprise et les associés et les actionnaires qui restent. En plus de se préoccuper des problèmes que doit affronter l'entreprise familiale, la personne qui a des associés ou des actionnaires doit aussi se poser les questions suivantes :

• À quelles conditions l'entreprise pourrait-elle continuer ?

• Le flux de l'encaisse serait-il suffisant pour faire fonctionner l'entreprise ?

• Si votre principal bien est l'entreprise, les membres de votre famille se joindront-ils à titre d'associés ?

- Vos associés ou vos actionnaires sont-ils prêts à accepter votre conjoint ou vos enfants dans l'entreprise ? Seriez-vous prêt à accepter les leurs ?

- Si votre entreprise ne peut être exploitée que par un professionnel, quelle entente devez-vous prendre ? Un médecin, par exemple, pourrait s'organiser avec un autre médecin qui prendrait sa pratique en vertu d'un accord commercial quelconque ou qui s'engagerait à préparer un jeune médecin à prendre la relève.

- Certains biens de l'entreprise peuvent-ils être vendus pour subvenir aux besoins de votre famille afin qu'elle n'ait pas à s'engager activement dans l'entreprise ?

Le propriétaire d'une entreprise pourrait aussi ajouter quelques clauses à son testament pour donner à son liquidateur des pouvoirs supplémentaires qui pourraient s'avérer utiles :

- La capacité de réorganiser les actions d'une entreprise

- La capacité de participer à des ententes avec les actionnaires et les associés

- Le droit d'embaucher des personnes clés pour faire fonctionner l'entreprise

Bien que ce chapitre porte sur la planification successorale pour votre famille et vos associés en affaires ou vos actionnaires, vous pourriez également réfléchir à ces questions en supposant que l'un de vos associés ou actionnaires décède avant vous. Désirez-vous avoir le privilège essentiel de racheter ses actions ou êtes-vous prêt à avoir des membres de sa famille comme associés ou actionnaires ? Dans de nombreux cas, il est logique que les associés ou actionnaires survivants, plutôt qu'un étranger ou un concurrent, rachètent l'intérêt commercial. Les modalités d'une telle

entente se trouvent dans l'entente de rachat des parts des associés ou des actionnaires.

Il n'est pas facile de déterminer la valeur de l'entreprise. Elle
repose sur plusieurs facteurs dont la valeur marchande, la situation financière et le potentiel de revenus selon une formule quelconque.

On peut procéder à une évaluation impartiale de l'entreprise afin
d'établir un prix. Les associés ou les actionnaires restants
devraient acquérir l'entreprise de votre succession à un prix
équitable. Une entente de rachat des parts des associés peut être
financée de diverses façons :

- Les liquidités personnelles des associés ou les réserves de l'entreprise. Souvent, les fonds personnels ne suffiront pas. Une
entreprise de longue date pourra avoir accumulé des réserves à
l'intérieur de l'entreprise pour assurer en tout ou en partie le
financement nécessaire.

- L'achat de l'intérêt de la personne décédée à l'aide d'un prêt au
conjoint si l'entreprise peut se permettre une telle dépense
annuelle jusqu'au remboursement de la dette.

- L'emprunt de fonds. La perte d'un associé ou d'un actionnaire
représente souvent un grand risque pour l'avenir de l'entreprise, et le directeur de la banque pourrait être réticent à
accorder un prêt d'un montant important alors que l'une des
personnes clés n'y est plus. Vous savez bien qu'il est plus facile
d'emprunter lorsque vous n'en avez pas vraiment besoin !

- L'utilisation d'une assurance-vie pour racheter l'intérêt de la
succession.

- Le recours à plusieurs des méthodes ci-dessus.

Une fois établie, la valeur de l'intérêt de chaque actionnaire devra être révisée régulièrement afin que les autres actionnaires aient toujours la capacité de financer le rachat de la part d'une personne décédée.

14.5.1 Les contrats de société

Un contrat de société établit les règles de fonctionnement de la société commerciale, y compris comment les biens de la société seront transférés au décès de l'un des associés. En vue de la planification successorale, le contrat doit comporter une entente de rachat des parts des associés et préciser qui achètera l'intérêt de l'associé décédé dans l'entreprise, comment le prix sera déterminé ainsi que comment et quand les produits seront payés.

14.5.2 Les conventions d'actionnaires

Une convention des actionnaires établit les règles entre les actionnaires privés et couvre de nombreux aspects de l'accord commercial, notamment comment les parts d'un actionnaire dans l'entreprise seront traitées au décès de cet actionnaire. À tout le moins, même les entreprises familiales doivent se doter d'une entente de rachat des parts des associés qui précise qui achètera l'entreprise ou les parts, comment le prix de l'intérêt de la personne décédée dans l'entreprise sera déterminé et comment les produits seront payés.

14.5.3 Utiliser l'assurance pour financer un rachat

Si vous déterminez que l'assurance-vie est le meilleur moyen de financer une entente de rachat des parts des associés, voici les deux principales façons de l'utiliser :

• S'il y a deux directeurs dans l'entreprise, chacun achètera une police individuelle sur la vie de l'autre dont le montant suffira à racheter son intérêt dans l'entreprise advenant que cette personne décède avant lui. Comme les primes d'assurance individuelle sont établies en fonction de l'âge et de l'état de santé de l'assuré, l'un des directeurs pourrait payer plus cher que l'autre pour cette garantie.

• L'entreprise peut détenir une assurance et en payer les primes. Au décès de l'un des directeurs, l'entreprise se servirait de l'assurance pour racheter la portion du directeur décédé de la succession. Encore une fois, comme cette assurance repose habituellement sur l'état de santé et l'âge de l'assuré, un assuré plus âgé ou dont l'état de santé laisse à désirer pourrait profiter d'une « subvention » de primes plus élevée de la part de l'entreprise que les autres actionnaires. Si une telle situation s'avère injuste, vous pourriez trouver une formule pour égaliser la subvention.

QUESTION
RÉPONSE

Est-il préférable que l'entreprise paie les primes de l'assurance-vie ou que je les paie personnellement ?

La discussion à ce sujet tourne parfois autour de ce qui serait le plus rentable au point de vue fiscal. Mais l'entreprise peut veiller à ce que les primes d'assurance soient payées. Des entreprises choisissent de payer elles-mêmes les primes, car il arrive que les particuliers oublient de le faire.

14.6 S'il s'agit d'une ferme

Comme dans le cas des autres entreprises familiales, l'agriculteur a intérêt à bien planifier sa succession et peut vouloir se retirer de l'entreprise ou réduire ses heures pour travailler à temps partiel plutôt qu'à temps plein.

QUESTION
RÉPONSE

J'ai quatre fils. Nous avons eu la chance de les envoyer tous les quatre à l'université. Cependant, un seul s'intéresse à l'agriculture et il vient de revenir à la maison avec sa femme et ses deux jeunes enfants. Nous voulons qu'il prenne la relève de la ferme et qu'il continue l'entreprise familiale, mais s'il hérite de la ferme, notre patrimoine ne compte que quelques autres biens à laisser aux autres enfants. Nous voulons être justes envers tous nos fils, mais nous voulons également que l'entreprise agricole continue. Que font les autres dans pareille situation ?

C'est là une question difficile pour de nombreux agriculteurs, en particulier lorsque la ferme elle-même constitue le bien familial le plus important. Bien qu'il n'y ait pas de solution magique, des agriculteurs ont pris les mesures suivantes :

- Acheter de l'assurance-vie et nommer les autres enfants comme bénéficiaires.

- Demander au fils qui exploite la ferme de verser à ses frères et sœurs un montant fixe prélevé sur le revenu de l'entreprise. Pour faire en sorte que la ferme puisse demeurer en exploitation, vous pouvez fixer un montant maximum à verser au cours d'une année et le lier au revenu annuel.

On peut transférer libre d'impôt une ferme à un enfant, un petit-enfant ou un arrière-petit-enfant sans déclencher des gains en capital imposables, ce qui permet de garder la ferme dans la famille pendant des générations. Pour en savoir plus sur l'imposition des biens agricoles, voir le chapitre 9.

EN
RÉSUMÉ

Le secret pour diriger une entreprise prospère, c'est la planification. Pour conserver une entreprise après le décès, les associés et le liquidateur doivent connaître suffisamment les activités quotidiennes de l'entreprise pour continuer de la faire fonctionner. Les associés et les actionnaires doivent aussi disposer des liquidités nécessaires pour racheter la part de la personne décédée.

Le décès d'une personne clé dans une entreprise peut être difficile à prévoir, mais sans planification de la succession et sans avis professionnel, le succès continu de l'entreprise est incertain.

Chapitre 15

La planification des dons

J'ai tenté d'enseigner aux gens que chaque dollar apportait trois plaisirs : le premier quand on le gagne, le deuxième quand on le possède et le troisième quand on le donne.

Citation paraphrasée de William A. White, écrivain (1868-1944)

Vous pourriez faire un don à un organisme de bienfaisance en particulier en retour d'une aide que vous ou un de vos proches avez obtenue ou en raison d'une affiliation quelconque avec cet organisme. À titre d'exemple :

- Quelqu'un qui a profité d'une bourse d'études il y a de nombreuses années pourrait mettre sur pied un fonds de bourses d'études.

- Quelqu'un pour qui un hôpital a fait énormément pourrait donner une partie de ses biens à l'hôpital en témoignage de sa reconnaissance.

- Quelqu'un qui apprécie les arts pourrait faire un don à un groupe artistique.

- Quelqu'un dont la famille a été affligée par une maladie pourrait financer la recherche.

Les gens désirent également faire des dons parce qu'ils veulent faire quelque chose pour leur milieu ou parce que cela leur procure une satisfaction personnelle ou encore en raison de leurs convictions religieuses.

En réalité, les organismes de bienfaisance et les collectivités devront compter de moins de moins sur les subventions gouvernementales mais ils auront de plus en plus de travail à accomplir, et cela demande de l'argent. La planification des dons consiste à faire des dons de charité pour en tirer le plus d'avantages fiscaux possible. Les occasions de faire des dons de charité, avec économies d'impôt en boni, sont nombreuses et elles peuvent être incluses dans le plan successoral. En 1997, le budget fédéral a augmenté les incitatifs fiscaux pour ceux qui prévoient faire un don.

Vous pouvez faire des dons de votre vivant ou les reporter après votre décès ou faire les deux. Les dons planifiés peuvent prendre diverses formes : argent, actions ou obligations, assurance-vie, œuvres d'art ou manuscrits, biens immobiliers ou autres biens de valeur, s'ils conviennent aux organismes de bienfaisance. Un don en argent ou sous forme d'assurance-vie peut être fait aujourd'hui ou promis pour plus tard. Certains dons promis pour plus tard comportent tout de même des incitatifs fiscaux immédiats. Les biens peuvent être donnés directement ou au moyen d'une structure juridique comme une fiducie, une société ou une fondation privée. Quelques-unes des stratégies exposées dans le présent chapitre s'appliquent aux dons, quel qu'en soit le montant ; d'autres s'appliquent principalement aux dons plus importants.

15.1 Maximiser les avantages fiscaux de la planification des dons

L'économie d'impôt n'est habituellement pas la première considération lorsque vous planifiez un don, mais cette économie d'impôt n'est pas à dédaigner. Bien évidemment, plus la valeur du don
est élevée, plus il est important d'en maximiser les avantages fiscaux. La planification fiscale peut vous aider à déterminer comment tirer le meilleur avantage d'un don. Cela ne devrait toutefois
pas vous dissuader de faire un don ou un legs à une œuvre de
bienfaisance.

Pour émettre un reçu pour usage fiscal pour un don (reçu officiel
pour dons de charité), l'organisme de bienfaisance ou la fondation
doit être enregistrée auprès du ministère du Revenu fédéral (et
provincial dans le cas du Québec) et avoir un numéro d'enregistrement.

Le montant du reçu dépend de la valeur marchande du don au
moment où il est fait. S'il s'agit d'un bien financier (comme des
actions, des obligations ou la valeur de rachat en espèces d'une
police d'assurance), la valeur est facile à déterminer. Si le don est
un bien personnel (comme une œuvre d'art ou un manuscrit)
dont la valeur est supérieure à 1 000 $, il faut obtenir une évalua-
tion impartiale pour confirmer le montant du reçu. S'il est impossible de déterminer la valeur d'un don, aucun reçu pour dons de
charité ne peut être émis. Lorsque le don n'est pas en argent, vous
devriez en discuter avec l'organisme et confirmer le montant qui
apparaîtra sur le reçu avant d'effectuer le don.

Revenu Canada n'émet pas de remboursement expressément
pour les dons de charité. Le montant d'impôt économisé se
traduit par un crédit d'impôt non remboursable qui réduit les
impôts totaux à payer pour l'année. Le crédit d'impôt en 1996

était de 17 % pour les 200 premiers dollars de dons dans l'année et de 29 % pour tout montant excédant 200 $. L'avantage fiscal est plus important que vous ne pourriez le croire. Le don permet d'économiser de l'impôt au fédéral comme au provincial et toute surtaxe qui aurait pu être due. À titre d'exemple, un don de charité de 1 000 $ pourrait réduire les impôts d'environ 399 $.

Montant du crédit d'impôt pour dons de charité

Montant total du don	1 000 $
200 premiers dollars de dons (200 $ à 17 %)	34 $
Montant excédant 200 $ (800 $ à 29 %)	232 $
Crédit d'impôt fédéral	266 $
Crédit d'impôt provincial*	
(en supposant 50 % du montant du fédéral)	133 $
Montant total d'impôt économisé	399 $

Le taux d'impôt provincial varie selon les endroits.

Le don de charité total que vous pouvez réclamer pour le crédit d'impôt non remboursable de votre vivant au cours d'une année se limite à 75 % de votre revenu net, sauf dans le cas des dons à des fondations (voir « Dons à des fondations » plus loin dans ce chapitre). Les années où votre revenu net est bas, vous pouvez reporter jusqu'à cinq ans la partie non utilisée du don.

EXEMPLE

Louise a fait un don de charité de 100 000 $ en 1998. Son revenu net pour l'année était de 40 000 $. Le maximum qu'elle pouvait réclamer comme don de charité pour le crédit d'impôt non remboursable en 1998 était 30 000 $. En supposant que son revenu net des quatre prochaines années continuera d'être 40 000 $ par année, elle pourrait réclamer le montant entier du don de charité en quatre ans. Mais si Louise décède en 1999, une partie de l'avantage fiscal pourrait être perdue.

Si le don est effectué au moment du décès ou par la succession, le don pouvant être réclamé pour le crédit d'impôt est de 100 % de votre revenu net. Aucun montant inutilisé ne peut être reporté (puisqu'il s'agit de la dernière déclaration de revenus), mais votre liquidateur peut appliquer la partie inutilisée à votre déclaration de revenus de l'année précédente (jusqu'à la limite de 100 % pour cette année).

CONSEIL

Les conjoints peuvent regrouper leurs reçus pour dons de charité dans une seule déclaration de revenus même si les reçus ne sont pas émis aux mêmes noms. Le fait qu'une seule personne utilise tous les reçus et réclame le plein montant peut maximiser l'avantage fiscal, puisque 200 $ du total combiné seront calculés à 17 %, plutôt que 200 $ par conjoint.

15.2 Les dons planifiés

15.2.1 Les dons en argent

Chaque année, de nombreux Canadiens donnent de l'argent, font un chèque ou font un don par prélèvements directs sur leur chèque de paie. Le don est fait au bureau ou lors d'une des nombreuses campagnes ou activités que les organismes de bienfaisance utilisent pour recueillir des fonds au cours de l'année. Le don peut être planifié ou non. C'est le moyen le plus simple de donner et cela permet à l'organisme d'en profiter immédiatement. La plupart des organismes de bienfaisance n'émettent pas de reçu pour les dons inférieurs à 10 $. Certains organismes de bienfaisance acceptent que vous fassiez votre don au moyen de votre carte de crédit.

15.2.2 Les dons par testament

Le type le plus courant de dons planifiés est un don effectué par testament. Jusqu'à 100 % du revenu net du donateur peut être réclamé à titre de don de charité dans l'année du décès (et l'année précédente, au besoin). Même si vous êtes tenté de laisser tout votre argent à un organisme de bienfaisance, un tel vœu est limité par le droit de la famille ou des successions de votre province. Les notaires qualifient cette limite de restriction à la liberté testamentaire. Les gouvernements y voient plutôt un moyen de mettre votre famille à l'abri de l'aide sociale. Selon le bon sens, c'est s'acquitter de ses obligations envers sa famille. Cependant, il y a des donateurs qui n'ont pas de famille à qui laisser leurs biens et ceux-là peuvent choisir de laisser tout leur patrimoine à un organisme de bienfaisance.

Revoyez votre testament et vos intentions face aux dons de charité. Un don de charité fait par testament peut compenser une partie des impôts à payer au décès.

CONSEIL

Le tableau 7 présente quelques types de dons qu'on peut faire par testament. Le libellé ne correspond pas au libellé juridique intégral ; de nombreux organismes de bienfaisance pourront faire parvenir à votre notaire des exemples de libellé à ajouter à votre testament pour exprimer clairement vos intentions.

Tableau 7

TYPE DE DON	EXEMPLE DE LIBELLÉ
Don d'une somme en particulier	
• pour usage courant	« Je lègue à A la somme de _____ $ à utiliser à des usages courants. »
• pour un usage particulier	« Je lègue à B la somme de _____ $ à utiliser pour (<u>usage</u>). »
Don d'un bien en particulier	« Je lègue à C ma collection de _____. »
Don de tout ou d'une partie du reliquat	« Je lègue à D 30 % du reliquat de ma succession. »
Legs éventuel	« Advenant que mon conjoint ne me survive pas, je lègue à E _____. »
Legs du reste de la fiducie	« Je lègue à X ce qui reste en fiducie après le décès du dernier bénéficiaire de la fiducie. »

Avantages fiscaux

La plupart des dons donnent droit à un reçu pour usage fiscal. (Si le don n'est pas en argent, vérifiez s'il est possible d'obtenir un reçu auprès de l'organisme de bienfaisance.)

Autres considérations

Les dons par testament s'appliquent aux dons peu importe la valeur.

Des frais d'homologation peuvent s'appliquer.

Le don n'est pas confidentiel.

Relativement facile à changer.

Le don peut être contesté si vous ne pourvoyez pas suffisamment aux besoins de certains membres de la famille.

15.2.3 *Les dons d'autres biens*

Les biens immobiliers, les actions et les obligations et d'autres biens de valeur peuvent être donnés par testament ou de votre vivant, s'ils conviennent à l'organisme de bienfaisance. Ce type de don s'appelle un don en nature, c'est-à-dire que ce n'est pas un don en argent. À moins de restrictions contraires, l'organisme de bienfaisance peut gérer les biens selon son gré et déterminer s'il est préférable d'obtenir de l'argent pour le bien en le vendant. Cela peut épargner au donateur ou à la succession la corvée de la vente.

Lorsque le don n'est pas en argent, Revenu Canada le traite comme une vente du bien pour les besoins de l'impôt. Si la valeur marchande du bien au moment du don est supérieure à la valeur qu'il avait lorsque vous l'avez acquis, ce profit devra apparaître dans votre déclaration de revenus. Le gain imposable sur tout bien servant à faire un don de charité est réduit par un crédit d'impôt.

Les dons de biens en immobilisation amortissable (comme un immeuble ou de l'équipement) peuvent entraîner des impôts en raison de la récupération de la déduction pour amortissement. Le budget de 1998 a augmenté la limite de revenu net de 25 % de toute récupération de la déduction pour amortissement, ce qui devrait aider à compenser l'impôt exigé.

CONSEIL

Évaluez le type de don que vous faites à un organisme de bienfaisance de façon à en maximiser les avantages fiscaux. Plutôt que de donner de l'argent, voyez à faire un don d'obligations ou d'actions cotées en Bourse. Normalement, le montant des gains en capital à inclure dans votre revenu est de 75 %, mais lorsque vous faites un don de charité, vous devez inclure seulement 37,5 % du gain en capital, soit la moitié du montant habituel, ce qui vous fait épargner encore de l'impôt. Vous pouvez ainsi avoir le beurre et l'argent du beurre !

EXEMPLE

Éric a un revenu net de 80 000 $. Il fait don de 3 000 actions de la Banque de Montréal d'une valeur de 100 000 $ à un organisme de bienfaisance enregistré. Il avait payé 20 000 $ pour ces actions.

Gain en capital sur le don	
Valeur marchande au moment du don	100 000 $
Coût des actions	20 000 $
Gain en capital	80 000 $
Gain en capital imposable (75 %)	60 000 $
Crédit d'impôt pour gain en capital (37,5 %)	30 000 $
Gain en capital imposable à inclure comme revenu	30 000 $

Cependant, le gain en capital imposable dans l'exemple ci-dessus est plus que compensé par le montant du don de charité qui peut être réclamé à titre de crédit d'impôt non remboursable. Tout montant non utilisé du reçu pour dons de charité peut être réclamé l'année suivante.

E stimez votre revenu net pour l'année où vous prévoyez faire un don. Si vous pensez faire le don de votre vivant et ne pouvez utiliser le montant total du don en une année, vous pourriez tout de même profiter des avantages fiscaux en réclamant le reste du don de charité durant les quatre années suivantes.

CONSEIL

15.2.4 Les dons à partir d'une assurance-vie

Vous pouvez faire un don de charité à partir d'une police d'assurance-vie dont vous n'avez plus besoin ou en souscrivant à une nouvelle police. Le recours à l'assurance-vie présente certains avantages :

- Le montant du don peut être supérieur à ce que vous pourriez vous permettre autrement.

- Si la confidentialité est importante, le don peut être exclu du testament.

Voici quelques-unes des options les plus courantes.

Changement de bénéficiaire

L'un des moyens d'utiliser l'assurance-vie est de nommer l'organisme de bienfaisance comme bénéficiaire de la police de sorte que la prestation de décès sera versée directement à l'organisme. Bien que cette stratégie puisse éviter les frais d'homologation sur le montant du don et assurer la confidentialité, le fait de changer le nom du bénéficiaire n'apporte aucun avantage fiscal puisque le montant n'est pas considéré comme un don de charité par Revenu Canada.

Disons que vous êtes titulaire d'une police d'assurance-vie avec une prestation de décès de 10 000 $ et aucune valeur de rachat en espèces ; vous voulez laisser 10 000 $ à l'hôpital de votre région et recevoir l'avantage fiscal maximal. L'une des options serait de nommer l'organisme de bienfaisance comme bénéficiaire sur la police d'assurance-vie.

Avantages fiscaux

Aucun, puisque les produits de l'assurance ne donnent pas droit à un reçu pour dons de charité.

Autres considérations

Il n'y a pas de frais d'homologation.

Le don est confidentiel.

Le don est difficile à contester.

Vous pourriez être tenu d'obtenir le consentement écrit du bénéficiaire précédent (voir le chapitre 12).

Une autre option est de nommer votre succession comme bénéficiaire sur la police d'assurance-vie *et* de léguer le même montant à l'organisme de bienfaisance par testament. Ainsi, vous maximiseriez les avantages fiscaux qu'apporte le don de la police *et* conserveriez le droit de changer plus tard le legs. L'hôpital recevrait les 10 000 $ et votre succession recevrait un reçu pour dons de charité de 10 000 $.

Avantages fiscaux

La succession peut utiliser le reçu pour usage fiscal pour compenser l'impôt sur le revenu à payer lors de la dernière déclaration de revenus.

Autres considérations

Il faut payer des frais d'homologation sur le montant qui passe par la succession (ce qui s'avère une considération mineure par rapport aux économies possibles d'impôts).

Le don sera rendu public si le testament est homologué.

Le don pourrait être contesté.

Cession d'une police d'assurance-vie existante

Si vous êtes titulaire d'une vieille police d'assurance-vie dont vous n'avez plus besoin personnellement, vous pourriez en faire don à un organisme de bienfaisance de votre vivant, plutôt que de l'annuler. L'organisme de bienfaisance recevrait les produits de l'assurance à votre décès. Si un bénéficiaire irrévocable a déjà été nommé, vous devrez aussi obtenir le consentement écrit de ce dernier.

Benoît est titulaire d'une police d'assurance-vie entière avec une prestation de décès de 25 000 $ et une valeur de rachat nette (valeur de rachat moins un prêt non remboursé) de 10 000 $. Il a cédé la police à l'organisme de bienfaisance et l'a nommé bénéficiaire. L'organisme de bienfaisance a émis un reçu officiel de 10 000 $. Benoît a décidé de continuer à payer les primes de la police afin de recevoir un autre reçu pour usage fiscal chaque année pour le paiement des primes.

Lorsque vous cédez inconditionnellement une police d'assurance-vie (c'est-à-dire que vous en transférez la propriété) à un organisme de bienfaisance et faites de cet organisme le bénéficiaire de la police, vous avez droit à un reçu pour dons de charité pour la valeur de rachat, le cas échéant, de la police au moment de la cession. Si la police n'a aucune valeur de rachat (comme une police à terme), aucun reçu pour dons de charité ne sera émis. Si la police a une valeur de rachat, il n'est pas toujours nécessaire de continuer à payer les primes. Si des primes sont exigées pour maintenir la police en vigueur après qu'elle a été cédée, les montants versés chaque année peuvent aussi donner droit à un reçu pour dons de charité.

Avantages fiscaux

Un reçu officiel est émis pour la valeur de rachat de la police au moment du transfert.

S'il faut continuer de payer les primes, ces dernières donnent droit à un reçu officiel chaque année, si l'organisme de bienfaisance l'autorise.

Autres considérations

Il n'y a pas de frais d'homologation.

Le don est confidentiel.

Le don est difficile à contester.

Il est impossible d'annuler le changement.

CONSEIL

Si la police comportait un prêt en cours au moment de la cession et que vous envisagez plus tard de le rembourser, la Loi de l'impôt sur le revenu stipule que vous avez droit à un reçu supplémentaire pour usage fiscal. En réalité, il serait tout aussi facile pour vous de faire un chèque directement à l'organisme de bienfaisance. Ainsi l'organisme aurait accès immédiatement à l'argent et vous recevriez tout de même un reçu supplémentaire pour usage fiscal.

Souscription à une nouvelle police

Vous pouvez également faire un don de charité en souscrivant à une nouvelle police d'assurance-vie.

Le coût de l'assurance, comme pour toute autre police d'assurance, est fonction de divers facteurs comme votre âge et votre état de santé. Si vous envisagez cette option, assurez-vous d'avoir les moyens de payer les primes et informez-vous auprès d'assureurs reconnus afin d'obtenir les meilleurs taux. Certains organismes peuvent vous aider à prendre de telles dispositions au moyen de leurs propres programmes d'assurance ou vous pouvez communiquer avec votre agent d'assurance-vie. D'après mon expérience, les organismes de bienfaisance préfèrent les polices qui accumulent des valeurs de rachat ou qui sont payées en entier en quelques années lorsqu'on leur demande des reçus pour dons de charité.

Avantages fiscaux

Un reçu officiel est émis pour les primes payées dans l'année, si l'organisme de bienfaisance l'autorise.

Autres considérations

Il n'y a pas de frais d'homologation.

Le coût de la police est à évaluer.

Le don est confidentiel.

Le don est difficile à contester.

*J'ai une police d'assurance-vie de 100 000 $
dont la valeur de rachat est de 50 000 $. Je me
demande s'il est préférable de céder la police
à un organisme de bienfaisance (et d'obtenir
un reçu immédiatement) ou qu'à mon décès la
police d'assurance soit versée à ma succession
et que je laisse 100 000 $ à un organisme de
bienfaisance dans mon testament.*

Plus vous êtes âgé et plus il y aura d'impôt à payer à votre décès, mieux vaut faire le don par testament et utiliser le reçu pour usage fiscal dans votre dernière déclaration de revenus pour réduire le fardeau fiscal. Il faut choisir entre réduire votre fardeau fiscal aujourd'hui en utilisant le reçu pour dons de charité de 50 000 $ ou réduire votre fardeau fiscal plus tard en utilisant un reçu pour dons de charité de 100 000 $ (en supposant que votre succession ne sera pas contestée par la famille ou vos créanciers).

15.2.5 Les dons à des fondations

Fondations d'État

Un grand nombre d'universités, de musées, d'hôpitaux, de bibliothèques et d'autres organismes quasi gouvernementaux ont des fondations d'État. Comme pour les autres organismes de bienfaisance, le montant pouvant être réclamé à titre de crédit d'impôt non remboursable pour l'année se limite à 75 % du revenu net du donateur de son vivant, et passe à 100 % du revenu net d'un donateur décédé lorsque le don est fait par testament.

Fondations communautaires

Le mandat d'une fondation communautaire est d'améliorer la qualité de vie de la collectivité locale. Le Canada compte plus de 50 fondations communautaires et on en trouve plus de 500 en Amérique du Nord.

Un don à une fondation communautaire serait admissible à un crédit d'impôt non remboursable pour un montant allant jusqu'à 75 % de votre revenu net de votre vivant et jusqu'à 100 % si le don est fait par testament.

En plus d'accepter les dons en argent, d'autres biens ou de l'assurance-vie, les fondations communautaires sont en mesure de mettre sur pied des fiducies relativement peu cher pour les bourses d'études ou les fonds commémoratifs.

15.2.6 Les dons au gouvernement

Dons de terres écosensibles

Environnement Canada considère que les terres écosensibles sont importantes pour la conservation du patrimoine naturel du Canada. Si vous possédez une de ces terres et que vous omettez de céder le titre libre de propriété à une municipalité canadienne ou à un organisme de bienfaisance enregistré dont la vocation est de conserver et de protéger notre patrimoine naturel, vous risquez une pénalité fiscale de 50 % de la valeur de la terre au moment où vous en disposez ou au moment où son utilisation change, sans autorisation préalable du ministère de l'Environnement. Vous pouvez réclamer des reçus pour dons de charité allant jusqu'à 100 % de votre revenu net de votre vivant. Pour en savoir plus ou pour obtenir une liste des organismes enregistrés admissibles, téléphonez à Environnement Canada au (819) 953-0485.

Dons de biens culturels

Si vous faites don d'un bien culturel certifié d'un « grand intérêt pour le Canada » à un établissement public désigné (comme une galerie d'art publique, un lieu historique ou un musée), cet établissement public peut émettre un reçu pour dons de charité dont vous pouvez vous prévaloir jusqu'à concurrence de 100 % de votre revenu net.

Des cas d'abus et de fraudes en rapport avec des dons de biens culturels ont été mis au jour et les ministères du Revenu se montrent se montre très vigilants dans ce domaine, en particulier dans les cas où la valeur du don augmente considérablement en peu de temps. Si vous envisagez de faire don d'un bien culturel, vous devez communiquer avec l'établissement public de votre choix afin de déterminer si le don répond aux critères de « grand intérêt pour le Canada ».

Autres dons au gouvernement

Voulez-vous contribuer au remboursement de la dette nationale ? Si oui, faites un chèque à Revenu Canada et indiquez qu'il s'agit d'un don. Vous pouvez réclamer un don de charité jusqu'à concurrence de 100 % de votre revenu net.

15.2.7 Les autres types de dons

Un autre type de don permet au donateur de continuer à recevoir un revenu ou à utiliser le bien *même après* en avoir fait don à un organisme de bienfaisance. Ces dons sont faits au moyen d'une rente de dons, d'une fiducie de bienfaisance ou d'un don d'intérêt résiduel, et non par testament.

Ce type de don est promis aujourd'hui mais versé plus tard. Le montant qui apparaîtra sur le reçu pour usage fiscal est établi d'après la valeur projetée du don au moment du décès. Cette valeur résiduelle repose sur un nombre de facteurs comme la valeur marchande actuelle du don, les taux d'intérêt actuels et l'âge que vous et votre conjoint avez aujourd'hui. Plus le donateur est âgé au moment du don, plus l'avantage fiscal sera grand. Si la valeur de l'intérêt résiduel ne peut être déterminée, aucun reçu officiel ne sera émis.

Comme c'est le cas pour toutes les stratégies proposées dans ce livre, discutez des avantages et des conséquences fiscales avec vos conseillers et soyez certain de pourvoir à vos propres besoins avant de signer quoi que ce soit.

Rente de dons

Une rente de dons consiste à donner à l'organisme de bienfaisance un don en argent, des placements ou des biens immobiliers en échange d'un revenu garanti à vie. L'organisme de bienfaisance (ou une compagnie d'assurances) place les fonds et, à votre décès, reçoit toute valeur résiduelle de la rente. Sous plusieurs aspects, une rente de dons ressemble à une rente émise par une compagnie d'assurance-vie, sauf que le montant qui reste va à l'organisme de bienfaisance, pas à la compagnie d'assurances.

Le revenu que vous recevez peut vous procurer un revenu intéressant après impôt puisqu'une partie du paiement est considérée comme un rendement de votre propre capital. Le montant de revenu garanti est établi selon des calculs actuariels et varie selon la valeur du don, votre âge, les taux d'intérêt au moment de l'achat et les options que vous exigez. Le revenu provenant d'une rente est habituellement garanti pour le reste de votre vie ou pour la durée de votre vie et de celle de votre conjoint si vous choisissez une rente réversible.

Plusieurs organismes de bienfaisance peuvent émettre leurs propres rentes ou l'organisme peut réassurer la police ou vous diriger vers une compagnie d'assurances. Voyez si l'organisme de votre choix exige un don minimal pour établir une rente ; certains ont des minima très bas. Demandez une soumission indiquant le revenu mensuel auquel vous auriez droit à partir du don, la partie du montant mensuel qui est libre d'impôt (en général, plus vous êtes âgé, plus cette partie est élevée) et le montant du reçu pour dons de charité pour usage fiscal.

La clé d'une rente de dons est le montant de revenu après impôt dont vous avez besoin (autrement, vous feriez probablement un don direct en argent). Si le revenu indiqué n'est pas suffisant pour satisfaire vos besoins actuels et à venir, cette solution n'est peut-être pas celle qui vous convient pour le moment.

Fiducie de bienfaisance

Une fiducie de bienfaisance est un moyen de transférer des biens à une fiducie qui vous permet, à vous et à votre conjoint, de continuer d'avoir le droit d'utiliser le bien ou de recevoir tout le revenu gagné par le bien. À votre décès (ou au décès de votre conjoint, selon la dernière éventualité, si vous choisissez cette option), l'organisme de bienfaisance reçoit directement le reste des biens de la fiducie.

Une fiducie de bienfaisance est en réalité une fiducie entre vifs à laquelle vous transférez vos biens de façon irrévocable. Comme vous cédez le contrôle du bien, vous pouvez recevoir un reçu pour usage fiscal. L'avantage est établi en fonction de votre âge actuel (plus vous êtes âgé, plus l'avantage sera élevé), du bien que vous donnez et des projections actuarielles de la valeur du bien lorsque l'organisme le recevra directement. Une fois la fiducie établie, vous ne pouvez plus changer d'idée même si vous avez besoin de plus d'argent.

Comme dans le cas de toute fiducie, la valeur des biens à être détenus doit être suffisamment importante pour justifier les coûts d'établissement de la fiducie et les frais annuels d'administration et du fiduciaire. En fin de compte, la valeur du bien doit être supérieure à 100 000 $, sinon les frais afférents pourraient être si élevés qu'il serait préférable de choisir un autre moyen de faire le don.

Ce type de don est moins courant au Canada (mais il gagne en popularité) qu'aux États-Unis où le contribuable américain doit payer un impôt sur la fortune basé sur la valeur des biens qu'il possède à son décès. S'il a moins de biens, les droits de succession seront moins élevés (le mot biens est utilisé dans son sens général. Il peut s'agir d'argent, de placements ou de biens immobiliers). Le contrat de fiducie doit être préparé par un avocat ou un notaire.

Avantages pour vous et votre succession

Reçu immédiat pour usage fiscal pour le don de charité.

Les biens en fiducie ne sont pas soumis à l'homologation.

Revenu ou usage continu du bien pour le reste de votre vie ou de celle de votre conjoint.

Les bénéficiaires ne peuvent pas contester la fiducie.

Peut être personnalisée en fonction de votre situation.

Don confidentiel puisqu'il est fait séparément du testament.

Désavantages pour vous

Vous perdez le contrôle du bien.

La fiducie est irrévocable.

Frais annuels d'administration et de fiduciaire.

Vous continuez à payer de l'impôt sur tout revenu gagné par la fiducie.

Avantages pour l'organisme de bienfaisance

Obtient le titre de propriété du bien.

Sait que le don sera éventuellement reçu directement.

Peut se servir des biens de la fiducie comme nantissement pour emprunter de l'argent.

Don d'intérêt résiduel

Un don d'intérêt résiduel est le transfert de la propriété d'un bien à un organisme de bienfaisance mais pour lequel le donateur conserve le droit d'utilisation (plutôt que de recevoir un revenu) selon une entente officielle avec l'organisme. À titre d'exemple, vous pourriez donner votre maison, mais vous et votre conjoint conservez le droit de l'habiter pour le reste de votre vie. C'est bien en théorie, mais nombreux sont ceux qui ne se sentent pas à l'aise à l'idée de donner la maison qui leur procure un sentiment de sécurité. Soyez honnête envers vous-même pour ce qui est du besoin émotif de posséder le bien directement, en particulier s'il s'agit de votre maison. Ne donnez jamais quoi que ce soit que vous n'êtes pas prêt à céder, même si ce n'est qu'en titre. Le contrat de fiducie doit être préparé par un avocat ou un notaire.

Ce type de don peut s'appliquer également à d'autres genres de biens.

Avantages pour vous et votre succession

Reçu immédiat pour usage fiscal pour le don de charité.

Les biens ne sont pas soumis à l'homologation.

Usage continu du bien pour le reste de votre vie et de celle de votre conjoint.

Don confidentiel puisqu'il est fait séparément du testament.

Désavantages pour vous

Vous perdez le contrôle du bien.

Le don est irrévocable.

Avantages pour l'organisme de bienfaisance

Obtient le titre de propriété du bien.

Sait que le don sera éventuellement reçu directement.

QUESTION
RÉPONSE

Le fait de nommer l'organisme de bienfaisance de mon choix comme bénéficiaire de mon FERR annulera-t-il l'impôt sur le revenu ?

Du point de vue fiscal, le FERR est traité comme s'il avait été encaissé. Si vous n'avez pas de conjoint à qui laisser votre FERR, vous pourriez nommer votre « succession » comme bénéficiaire du FERR et léguer par testament un montant semblable à l'organisme, si les créanciers ne posent pas de problèmes. Ainsi, vous recevrez un reçu pour dons de charité pour le montant total du don.

15.3 La planification des dons

Avant de faire un don à un organisme de bienfaisance en particulier, vérifiez s'il a un numéro d'enregistrement auprès des ministère du Revenu. Si vous n'êtes pas certain, on vous dira s'il s'agit d'un organisme enregistré. Vous pourriez demander à l'organisme quel pourcentage du don va directement aux programmes de bienfaisance et combien sert à l'administration. Malheureusement, des organismes peu scrupuleux ont escroqué des gens, mais le gouvernement surveille de plus près l'information que doivent déclarer les organismes de bienfaisance.

S'il ne s'agit pas d'un don en argent, vérifiez si l'organisme de bienfaisance pourra utiliser le don que vous désirez lui faire. De nombreux organismes de bienfaisance peuvent vous donner un modèle de libellé que votre notaire pourra ajouter à votre testament pour indiquer clairement votre intention. Les grands organismes de bienfaisance disposent parfois de personnel pour aider les donateurs éventuels dans leurs décisions. Vous ne devriez jamais vous sentir obligé de faire un don lorsque vous participez à de telles discussions.

QUESTION
RÉPONSE

Je veux faire un don de 10 000 $ à un organisme de bienfaisance cette année. Étant donné les avantages fiscaux des dons planifiés, est-ce préférable de donner 10 000 $ en argent ou de donner de mes actions de la CIBC qui valent 10 000 $? Ces actions m'ont coûté 2 000 $.

En supposant que vous prévoyez réduire le nombre de vos actions de la CIBC cette année, il y a des avantages fiscaux à donner vos actions à l'organisme de bienfaisance plutôt qu'à les vendre puis à remettre l'argent à l'organisme de bienfaisance.

Si vous vendez vos actions, vous devrez déclarer un gain en capital imposable de 6 000 $ (75 % du profit de 8 000 $) dans votre déclaration de revenus de l'année courante. L'impôt sera d'environ 3 000 $ (en supposant un taux d'imposition de 50 %). Mais si vous réduisez votre nombre d'actions de la CIBC en les donnant à l'organisme de bienfaisance, le gain en capital imposable tomberait à 3 000 $ (37,5 % de 8 000 $) et vous feriez une économie d'impôt de 1 500 $.

Que vous donniez 10 000 $ en argent ou sous forme d'actions à l'organisme de bienfaisance, vous recevrez un crédit d'impôt fédéral non remboursable de 17 % sur les 200 premiers dollars et de 29 % sur les 9 800 $ qui restent.

Une fois que vous aurez fait le don, ce sera à l'organisme de décider s'il veut conserver les actions ou les vendre et utiliser l'argent.

Vous pouvez laisser l'organisme utiliser le don comme bon lui semble ou vous pouvez faire savoir de façon précise comment vous voulez que le don soit utilisé. Si vous avez des consignes ou des conditions à propos de l'utilisation du don, obtenez l'autorisation de l'organisme de bienfaisance afin d'éviter les problèmes d'ordre technique. Des restrictions peuvent faire en sorte qu'il est difficile voire impossible pour l'organisme d'accepter le don plus tard, alors examinez d'abord les possibilités avec lui. À titre d'exemple, si l'organisme ne reçoit pas le don avant plusieurs années et que vous avez restreint l'utilisation du don à un programme particulier, qu'arrivera-t-il si ce programme n'existe plus lorsque le don est enfin fait ? Même si vous avez une idée précise de l'utilisation, pensez à accorder à l'organisme de bienfaisance le droit d'utiliser le don de façon mieux appropriée afin qu'il puisse l'adapter aux nouveaux besoins et en faire le meilleur usage quand il le recevra.

Des organismes de bienfaisance disposent de moyens d'exprimer leur reconnaissance pour les dons (comme inscrire le nom du donateur sur une plaque), avec la permission du donateur, même lorsqu'ils en profiteront uniquement après votre décès. Le fait que votre nom soit reconnu peut aider d'autres personnes à faire aussi une contribution, mais ce n'est pas obligatoire. Vous pouvez faire votre don en privé si vous le désirez ; toutefois, si le don est fait par testament, rappelez-vous qu'un testament homologué est de notoriété publique.

CONSEIL

Lorsque vous nommez un organisme de bienfaisance dans votre testament ou une police d'assurance-vie, inscrivez en entier la dénomination sociale de l'organisme. Il y a plus de 72 000 organismes de bienfaisance enregistrés au Canada et certains ont des noms semblables. Vous voulez que le bon organisme reçoive votre don et éviter que votre succession ait un différend à régler.

EN
RÉSUMÉ

Bien que l'économie d'impôt ne soit pas la première raison pour faire un don planifié, vous pouvez en tirer des avantages fiscaux intéressants.

Lorsque vous planifiez le don, pensez à ce qui suit :

- Les besoins de l'organisme ou des organismes de bienfaisance que vous désirez aider

- Les moyens de maximiser la déduction fiscale

- Les besoins financiers de votre famille

- Vos propres besoins financiers afin d'éviter que vous n'en donniez trop et trop tôt

Pour beaucoup de gens, il est important de savoir qu'ils ont fait une différence.

Chapitre 16

Les documents concernant les soins de santé

Je me suis occupée de ma mère jusqu'à la fin et j'ai eu des décisions difficiles à prendre. J'ai discuté des choix que nous avions avec ma sœur, mais elle a refusé de participer aux décisions. J'ai fait de mon mieux pour Maman mais encore aujourd'hui, tout en sachant que j'ai pris les bonnes décisions, je me sens coupable.

Si ma mère m'avait laissé savoir ce qu'elle voulait, ça aurait été plus simple. Mais ça n'aurait quand même pas été facile.

S.

Dans certaines situations, la science et la technologie médicale maintiennent des gens en vie, mais sans apporter la qualité de vie qu'un individu est en droit de souhaiter. Les directives pour les soins de santé spécialisés comprennent les testaments biologiques, les procurations relatives au soin de la personne et les mandats de soins de santé.

Le statut juridique de ces documents varie d'une province à l'autre. Au Québec, on l'appelle mandat en cas d'inaptitude. Le Québec, l'Ontario, le Manitoba et la Nouvelle-Écosse disposent d'une loi qui reconnaît les testaments biologiques. La Loi sur la prise de décisions au nom d'autrui de l'Ontario accorde le droit légal de préparer un testament biologique et de nommer quelqu'un pour prendre les décisions en matière de soins de santé (soit dans la procuration relative au soin de la personne ou dans un document séparé). La Colombie-Britannique a une loi qui reconnaît les testaments biologiques et les mandats de soins de santé et s'apprête à les intégrer à la Representation Agreement (entente de représentation).

16.1 Le testament biologique

Si vous êtes mentalement capable, vous avez le droit de refuser un traitement médical. Si vous êtes frappé d'incapacité mentale ou que vous êtes inconscient, on présume que vous avez accepté tous les traitements médicaux que l'établissement de santé juge nécessaires.

Le testament biologique porte mal son nom : ce n'est *pas* un testament puisque les instructions qu'il contient doivent entrer en vigueur de votre vivant. En effet, le testament biologique indique vos intentions quant au type ou au degré de soins de santé ou d'intervention médicale que vous voulez recevoir ou que vous refusez advenant que vous soyez dans l'impossibilité de décider par vous-même. Il ne permet pas à quelqu'un d'autre de prendre des décisions à votre place ; pour ce faire, vous devez signer une procuration relative aux soins de santé. Plus vos volontés seront indiquées clairement, plus ce sera facile pour vos pourvoyeurs de soins de santé de les respecter exactement comme vous le souhaitiez.

On trouve dans certaines testaments biologiques une phrase du genre : « Si l'on prévoit que je ne pourrais pas profiter d'une qualité de vie raisonnable après la récupération ou la rémission, j'exige qu'il me soit permis de mourir et de ne pas être maintenu en vie par des moyens artificiels et je m'oppose à l'acharnement thérapeutique. » Ce serait une bonne idée de préciser ce que vous entendez par « qualité de vie », par exemple de ne pas vouloir vivre branché à des machines lorsqu'il n'y a aucun espoir de survie.

Une personne en phase terminale d'une maladie pourrait souhaiter souffrir le moins possible et indiquer dans son testament qu'elle accepte que lui soit administré tout médicament susceptible de diminuer ses souffrances et son malaise mais qu'elle ne veut aucun traitement énergique ni être maintenue en vie par des moyens artificiels.

Un testament biologique explique vos intentions quant au refus ou à l'acceptation d'un traitement médical. Si, par exemple, vous autorisez le prélèvement sur votre corps d'un organe, vous devriez indiquer clairement qu'on peut vous brancher à un ventilateur aux fins de transplantation.

Discutez de vos croyances et de vos volontés avec vos médecins traitants. Plus vous serez précis (sans entrer dans les détails), plus ils seront en mesure de respecter vos volontés.

CONSEIL

Mourir dans la dignité, société canadienne qui s'occupe de la qualité de la mort, offre des services d'information et de consultation et vend également un formulaire pour le testament biologique. On peut entrer en contact avec cette société au 188 Eglinton Avenue East, bureau 708, Toronto (Ontario) M4P 2X7 ; (416) 486-3998.

Le testament biologique doit être signé par vous ; il doit aussi être daté et attesté par des gens qui reconnaissent que vous êtes apte mentalement.

QUESTION
RÉPONSE

Mon médecin doit-il suivre les instructions contenues dans mon testament biologique ?

Oui et non. Selon le Centre de bioéthique, l'Association médicale canadienne appuie les testaments biologiques en principe. Mais certains professionnels sont réticents à suivre des directives préalables sur le traitement médical lorsque de telles instructions demandent une assistance au suicide, de crainte d'être poursuivis en vertu du Code criminel.

L'absence de législation n'empêche pas les tribunaux de reconnaître les testaments biologiques comme des documents valides. Même si vous habitez dans une province qui ne reconnaît pas officiellement le testament biologique, le fait d'indiquer par écrit vos volontés et vos croyances guidera votre famille et les professionnels de la santé dans des moments difficiles. Après tout, le but du testament biologique est de donner à votre famille et au personnel médical une idée de ce que vous voulez comme soins médicaux et qualité de vie.

Comme c'est le cas pour les autres documents reliés à la planification successorale, vous devriez réviser régulièrement et mettre à jour au besoin votre testament biologique ou vos directives préalables en matière de soins afin qu'ils reflètent vos volontés et votre état de santé actuels. Vous devriez également le réviser si vous déménagez dans une autre province puisque les lois varient d'un endroit à l'autre.

CONSEIL

L a société canadienne Mourir dans la dignité vous recommande de réviser votre testament biologique une fois par année, et de le parapher et de le dater au moment de chaque révision. Vos médecins seront ainsi certains que le document reflète encore vos volontés.

16.2 La procuration relative au soin de la personne

Dans certaines provinces, vous pouvez nommer une personne qui prendra pour vous les décisions concernant votre soin ou vos soins de santé. Cette personne peut prendre divers noms comme représentant ou mandataire de soins de santé. Le fait de nommer un mandataire signifie qu'une personne de votre choix, pas un fonctionnaire, a le droit de prendre des décisions quant au soin de votre personne lorsque vous n'êtes pas en état de le faire. Ce document est différent d'une procuration à des fins financières (voir le chapitre 8).

Comme c'est le cas pour tout représentant personnel, vous devez choisir une personne en qui vous avez confiance, qui comprend vos valeurs personnelles et qui suivra vos instructions ou qui, si vous n'avez pas laissé d'instructions détaillées, prendra les décisions en fonction de ce qu'elle croit être au mieux de votre intérêt et qu'elle défendra vos intentions. Si vous nommez plus qu'un mandataire, ces derniers doivent prendre les décisions ensemble sauf si vous avez stipulé qu'ils pouvaient agir conjointement et individuellement.

Même sans procuration relative au soin de la personne, les membres de la famille immédiate peuvent prendre des décisions en matière de soins de santé à votre place. Contrairement aux situations financières, les proches peuvent intervenir, en particulier dans les situations d'urgence. Dans la loi à venir de la Colombie-

Britannique, sans ce document, les membres de la famille se verront accorder l'autorisation temporaire de prendre de telles décisions. Les établissements de soins de santé comme les centres de soins prolongés et les foyers d'hébergement semblent exiger de plus en plus ce type de document, même lorsqu'un membre de la famille peut en principe agir sans un tel document.

En Ontario, en vertu de la Loi sur la prise de décisions au nom d'autrui, la procuration relative au soin de la personne peut comprendre le testament biologique et le mandat de prendre des décisions de soin de la personne et de soins de santé pour vous (d'où le terme décisions au nom d'autrui). Le mandataire des soins personnels n'a pas l'autorisation de prendre ces décisions pour vous à moins qu'il croie raisonnablement que vous n'êtes plus en mesure de prendre vous-même une décision d'ordre médical. Pour éviter les risques d'abus, plusieurs groupes de personnes avec qui vous entretenez des liens ne peuvent agir comme mandataires en matière de soins de santé, comme vos enseignants, vos médecins, vos infirmières, votre propriétaire ou votre travailleur social.

En Colombie-Britannique, la loi à venir promulguera la Representation Agreement (entente de représentation) qui donne au représentant l'autorisation de prendre de telles décisions (de le représenter) et au mandataire l'habileté de nommer un tiers qui surveillera les décisions prises par le représentant, à moins que le mandataire ne renonce à cette exigence.

EN RÉSUMÉ Les lois provinciales sur les directives préalables relatives aux soins de santé changent. Les législateurs tentent d'équilibrer les besoins de tous les intervenants et leurs objectifs sont les suivants :

- Donner au patient le pouvoir de prendre ses propres décisions médicales.

- Donner aux particuliers le droit de nommer quelqu'un pour prendre les décisions.

- Accorder aux personnes nommées comme décideurs substituts le pouvoir légal de suivre les instructions.

- Offrir un cadre juridique qui protège tous les intervenants, y compris le particulier, les pourvoyeurs de soins médicaux et les fonctionnaires qui pourraient avoir à intervenir, sans formalités administratives inutiles ou coûts d'administration élevés.

Personne ne sait ce que l'avenir lui réserve. Mon mari a inscrit ce qui suit dans son testament biologique :

La mort est une réalité aussi vraie que la naissance, la croissance, la maturité et la vieillesse. C'est une caractéristique de la vie dont tout le monde est certain. Si jamais je ne suis plus en mesure de prendre des décisions concernant mon avenir, j'ordonne par la présente que cette déclaration soit reconnue comme l'expression de mes volontés manifestée alors que je suis sain d'esprit.

Si jamais mon médecin traitant déterminait que je ne me remettrai pas d'une incapacité physique ou mentale et que ma mort est imminente, j'ordonne par la présente qu'on me laisse mourir. C'est ma volonté de ne pas être maintenu en vie par des moyens artificiels et je m'oppose à l'acharnement thérapeutique qui servirait uniquement à prolonger artificiellement ma vie. Je ne crains pas la mort mais plutôt la dégénérescence, la dépendance et les souffrances interminables où l'on perd toute dignité. Je demande qu'on me laisse mourir naturellement en se contentant de m'administrer les médicaments et d'exécuter les actes médicaux jugés nécessaires pour m'assurer un certain confort ou soulager la souffrance même si cela devait hâter le moment de ma mort.

Cette demande est faite après mûre réflexion. Elle peut sembler faire porter une lourde responsabilité aux personnes qui seront chargées de prendre soin de moi. Cependant, c'est dans l'intention de vous soulager d'une telle responsabilité et de la reporter entièrement sur moi conformément à mes convictions personnelles profondes que je fais cette déclaration.

Ces mots qu'a rédigés mon mari nous serviront de guide, à moi et à ses médecins, si jamais il se trouve dans une telle situation.

Chapitre 17

Le dernier don

Comment dit-on merci ?

M.

À votre décès, vous voudrez peut-être donner votre corps à la recherche médicale ou vos organes à quelqu'un qui a désespérément besoin d'aide. Nous devons tous réfléchir à nos valeurs et à nos préoccupations personnelles avant de prendre une telle décision.

17.1 Les dons d'organes et de tissus

Vous souhaitez peut-être donner vos organes ou vos tissus pour aider quelqu'un qui autrement risque de mourir. La greffe d'un organe peut améliorer grandement l'espérance et la qualité de vie du receveur. De nos jours, on peut faire des greffes des reins, du foie, du cœur, des poumons, du pancréas et de l'intestin grêle. Le nombre de transplantations d'organes effectuées est limité par le manque de donneurs.

Le don de tissus consiste à greffer un tissu humain (plutôt que l'organe en entier) comme des os pour ceux qui ont perdu de grandes quantités d'os à cause d'un cancer, des valvules cardiaques pour remplacer celles qui sont défectueuses et des cornées pour ceux dont la vue est endommagée. Les donneurs d'organes peuvent aussi être appelés à donner des tissus.

QUESTION
RÉPONSE

Ma famille connaîtra-t-elle les noms des gens que j'aurai aidés ?

Non. Les noms ne sont pas connus. Cependant, votre famille recevra une lettre dans les semaines qui suivront pour l'informer des organes et des tissus qui ont été greffés. On peut communiquer avec les receveurs par lettre anonyme et on encourage les familles à entreprendre une telle correspondance.

Pour devenir donneur d'organes, deux médecins indépendants doivent déclarer que l'individu est en état de mort cérébrale mais que son cœur bat encore. La mort cérébrale est la fin de toute fonction cérébrale et elle est irréversible. Parce que le donneur est branché à un ventilateur et que le cœur bat encore, les organes du corps continuent de recevoir de l'oxygène et restent fonctionnels. Nous aimerions croire que tous les dons peuvent servir, mais la santé du donneur au décès et la cause du décès déterminent si ses organes et ses tissus pourront convenir à des greffes. La signature de la carte de donneur constitue un consentement légal, mais les médecins demandent tout de même parfois la permission de la famille.

QUESTION
RÉPONSE

À quel moment le corps sera-t-il remis à la famille ?

Après la déclaration de décès, le processus de don d'organes prend habituellement jusqu'à 24 heures : 8 heures pour les tests médicaux, de 2 à 8 heures de chirurgie pour prélever les organes (sans laisser de traces visibles) et 8 heures s'il faut faire une autopsie.

Si vous donnez votre corps entier à une faculté de médecine, vos yeux peuvent tout de même servir à une greffe mais pas vos organes. Communiquez avec le bureau local de l'Institut national canadien pour les aveugles (INCA) pour en savoir plus sur la Banque des yeux du Canada.

17.1.1 La signature de la carte de donneur

Chaque province régit son propre programme de dons et de greffes d'organes et conserve une base de données de gens qui sont en attente d'une greffe. Le Canada ne dispose pas d'un programme national, mais les programmes provinciaux coordonnent leurs services à la grandeur du pays.

Pour indiquer que vous désirez faire don d'organes ou de tissus, signez une carte de donneur d'organes ou le consentement qui se trouve au dos de votre permis de conduire ou mentionnez-le dans vos documents relatifs aux soins personnels et aux soins de santé. Si vous n'avez pas de permis de conduire, vous pouvez obtenir un formulaire de consentement auprès du programme de dons d'organes de votre province (voir le tableau 8).

Au moment du décès, les décisions concernant le don d'organes doivent se prendre très rapidement, tout retard pouvant faire en sorte que l'organe ne pourra plus servir. En portant sur vous votre carte de donneur signée, on connaît immédiatement vos volontés.

CONSEIL

Si vous avez signé une carte de donneur, il sera plus facile pour votre famille de respecter vos volontés. Discutez de vos volontés avec votre famille afin qu'elle comprenne puisqu'un proche pourrait aussi avoir à signer une carte de donneur à votre décès.

Tableau 8

Centres de transplantation d'organes

Pour en savoir plus, communiquez avec le centre le plus près de chez vous. Pour obtenir de l'information générale, téléphonez pendant les heures d'ouverture. Après les heures, les personnes qui veulent faire savoir immédiatement qu'un organe ou un tissu peut être transmis obtiendront une personne de garde, un service de réponse téléphonique ou pourront laisser un message à un numéro à utiliser après les heures de travail.

Alberta

Sud de la province	(403) 283-2243
Nord de la province	(403) 492-1970
après les heures, appelez au numéro du Sud de la province	
Colombie-Britannique	(604) 877-2100
Île-du-Prince-Édouard	(902) 428-5500
Manitoba	(204) 787-7379
Nouveau-Brunswick	(506) 643-6848

Nouvelle-Écosse	(902) 428-5500
après les heures, faites le	1 800 565-0733
Ontario	1 800 263-2833
London	(519) 663-3060
Hamilton	(905) 522-4941
Kingston	(613) 548-7811
Ottawa	(613) 737-8616
Toronto	(416) 340-4587
Québec	
Montréal	(514) 286-1414
après les heures	(514) 286-0600
Québec	(418) 845-4110
Saskatchewan	(306) 655-1054
Terre-Neuve	(709) 737-6600
Territoires du Nord-Ouest	appelez le centre provincial le plus près
Yukon	appelez le centre provincial le plus près

Les dons d'organes et de tissus sont un moyen de faire sa part, même dans la mort. Ce peut être un moyen de soulager quelque peu la douleur qui accompagne la mort, un moyen de trouver un aspect positif même aux décès les plus tragiques.

17.2 Donner votre corps à la recherche médicale

Ici reposent les cendres de ceux qui, dans l'intérêt de leurs semblables, ont donné leurs corps à l'enseignement et à la recherche médicale.

Inscription sur une pierre tombale dans le lot
de l'Université de Toronto au cimetière St. James.

Vous pouvez donner votre corps en entier à l'enseignement médical ou à la recherche scientifique à la faculté de médecine, d'art dentaire ou de toute autre science de la santé de votre région. Mais on n'accepte pas tous les corps. La faculté peut en avoir suffisamment ou encore refuser un corps pour des raisons médicales. Il arrive parfois que le corps soit tout simplement trop loin de la faculté pour que le don puisse se faire. Au cas où l'on n'aurait pas besoin de votre corps, prévoyez d'autres arrangements comme l'inhumation ou l'incinération. Si la faculté accepte votre corps, elle s'occupera habituellement du transport, mais la succession ou la famille devra en acquitter le coût.

La faculté conservera le corps de six mois à trois ans. Lorsqu'on n'a plus besoin du corps, on l'incinère. Les options offertes après l'incinération varient d'un établissement à l'autre. Ainsi, à l'Université de Toronto, la famille ou la succession peut obtenir les cendres en vue d'une inhumation privée (aux frais de la famille ou de la succession) ou elles peuvent être enterrées par l'université au moment du service funèbre qu'elle célèbre chaque printemps. Pour en savoir plus, communiquez avec la faculté de votre région.

Lorsque le corps sert à l'enseignement ou à la recherche médicale, nombre de gens croient qu'il est tout de même important pour les proches de vivre leur deuil. La famille et les amis peuvent célébrer un service commémoratif au moment du décès malgré l'absence du corps.

Chapitre 18

La planification des funérailles

Bien qu'il soit difficile pour la plupart des Canadiens d'affronter la mort, la planification des funérailles, de façon formelle ou informelle, fait partie de la planification successorale. Je suppose que si vous remettez toujours la préparation de votre testament, vous n'êtes probablement pas prêt à penser à vos funérailles.

Les funérailles, comme le mariage et la bar-mitsva, sont des rites de passage, une façon de reconnaître une étape importante de la vie. On entendait dans le film à succès *Le roi Lion* une chanson primée intitulée *Le cercle de la vie*. De plus en plus de gens considèrent que la mort fait partie de la vie, d'un cycle éternel. Avec le vieillissement de la population canadienne, la mort sera de plus en plus présente et on devrait la voir comme une progression naturelle.

Malgré tout, la mort reste un sujet difficile à aborder et les gens sont souvent réticents à réfléchir aux décisions à prendre à propos des funérailles, que ce soit par eux-mêmes ou par la famille en leur nom.

Pensez au temps et aux efforts qu'on consacre à préparer un autre rite de passage, le mariage. Certaines funérailles traditionnelles sont aussi élaborées que les plus grands mariages et pourtant on n'a que quelques jours pour les préparer, des jours où la famille est particulièrement vulnérable, tant du point de vue émotif que financier.

Certains croient qu'il faut dépenser des sommes importantes pour rendre hommage au défunt. Il y a plus d'une façon de célébrer la vie. On peut le faire avec simplicité ou de façon grandiose. À mon avis, la vie n'est pas mise en valeur ou diminuée par la somme dépensée pour les funérailles. Des gens ont organisé des funérailles onéreuses et grandioses pour s'apercevoir plus tard que tout l'argent dépensé n'a effacé ni le sentiment de culpabilité, ni les sentiments mitigés, ni la tension et le chagrin qu'ils éprouvaient à ce moment-là. Il existe quelques « règles » concernant les arrangements funéraires à faire.

CONSEIL

Des compagnies aériennes offrent des rabais aux familles qui doivent se rendre à des funérailles. Les tarifs varient, mais la plupart exigent une preuve quelconque du décès comme le nom du défunt, un certificat de décès, le nom, l'adresse et le numéro de téléphone du salon mortuaire ou une déclaration signée par la direction du salon. Cela vaut la peine de s'informer.

18.1 La responsabilité du liquidateur

Votre liquidateur a la responsabilité finale de l'organisation de vos funérailles. Vous pouvez laisser des instructions précises ou donner une idée générale de vos volontés afin d'aider votre famille et votre liquidateur. Ce dernier peut légalement passer outre à vos instructions orales ou écrites si elles ne conviennent pas. Par exemple, si vous avez pris des dispositions pour des funérailles élaborées que vous n'avez pas payées et que la succession ne peut se permettre, vos volontés ne seront vraisemblablement pas respectées. Par contre, si vous désirez des funérailles très simples, vos instructions pourront guider votre liquidateur et votre famille qui, autrement, auraient de la difficulté à ne pas dépenser au-delà de ses moyens pour vos funérailles.

Certains donnent leurs instructions pour leurs funérailles dans leur testament. Malheureusement, si l'on trouve le testament seulement après les funérailles, il aura été impossible de suivre ces instructions, à moins que la personne n'ait averti la famille et le liquidateur de toute demande spéciale en rapport avec les arrangements funéraires, l'incinération ou le don d'organes. Vous pouvez mettre vos instructions par écrit et les donner à votre liquidateur ou voir vous-même à faire les arrangements qui s'imposent (voir plus loin la section « La planification »).

18.2 Les coûts

Les funérailles et tout ce qui les entoure constituent un commerce florissant et peuvent coûter cher. Vous pouvez payer de 1 000 $ jusqu'à 12 000 $, selon les arrangements et les politiques de prix du salon mortuaire, de la société de prévoyance funéraire ou de l'organisme sans but lucratif. Un salon mortuaire demande plus de 12 000 $ pour son cercueil le plus cher, mais il dispose également d'un cercueil d'environ 200 $ et en offre plusieurs dont le prix se situe entre ces deux extrêmes. Le service funéraire le plus simple est un service de transfert ou de disposition immédiate et comprend le transfert de la dépouille du lieu du décès au cimetière ou au crématorium. Les frais sont d'environ 800 $.

Discutez des choix qui s'offrent à vous avec un conseiller ou un directeur funéraire lorsque vous déciderez de ce que vous voulez. Vous tenez peut-être à un type particulier de musique et de funérailles. Pour savoir quoi planifier pour vos propres funérailles, vous pouvez noter ce que vous aimez et n'aimez pas lorsque vous assistez aux funérailles d'amis ou de membres de la famille. Vous pourrez remarquer une pièce musicale ou une partie de la cérémonie qui vous semblent tout à fait appropriées. Il se peut également qu'une partie du rituel ne vous plaise pas du tout et que vous n'en vouliez pas à vos propres funérailles.

Vous pouvez prévoir d'autres détails comme la notice nécrologique, les gens qui devront être invités, les fleurs et la réception après le service. Certains jugent cet exercice fort macabre, alors que d'autres trouvent un grand réconfort à voir eux-mêmes aux arrangements. Vous pouvez aussi simplement dire à votre famille de faire ce qu'elle juge à propos ou lui indiquer que vous ne voulez rien de spécial.

CONSEIL

Cherchez un salon qui vous en donne pour votre argent et dont le directeur fait preuve d'humanisme. Personne ne doit vous forcer. Si vous habitez dans une petite localité, les choix peuvent s'avérer plus restreints mais, en prévoyant, vous pouvez éviter à votre famille des tensions et des coûts inutiles.

18.3 La planification

Les salons mortuaires vous suggèrent de planifier vos funérailles. La planification consiste à décider de ce que vous voulez comme funérailles. Elle n'exige pas de paiement à l'avance ni d'autre obligation financière, mais elle peut vous aider à prévoir les coûts et à informer votre liquidateur de vos volontés.

Grâce aux services de planification, le salon mortuaire peut attirer de futurs clients et prévoir les commandes à venir. À titre de conseillère financière, je reconnais l'importance de la planification lorsqu'on fait un achat de consommation important, comme c'est le cas des services funéraires. Lorsque vous n'êtes pas pressé par le temps, vous pouvez évaluer les diverses options et comparer le coût des services et des fournitures. Faites preuve de jugement et choisissez le type de funérailles qui vous plaira ainsi que le type d'inhumation ou d'incinération en tenant compte de vos volontés, de votre budget et des traditions de votre milieu.

QUESTION RÉPONSE

Que dois-je faire pour préparer mes funérailles ?

Téléphonez à un ou plusieurs salons mortuaires ou encore rendez-vous sur place. Vous pouvez y trouver de l'information ou leurs listes de prix, ou demander qu'on vous les envoie par la poste. La plupart des salons mortuaires préfèrent que vous preniez rendez-vous afin de discuter de vos funérailles, et le personnel est prêt à répondre à vos questions sans aucune obligation de votre part.

Dans certaines provinces, vous pouvez faire les arrangements pour les funérailles et les arrangements pour l'inhumation ou l'incinération au même endroit. En Ontario, la loi oblige les salons mortuaires et les cimetières à être exploités séparément, bien qu'un grand nombre d'entre eux travaillent en association.

Lorsque vous planifiez vos funérailles, vous devez tenir compte des décisions suivantes :

- Inhumation ou incinération ?
- Cercueil ouvert ou fermé, loué ou acheté ?
- Embaumement ?
- Avec ou sans service funèbre ?
- S'il y a service, à l'église ou à la chapelle ?

Consultez l'aide-mémoire sur la planification funéraire à la fin du chapitre.

La planification est de plus en plus populaire. Un salon funéraire de Toronto m'a avoué faire la planification de deux funérailles par jour en moyenne. La population vieillissante, la sensibilisation accrue au moyen d'articles et de la publicité, les différentes traditions culturelles et le désir de contrôler les frais funéraires alimentent cette tendance. De nombreux foyers d'hébergement exigent à présent que les funérailles soient planifiées ou prépayées avant d'accepter un nouveau pensionnaire ou au moins qu'on leur donne le nom du directeur funéraire avec qui communiquer au besoin.

Le salon mortuaire conservera en dossier des renseignements personnels comme votre date de naissance et votre numéro d'assurance sociale afin de faciliter la tâche de votre famille ou de votre liquidateur quand viendra le temps de remplir tous les formulaires au moment du décès.

18.4 Les funérailles prépayées

Les funérailles payées ou arrangées au préalable ressemblent à des funérailles planifiées, sauf que les arrangements sont planifiés par contrat et payés d'avance. Toutes les provinces, à l'exception de Terre-Neuve, disposent de lois sur les services funéraires pré-payés. Les fonds payés sont détenus en fiducie pour vous soit par le salon mortuaire soit par un organisme provincial. Si vous avez payé certaines sommes pour vos funérailles, assurez-vous d'en informer votre liquidateur pour éviter qu'il n'organise et ne paie d'autres funérailles.

Méfiez-vous des contrats qui stipulent simplement que les fonds détenus en fiducie par le salon mortuaire serviront uniquement à défrayer le coût réel des funérailles (avec sous-entendu non écrit que la famille ou la succession paiera tout montant supplémentaire dû au moment des funérailles). Les contrats de préarrangements funéraires devraient comporter une clause stipulant que les frais funéraires seront payés au moment du décès si le montant des arrangements funéraires est supérieur au montant énoncé dans le contrat. De nombreux contrats stipulent désormais que si, au moment des funérailles, les coûts pour les arrangements qui ont été prépayés sont supérieurs au montant payé, le salon mortuaire devra absorber la différence. Pareillement, le contrat devrait inclure une clause selon laquelle les fonds seront remboursés à la succession si les frais funéraires sont moindres au moment du décès ou si quelqu'un d'autre se charge des funérailles.

À titre d'exemple, vous payez d'avance 4 400 $ pour les services funéraires que vous avez choisis. Votre contrat garantit que les services de préarrangements seront payés en entier. Les fonds rapportent des intérêts au taux courant chaque année et, au moment du décès, le montant en fiducie atteint 5 390 $. Si le coût réel des funérailles dans trois ans est de 5 000 $, la succession recevra un remboursement de 390 $. Mais si le coût est de 5 900 $, la différence serait payée par le salon mortuaire. Votre famille n'aura rien à payer (à l'exception de tout service additionnel non prévu au contrat).

Si vous payez d'avance un contrat dont le prix d'achat est inférieur à 15 000 $ (qui est de loin supérieur au coût moyen des funérailles), l'intérêt sur ces fonds est exempt d'impôt, à moins que ces fonds ne servent à payer autre chose que les services pré-payés.

Comme c'est le cas pour tout contrat, évaluez la flexibilité que permet le contrat du salon mortuaireou du cimetière :

• Qu'arrive-t-il si vous déménagez ?

• Pouvez-vous obtenir un remboursement intégral ?

• Que prévoit le contrat si vous changez d'idée ?

• Pouvez-vous l'annuler dans les 10 ou 30 jours suivant la signature et obtenir un remboursement intégral ? Pouvez-vous l'annuler en tout temps ? À titre d'exemple, au Québec, le contrat de préarrangements peut être annulé en tout temps moyennant une pénalité de 10 % du montant payé ; des intérêts sur les fonds placés en fiducie vous seront versés selon l'indice des prix à la consommation. En Colombie-Britannique, on peut faire annuler en tout temps un contrat payé d'avance, mais 20 % du montant ne sera pas remboursé. En Ontario, le salon mortuaire peut déduire jusqu'à 10 % des fonds prépayés jusqu'à concurrence de 200 $.

Voyez le contrat que vous avez signé. Il devrait comporter une clause sur l'annulation du contrat et les frais qui pourraient être retenus.

Dans certaines provinces, l'exploitation des salons mortuaires et celle des cimetières et des crématoriums sont deux choses

QUESTION RÉPONSE

J'ai acheté un terrain pour sépulture double. La valeur de revente est actuellement de 10 000 $. J'aimerais faire un grand voyage et être incinéré. Est-ce que je peux vendre mon lot ?

séparées. Si vous décidez d'acquérir une concession de terrain, vous devrez communiquer avec le cimetière.

En plus du paiement à l'avance des funérailles, il existe d'autres moyens courants de payer les frais funéraires comme les suivants :

- Établir un compte bancaire conjoint avec quelqu'un qui sera responsable de payer les funérailles et l'enterrement à partir des fonds du compte.

- Demander à votre liquidateur de payer les frais funéraires à partir de votre compte bancaire, si la banque autorise la demande de fonds.

- Demander à un membre de la famille de payer les frais et à la succession de les lui rembourser.

- Utiliser une petite police d'assurance pour payer les funérailles.

D es cambriolages ont parfois lieu pendant que la famille assiste aux funérailles. Il serait prudent de laisser quelqu'un à la maison pour en assurer la surveillance pendant les funérailles.

CONSEIL

LA PLANIFICATION FUNÉRAIRE

J'aimerais

❏ un service funèbre   ❏ un service commémoratif
❏ pas d'importance

J'aimerais
qu'on interprète la musique suivante : _____

J'aimerais
qu'on lise le texte suivant : _____

J'aimerais
❏ des fleurs   ❏ au lieu de fleurs, des dons à

Je préfère être
❏ inhumé   ❏ incinéré   ❏ pas d'importance

Je ❏ veux   ❏ ne veux pas   que le cercueil soit ouvert

En cas d'incinération, je veux que mes cendres soient :
❏ inhumées à _____

❏ répandues à _____

❏ autre _____

❏ J'ai ❏ Je n'ai pas
planifié mes funérailles chez _____

❏ J'ai ❏ Je n'ai pas
prépayé mes funérailles chez _____

Autres instructions particulières : _____

Chapitre 19

Partez l'esprit en paix

Si vous ne pensez pas que chaque jour compte, lisez les notices nécrologiques.

Mike McKinley

Compte tenu de votre situation et de vos objectifs, la planification successorale peut s'avérer fort simple ou très compliquée. Mais c'est un volet de l'ensemble du processus de planification financière qui évolue au fil de votre vie. Votre plan successoral touchera vos proches, votre entourage et les biens que vous avez accumulés et gérés.

Votre plan successoral doit refléter ce qui est important pour *vous* et de quelle façon vous voulez que vos biens soient partagés. Il doit pourvoir à vos besoins de votre vivant et tenir compte des questions fiscales, juridiques et familiales. Il veillera à ce qu'il y ait suffisamment de liquidités pour payer les impôts et, si vous étiez le gagne-pain de votre famille, à remplacer votre revenu. Il comprend la préparation de documents juridiques. Ne rien faire n'est *pas* très responsable! Ce n'est pas au mieux des intérêts de votre famille, de votre entreprise et de vos autres relations.

Il y a 30 ans, la planification successorale était un jeu d'enfant, puisque les lois et les questions de finances personnelles étaient alors assez simples. Mais aujourd'hui je crois que la planification successorale a plus de répercussions qu'avant sur les contribuables ordinaires et que nous devons prendre des mesures pour garder l'État hors de nos vies lorsque c'est possible. La planification successorale nous permet de plaider pour nous et nos familles.

Étapes d'élaboration de votre plan successoral

1. Établissez vos buts et vos objectifs.

2. Passez en revue votre situation personnelle et professionnelle et votre dynamique familiale.

3. Passez en revue les documents relatifs à votre présuccession et votre succession.

4. Évaluez les problèmes relatifs à la planification de votre succession.

5. Établissez des stratégies en fonction de la planification de votre succession.

6. Discutez de votre plan avec les personnes concernées comme votre liquidateur et les tuteurs.

7. Mettez en œuvre les stratégies.

8. Préparez ou mettez à jour les documents relatifs à votre présuccession et votre succession.

Cela dit, vous ne voulez pas compliquer inutilement votre succession. Vos objectifs personnels sont le fondement de votre plan successoral. Qui doit profiter de votre patrimoine : vous-même, vos bénéficiaires ou Revenu Canada ? Tentez-vous de constituer un héritage important et d'en laisser le plus possible à vos bénéficiaires ? Ou de laisser seulement ce qui restera après que vous en aurez profité ? Ou encore votre priorité est-elle d'en laisser le moins possible à Revenu Canada ? Ce livre vous a présenté quelques-uns des choix que vous avez pour atteindre vos objectifs.

La planification successorale vous permet d'avantager vos bénéficiaires comme vous le souhaitez.

19.1 La planification fiscale

Tout au long du livre, j'ai supposé que vous ne vouliez pas que Revenu Canada profite de votre patrimoine plus que nécessaire. En outre, vous avez peut-être à cœur la taille de la part que Revenu Canada puisera dans votre patrimoine.

La planification successorale peut réduire les impôts et les frais que votre succession devra payer à votre décès et faciliter la transition aux bénéficiaires en minimisant les chicanes de famille. Grâce à des décisions éclairées, vous pourrez avoir recours aux moyens les plus efficaces pour gérer vos affaires financières et faire en sorte de n'envoyer à Revenu Canada que le strict nécessaire et le plus tard possible.

Comme vous pouvez transférer à votre conjoint des biens exempts d'impôt à votre décès, il va de soi de considérer quels biens, sinon tous, lui laisser. Si votre conjoint décède avant vous, vous devriez revoir votre propre plan de façon à vous assurer d'en laisser le plus possible à la génération qui suit plutôt qu'à l'État. Les conséquences fiscales sont différentes lorsque les biens sont laissés à un conjoint (planification entre même génération) ou aux enfants ou aux petits-enfants (planification entre générations différentes) ou encore à un organisme de bienfaisance.

La question des impôts n'est jamais simple et peu importe avec quel soin vous structurez votre plan successoral, l'État prélèvera probablement quelque impôt et tentera d'en obtenir encore plus à l'avenir. Les récentes modifications apportées aux lois, notamment l'élimination de l'exemption personnelle pour gains en capital, l'augmentation des frais d'homologation dans certaines provinces et l'imposition accrue des fiducies, ne sont que trois exemples de l'orientation que l'État entend prendre.

19.2 Faire appel aux professionnels

Je crois que rien ne peut remplacer un avis professionnel. Mais beaucoup de gens ont l'impression que c'est compliqué de trouver des professionnels compétents avec qui on peut travailler et en qui on peut avoir confiance. Les professionnels ne peuvent prendre les décisions à votre place, mais ils peuvent vous conseiller en fonction de votre situation personnelle (ce qu'un livre *ne peut pas* faire), vous indiquer le plan d'action le plus efficace et faire en sorte de couvrir tous les points. Vous pouvez aussi travailler avec une équipe de professionnels dont chacun est spécialiste dans son domaine. L'équipe pourra se composer d'un administrateur fiduciaire, d'un conseiller financier, d'un agent d'assurance-vie, d'un avocat spécialisé en droit familial, successoral ou des affaires et d'un comptable, pour n'en nommer que quelques-uns.

La meilleure façon de trouver un bon professionnel est le bouche à oreille. Rappelez-vous que trouver un bon conseiller, c'est un peu comme trouver un bon médecin de famille : il faut qu'il soit compétent et que vous ayez des atomes crochus. Il faut que vous soyez à l'aise avec lui et que vous ayez l'impression qu'il se préoccupe réellement de vous. Si vous n'êtes pas à l'aise, vous ne suivrez pas ses conseils ou vous les suivrez en les mettant en doute et de telles attitudes ne contribuent en rien à votre santé financière. Vous ne devez pas être intimidé par vos conseillers.

Profitez de la première consultation gratuite qu'offrent de nombreux conseillers (bien que certains soient portés à exiger des honoraires pour la rencontre s'ils vous donnent des conseils). Soyez prêt à discuter de votre situation, de vos préoccupations, de vos valeurs et de vos buts. Si vous avez l'habitude de tenir vos affaires financières cachées, vous vous sentirez embarrassé au début de parler de votre situation familiale et financière. Cette première rencontre vous donnera l'occasion de voir si vous vous sentez à l'aise avec le conseiller sur le plan personnel et de juger de ses compétences.

Le conseiller doit regarder votre santé financière dans son ensemble, comprendre vos besoins, répondre à vos questions et garantir la confidentialité de vos entretiens. Cherchez quelqu'un qui a de l'expérience, de bonnes références, un degré de probité professionnelle élevé, qui est engagé dans son milieu et dévoué à ses clients. En ce moment, tous les conseillers ne tiennent pas compte des besoins de leurs clients en matière de planification successorale, mais je crois que ce domaine de spécialisation gagnera en popularité avec le vieillissement de la population.

Vos conseillers pourront vous poser à l'occasion des questions qui vous inciteront à mettre en doute vos décisions. À titre d'exemple, si vous accordez une procuration à votre fille aînée, le notaire pourra vous demander si vous êtes certain de pouvoir lui faire confiance. Ces questions visent à protéger vos intérêts. Revoyez vos décisions, mais continuez à vous fier à votre jugement si cela vous a été bénéfique au fil des ans.

19.3 Une démarche continue

La planification successorale est une démarche continue quoique non fréquente. Les lois des droits fiscal, familial et successoral changent sans cesse comme les valeurs marchandes de vos biens. Des membres s'ajoutent à la famille, d'autres la quittent. Si vous élevez une famille et que vous n'avez pas encore accumulé de biens importants, votre première préoccupation pourrait être de créer un patrimoine pour les personnes à votre charge au moyen d'une assurance-vie. Lorsque vos épargnes et vos enfants grandiront, vous vous préoccuperez davantage du transfert des biens sans impôts. Vous devrez mettre à jour votre plan successoral pour tenir compte de ces changements.

À titre d'exemple, j'ai rédigé mon premier testament en 1980 après la naissance de notre premier enfant. Si je n'avais pas pris le temps de le mettre à jour, il ne tiendrait pas compte des changements majeurs suivants :

• Naissance d'autres enfants

• Modifications de la Loi sur le droit de la famille

• Augmentation de nos biens

• Complexité accrue des types de placements dans mon portefeuille

• Recours aux fiducies de conjoints

• Modifications de la situation de notre tuteur désigné et de sa capacité à agir à ce titre

J'aimerais bien pouvoir affirmer que la planification successorale se fait une fois pour toutes. Mais ce n'est pas le cas. Je vous laisse quelques réflexions qui, je l'espère, vous aideront lorsque vous entreprendrez votre planification successorale. Ce sont les quatre étapes à suivre : décider, élaborer, discuter et documenter.

- **Décidez** de ce que vous voulez faire. Réfléchissez aux buts et aux objectifs de votre plan successoral. Voulez-vous laisser le patrimoine le plus important possible ou dépenser le plus possible pendant que vous le pouvez ? Décidez des personnes que vous souhaitez comme liquidateur, tuteur pour vos enfants et fiduciaire qui agiront en votre nom.

- **Élaborez** votre plan successoral. Envisagez les diverses façons d'établir votre plan successoral puisqu'il y en a plusieurs. Avez-vous pensé à des moyens de réduire les frais et les impôts lors de votre dernière déclaration de revenus ? Quel est le meilleur moyen d'enregistrer vos biens ? Si vous possédez une entreprise familiale, comment pouvez-vous satisfaire les besoins de votre famille ainsi que les besoins de votre entreprise ?

- **Discutez** de vos plans avec votre famille et les gens à qui vous donnez des responsabilités, comme votre liquidateur, les tuteurs et les fiduciaires. Ils n'ont pas à connaître les moindres détails de votre plan successoral, mais ils doivent en savoir suffisamment pour décider s'ils accepteront d'agir à votre place lorsque le temps viendra.

- **Documentez** le plan. Autrement dit, préparez tous les documents juridiques nécessaires et veillez à ce que votre liquidateur sache où trouver tous vos papiers importants afin de pouvoir faire son travail. Si vous n'avez pas de documents officiels, l'État doit suivre certaines règles. Il ne suffit pas de parler de votre plan successoral ; tout doit être fait par écrit.

Comme les impôts ne cessent d'augmenter et que les lois ont de plus en plus de dents, il est important de vous poser les bonnes questions pour réussir financièrement. Les décisions fiscales et de placements ont également des répercussions sur votre patrimoine et les stratégies de planification successorale sont essentielles à la réussite de votre plan financier ; pourtant on les oublie souvent.

Un des objectifs que je me suis fixés en rédigeant ce livre était de vous aider à vous poser les bonnes questions afin que, conjointement avec vos conseillers, vous puissiez élaborer et mettre en œuvre des stratégies qui conviendront parfaitement à votre situation.

19.4 N'attendez plus

La question n'est pas de savoir *si* vous devez planifier votre succession. Pour garantir votre sécurité financière et assurer votre tranquillité d'esprit, vous devez tenir compte de vos besoins quotidiens, de la planification de la retraite et de la planification fiscale ainsi que de la gestion de vos placements. Chacun de ces aspects doit être traité en fonction des autres. La planification successorale n'est qu'un volet de la planification financière.

La mise en œuvre de votre plan successoral peut demander du temps. Vous pourrez discuter de vos plans en matière de succession avec votre famille afin de veiller à organiser vos affaires de la meilleure manière possible pour toutes les personnes touchées. À titre d'exemple, vous pouvez avoir de la difficulté à décider lequel de vos trois enfants doit hériter du chalet lorsque, en réalité, aucun des trois n'en veut. Votre famille peut sincèrement s'inquiéter de votre avenir et se sentir soulagée d'apprendre que vous avez soigneusement considéré tous les choix et inscrit vos volontés sur les documents pertinents. Dans d'autres familles, les personnes pourraient seulement s'intéresser à l'héritage qu'elles recevront.

QUESTION
RÉPONSE

Je dois parler à ma famille de mes plans en matière de succession, mais j'ai de la difficulté à aborder le sujet. Pouvez-vous me suggérer une façon de m'y prendre ?

Des circonstances de la vie soulèvent naturellement les questions reliées à la planification successorale, comme le mariage, les naissances, le divorce ou la mort d'un proche. Vous pourriez aborder le sujet en disant à vos proches où trouver vos papiers importants lorsqu'ils en auront besoin. Vous pouvez également commencer en disant que vous avez de la difficulté à décider qui sera prêt à assumer les responsabilités du liquidateur. Si vous n'y arrivez vraiment pas, vous pourriez demander à un ami de la famille ou à un professionnel en qui vous avez confiance et dont la famille apprécie l'opinion d'aborder ces questions.

La planification successorale n'est pas un exercice facile parce qu'il nous fait prendre conscience du fait que nous sommes mortels. En planifiant votre succession, vous serez confronté à divers sujets : ce que vous avez ou n'avez pas accumulé durant votre vie, vos liens avec votre famille, la nécessité de prendre les «bonnes» décisions. J'espère que vous vous sentez un peu plus confiant et prêt à voir comment quelques-unes des stratégies pourraient s'appliquer à votre situation.

Lorsque vous aurez établi votre plan successoral, vous ressentirez peut-être la satisfaction de savoir que tout est en ordre, que vos affaires financières sont organisées d'une manière efficace et rentable pour répondre à vos propres besoins et profiter aux générations à venir. En plus de savoir que vous avez fait ce qu'il y avait à faire, vous pourrez vous sentir soulagé. Si vos décisions ne vous empêchent pas de dormir et que vous les avez passées en revue avec vos conseillers professionnels, vous avez pris des mesures positives.

L'autoévaluation est une phase importante de la planification financière. Prenez le temps de remplir l'inventaire personnel qui se trouve à la fin du livre pour voir où vous en êtes aujourd'hui.

Je souhaite que l'information que vous venez de lire et l'exercice que vous ferez vous permettront d'épargner aujourd'hui et d'apporter de grands avantages, financiers et autres, à vos bénéficiaires. Leur avenir en dépend.

Et ainsi, vous pourrez partir l'esprit en paix !

Chapitre 20

S'organiser
et tout consigner

Mon mari était, comme on dit, de la vieille école. Lorsqu'il est décédé, je n'avais aucune idée de notre situation financière. Je pensais que j'étais dans la misère. Nous avons fini par trouver un testament, des obligations, des polices d'assurance... plein d'argent. J'imagine que j'aurais dû être soulagée mais j'étais furieuse. Furieuse contre moi-même pour ne pas avoir su et furieuse contre lui pour ne m'en avoir rien dit.

C.

Une partie de la planification successorale consiste à s'organiser. Le présent chapitre rassemble toute l'information dont il a été question dans le livre. C'est maintenant le temps de s'organiser.

Lorsque quelqu'un meurt, il faut trouver tous ses documents importants, le testament, le certificat de naissance, les polices d'assurance-vie, l'information sur les avantages sociaux offerts par l'employeur, le coffret de sûreté et la clé, les comptes bancaires, les régimes de retraite, les REER et les FERR, les titres de propriété pour des biens en particulier et d'autres papiers importants. Vous aiderez votre liquidateur et votre conjoint (et faciliterez les recherches pour votre famille) en organisant vos papiers financiers et en

351

laissant une liste des endroits où se trouvent votre testament et vos papiers personnels. Plus vous donnerez de numéros de comptes, d'adresses, de noms de personnes-ressources et d'autres renseignements, plus vous aiderez votre liquidateur à s'acquitter de ses tâches. En outre, si l'on doit se servir de votre procuration ou de votre mandat avant votre décès, tout sera plus simple si vos papiers sont en ordre.

Pas de problème, dites-vous. Pourtant les Canadiens ont un mal fou à se retrouver dans leurs papiers lorsque vient le temps de préparer leur déclaration de revenus. Une famille essayait de régler les affaires du père après le décès de celui-ci. Il avait toujours été très secret à propos de son argent. Comme la famille ne savait pas où trouver ne serait-ce qu'une liste de tous ses comptes et ses biens, le règlement de la succession n'en finissait plus. Chaque fois qu'elle pensait y arriver, la famille découvrait quelque chose de nouveau.

20.1 Simplifiez, simplifiez et simplifiez encore

Tant qu'à vous organiser, aussi bien en profiter pour simplifier vos affaires financières. L'une des étapes de la planification successorale est de jeter un coup d'œil global à vos affaires financières et d'en évaluer la complexité. Avez-vous vraiment besoin de quatre REER, de cinq comptes bancaires et de trois comptes de courtage ? Ce qui simplifiera la vie à votre succession pourrait également simplifier votre vie et la gestion de vos affaires sans que vous laissiez tomber la protection de vos placements. Vous pourriez, par exemple, déposer vos actions dans un compte auprès d'une firme de courtage plutôt que de les laisser dans un coffret de sûreté. L'état de compte mensuel vous fournirait un inventaire utile de vos placements.

QUESTION
RÉPONSE

Mon conjoint et moi avons une procuration de signature pour notre coffret de sûreté, et ma fille sait où se trouve la clé au cas où quelque chose nous arriverait. Y a-t-il autre chose que nous devrions faire ?

Oui. La clé seule ne suffit pas. Votre fille n'a pas le droit d'ouvrir votre coffret de sûreté si elle n'a pas de procuration de signature. Pour lui donner le droit d'ouvrir votre coffret de sûreté, vous devez faire ajouter son nom et sa signature sur la carte de signature du coffret de sûreté.

Vous trouverez dans les pages suivantes un formulaire d'inventaire personnel et des questionnaires qui vous aideront à :

- évaluer votre situation financière actuelle ;

- établir vos objectifs en matière de planification successorale ;

- dégager les questions à poser à votre avocat, notaire, conseiller financier, comptable ou autre professionnel ;

- transmettre vos instructions à vos conseillers ;

- faciliter la vie de votre liquidateur en lui indiquant où se trouvent tous vos documents.

N'essayez pas de remplir toute l'information en une seule fois. Prenez le temps de réfléchir à votre situation et à ce qui conviendrait le mieux dans les circonstances. Une fois que vous aurez rempli tous les formulaires, leur mise à jour ne sera pas aussi fastidieuse. Une mise à jour annuelle semble convenir à la plupart des gens, au moment où ils font leur déclaration de revenus ou à la fin de l'année.

CONSEIL

Un jour ou l'autre, il faudra bien vous organiser. Tout consigner et classer est l'une des stratégies de planification successorale la moins chère (sinon la plus simple) à mettre en œuvre.

20.1.1 L'inventaire personnel

Renseignements personnels

Préparé le _____

Mis à jour le _____

Mis à jour le _____

Nom et prénom _____

Nom et prénom légaux (si différents) _____

Aussi connu sous le nom de _____

Date de naissance _____ Lieu de naissance _____

Citoyenneté _____

Occupation _____

Employeur _____ Numéro d'employé _____

Téléphone à la maison _____

Téléphone au travail _____

Adresse à la maison _____

Nom de l'entreprise _____

Adresse au travail _____

N° de télécopieur _____

20.1.2 La description des parents

Conjoint   ❑ Oui ❑ Non
Nom _____

Date du mariage _____

Endroit où se trouve le certificat de mariage _____

Contrat de mariage   ❑ Oui ❑ Non ❑ Endroit où il se trouve

Conjoint de fait   ❑ Oui ❑ Non
Nom _____

Date de la cohabitation _____

Contrat de vie commune   ❑ Oui ❑ Non

Endroit où il se trouve _____

Séparé?   ❑ Oui ❑ Non
Si oui, date de la séparation _____

Accord de séparation ❑ Oui ❑ Non

Endroit où il se trouve _____

Adresse du conjoint _____

Divorcé?   ❑ Oui ❑ Non
Si oui, date du divorce
(réception du jugement irrévocable) _____

Endroit où se trouve l'accord de divorce _____

Nom de l'ex-conjoint _____

Adresse de l'ex-conjoint _____

Les obligations d'entretien envers l'ex-conjoint
se poursuivent-elles après votre décès?   ❑ Oui ❑ Non

Veuf? ❑ Oui ❑ Non
Si oui, date du décès du conjoint _____

La succession de votre conjoint
a-t-elle été réglée en entier ?   ❑ Oui ❑ Non

Photocopiez la page si vous avez besoin d'espace supplémentaire.

Enfants du présent mariage ❑ Oui ❑ Non

Nom _____

Date de naissance _____

Adresse _____

État civil _____

À votre charge financière   ❑ Oui ❑ Non

Si marié, nom du conjoint de l'enfant_____

Nom _____

Date de naissance _____

Adresse _____

État civil _____

À votre charge financière   ❑ Oui ❑ Non

Si marié, nom du conjoint de l'enfant_____

Nom _____

Date de naissance _____

Adresse _____

État civil _____

À votre charge financière   ❑ Oui ❑ Non

Si marié, nom du conjoint de l'enfant_____

Nom _____

Date de naissance _____

Adresse _____

État civil _____

À votre charge financière   ❏ Oui ❏ Non

Si marié, nom du conjoint de l'enfant_____

Enfants d'un mariage précédent   ❏ Oui ❏ Non

Nom _____

Date de naissance _____

Adresse _____

État civil _____

À votre charge financière   ❏ Oui ❏ Non

Si marié, nom du conjoint de l'enfant_____

Nom _____

Date de naissance _____

Adresse _____

État civil _____

À votre charge financière   ❏ Oui ❏ Non

Si marié, nom du conjoint de l'enfant_____

Les obligations d'entretien
se poursuivent-elles après votre décès?   ❏ Oui ❏ Non

Autres enfants

Nom _____

Date de naissance _____

Adresse _____

État civil _____

Nom de l'autre parent _____

À votre charge financière   ❏ Oui ❏ Non

Nom _____

Date de naissance _____

Adresse _____

État civil _____

Nom de l'autre parent _____

À votre charge financière   ❏ Oui ❏ Non

Petits-enfants

Nom _____

Date de naissance _____

Adresse _____

Nom des parents _____

À votre charge financière   ❏ Oui ❏ Non

Nom _____

Date de naissance _____

Adresse _____

Nom des parents _____

À votre charge financière   ❏ Oui ❏ Non

Nom _____

Date de naissance _____

Adresse _____

Nom des parents _____

À votre charge financière   ❏ Oui ❏ Non

Nom _____

Date de naissance _____

Adresse _____

Nom des parents _____

À votre charge financière ❑ Oui ❑ Non

Nom _____

Date de naissance _____

Adresse _____

Nom des parents _____

À votre charge financière ❑ Oui ❑ Non

Nom _____

Date de naissance _____

Adresse _____

Nom des parents _____

À votre charge financière ❑ Oui ❑ Non

Avez-vous des enfants adoptés ? ❑ Oui ❑ Non

Noms _____

20.1.3 Les documents de votre plan successoral

Endroit où se trouve
le certificat de naissance _____

Endroit où se trouvent
les documents relatifs à la citoyenneté _____

N° d'assurance sociale _____

Endroit où se trouve la carte d'ass. sociale _____

Avez-vous un testament?   ❏ Oui ❏ Non

Endroit où se trouve le testament original _____

Endroit où se trouve la copie du testament _____

Date de la dernière révision _____

Avez-vous une procuration pour les décisions financières?

❏ Oui ❏ Non

Endroit où se trouve la procuration
pour les décisions financières _____

Date de la dernière révision _____

Avez-vous aussi une procuration bancaire?   ❏ Oui ❏ Non

*Avez-vous une procuration
relative au soin de la personne?*   ❏ Oui ❏ Non

Endroit où se trouve la procuration relative
au soin de la personne _____

Date de la dernière révision _____

Avez-vous un testament biologique?   ❏ Oui ❏ Non

Endroit où se trouve le testament biologique _____

Date de la dernière révision _____

Avez-vous signé une carte de don d'organes?   ❏ Oui ❏ Non

Endroit où se trouve la carte signée
de don d'organes _____

Date de la dernière révision _____

*Avez-vous rédigé des directives préalables
pour les soins médicaux?*   ❏ Oui ❏ Non

Endroits où se trouvent les directives préalables _____

Date de la dernière révision _____

Avez-vous établi une fiducie? ❑ Oui ❑ Non

Endroit où se trouvent
les documents relatifs à la fiducie _____

Nom du fiduciaire _____

Date de la dernière révision _____

Faut-il établir des fiducies entre vifs? ❑ Oui ❑ Non

Êtes-vous un ancien combattant? ❑ Oui ❑ Non

Endroit où se trouve le certificat
de libération et les états de service _____

Avez-vous fait des préarrangements funéraires? ❑ Oui ❑ Non

Nom de la maison mortuaire _____

Adresse_____

Endroit où se trouve
le contrat de préarrangements _____

Funérailles prépayées ❑ Oui ❑ Non

N° du contrat _____

Titre de propriété d'un terrain au cimetière
ou au mausolée   ❑ Oui ❑ Non

Adresse _____

20.1.4 Les conseillers professionnels

Énumérez les personnes qui vous prodiguent des conseils professionnels.

Nom et adresse   N^os de téléphone et
                                                              de télécopieur

Comptable   _____

Directeur de banque   _____

Médecin de famille   _____

Autre professionnel de la santé   _____

Conseiller financier   _____

Directeur funéraire   _____

Agent d'assurance   _____

Avocat   _____

Notaire   _____

Prêtre/ministre/rabbin/
autre membre du clergé   _____

Parent   _____

Courtier   _____

Administrateur fiduciaire   _____

Autre   _____

20.1.5 Les biens*

Comptes bancaires

Nom de l'institution financière   _____

Adresse   _____

N^os des comptes   _____

Type de comptes   _____

Titulaires enregistrés _____

Solde approximatif _____

Obligations d'épargne
N° de comte du titulaire _____

Série et numéros d'enregistrement _____

Date d'échéance _____

Titulaires enregistrés _____

Endroit où elles se trouvent _____

Montant _____

CPG, certificats de dépôt, dépôts à terme
(joindre les plus récents relevés)

Institution _____

Adresse _____

N° du certificat _____

Valeur _____

Date d'échéance _____

Titulaires enregistrés _____

REER/REER collectif/FERR/FRV/RPDB
(joindre les plus récents relevés)
Institution _____

Adresse _____

N° et type de compte _____

Bénéficiaire désigné _____

Valeur marchande _____

*Si vous déteniez ces biens avant le mariage, indiquez-en également la valeur à la date du mariage.

Coffret de sûreté

Institution _____

Adresse _____

N° du coffret _____

Qui a une procuration de signature ? _____

Endroit où se trouve la clé du coffret _____

Contenu du coffret de sûreté *(joindre une liste)* _____

Actions *(joindre les plus récents relevés)*

Titulaires enregistrés _____

Société et adresse _____

Nom de l'action _____

Symbole de l'action _____

Nombre d'actions _____

Valeur marchande _____

Prix de base rajusté/valeur au jour d'évaluation* _____

Le prix de base rajusté (PBR) sert à calculer le revenu imposable sur les gains en capital au moment du décès. Comme les gains en capital sont entrés en vigueur au jour d'évaluation (31 déc. 1971), utilisez les valeurs au 31 décembre 1971 ou à une date ultérieure suivant le cas.

Fonds communs de placement *(joindre les plus récents relevés)*

Titulaires enregistrés _____

Société et adresse _____

Nom du fonds _____

Nombre d'unités _____

Valeur marchande _____

Prix de base rajusté/valeur jour d'évaluation* _____

Obligations/débentures d'État, provinciales ou de sociétés
Titulaires enregistrés

Description

Date d'échéance

Valeur nominale

Valeur marchande

Titres hypothécaires
Titulaires enregistrés

Description

Valeur nominale

Date d'échéance

Valeur marchande

Abris fiscaux
(pétrole et gaz, fonds communs de placement, société en commandite, sociétés immobilières, films, etc.)

Titulaires enregistrés

Type de placement

Nombre d'unités/actions

Société et adresse

Valeur marchande

Prix de base rajusté/valeur au jour d'évaluation*

Prêts/hypothèques privés *(inclure les billets à ordre)*
Nom et adresse du débiteur

Solde impayé

Modalités du prêt

Le prêt/l'hypothèque
sera-t-il effacé à votre décès ? ❑ Oui ❑ Non

Or/argent
Type _____

Emplacement _____

Description _____

Valeur marchande _____

Autres placements
Polices d'assurance-vie *(collective, individuelle, d'association)*
Compagnie et adresse _____

N° de la police _____

Type de police _____

Prestation de décès _____

Bénéficiaire désigné _____

Valeur de rachat _____

Avance impayée sur police ❑ Oui ❑ Non

Date de la dernière révision _____

Assurance auto
Description _____

Compagnie d'assurances _____

Adresse _____

N° de la police _____

Assurance des biens
Description _____

Compagnie d'assurances _____

Adresse _____

N° de la police _____

Rentes *(inclure les rentes de dons)*
Société et adresse _____

N° du contrat _____

Revenu annuel _____

Prestation mensuelle _____

Date de la première prestation _____

Durée garantie _____

Bénéficiaire désigné _____

Régimes de retraite *(inclure les anciens employeurs le cas échéant)*
Société et adresse _____

N° de référence _____

Montant et type de prestation de survivant _____

Bénéficiaire désigné _____

Autos, camionnettes, camions, bateaux
Modèle _____

Année _____

Propriétaires _____

Coût _____

Date de l'achat _____

Valeur marchande _____

Antiquités, œuvres d'art, bijoux, collections particulières
(d'une valeur supérieure à 1 000 $)
Description de l'article _____

Endroit où il se trouve _____

Propriétaire _____

Coût _____

Date de l'achat _____

Valeur évaluée _____

Biens immobiliers *(résidence principale)*
Adresse _____

Propriétaires enregistrés _____

Montant de l'hypothèque _____

Propriétaires conjoints
ou propriétaires en commun? _____

Montant de l'hypothèque inversée _____

Date de l'achat _____

Coût _____

Valeur marchande _____

Endroit où se trouve
l'acte de vente _____

Résidence familiale ❑ Oui ❑ Non

Propriété de vacances
(chalet, condo, habitation à temps partagé, etc.)
Adresse _____

Propriétaire enregistrés _____

Propriétaires conjoints
ou propriétaires en commun? _____

Montant de l'hypothèque _____

Date de l'achat _____

Coût _____

Valeur marchande _____

Endroit où se trouve l'acte de vente _____

Résidence familiale   ❑ Oui ❑ Non

Immeubles d'habitation
Adresse _____

Propriétaires enregistrés _____

Montant de l'hypothèque _____

Date de l'achat _____

Coût _____

Valeur marchande _____

Endroit où se trouve l'acte de vente _____

Si l'immeuble est loué
Noms des locataires _____

Dates de renouvellement des baux _____

Biens à l'extérieur du Canada
Pays _____

Description du bien _____

Propriétaires enregistrés _____

Date de l'achat _____

Coût _____

Valeur marchande _____

Y a-t-il des pertes en gains de capital reportées sur ces biens ?
❑ Oui ❑ Non   Montant _____

Y a-t-il des pertes finales sur ces biens ?
❑ Oui ❑ Non   Montant _____

Entreprise _____

Propriété de l'entreprise _____

Nom de l'entreprise enregistrée _____

Adresse _____

Caractère de l'entreprise _____

Juste valeur marchande _____

Entreprise individuelle ❏ Oui ❏ Non

Endroit où se trouvent
les documents commerciaux _____

Endroit où se trouvent
les factures non payées _____

Société de personnes ❏ Oui ❏ Non
Si oui, _____

Nom des associés _____

Caractère du contrat de société _____

Endroit où se trouve le contrat de société _____

Existe-t-il une convention
de rachat de parts d'associés ❏ Oui ❏ Non

Si oui, comment le rachat sera-t-il financé ? _____

_____

_____

_____

Société de capitaux   ❏ Oui ❏ Non
Nom des principaux actionnaires _____

Date de l'incorporation _____

N° d'incorporation _____

Noms des administrateurs _____

Nombre d'actions ordinaires _____

Nombre d'actions privilégiées _____

Avez-vous profité de l'exemption
pour gains en capital ? ❏ Oui ❏ Non

Y a-t-il des restrictions
au transfert des actions ?   ❏ Oui ❏ Non

Y a-t-il une convention des actionnaires ou une convention
de rachat de parts d'associés ?   ❏ Oui ❏ Non

Si oui, comment le rachat sera-t-il financé ? _____

Renseignements sur l'entreprise _____

Numéros de l'entreprise _____

TPS _____

Paye _____

TVQ/taxe de vente au détail _____

Nom et adresse du comptable _____

Comptes clients _____

Endroit où se trouvent les dossiers _____

À recevoir de _____

Montant à recevoir _____

Comptes fournisseurs _____

Endroit où se trouvent les dossiers _____

À payer à _____

Montant à payer _____

Prêt d'exploitation commercial _____

Description _____

Prêteur _____

Taux d'intérêt courant _____

Montant impayé _____

Garanti par des biens personnels   ❏ Oui ❏ Non

Biens agricoles
Cheptel
Description _____

Nombre de bêtes _____

Valeur _____

Récoltes
Description _____

Terre et bâtiments
Description _____

Enregistrement du titre de propriété _____

Valeur marchande _____

Année d'acquisition _____

Coût _____

Équipement agricole
Description _____

Valeur marchande _____

Coût _____

Quota
Description _____

Valeur actuelle _____

Coût _____

Autres biens
Valeur des funérailles prépayées _____

Programme Air Miles _____

Avantages offerts aux utilisateurs fréquents des cartes de crédit
Des biens proviennent-ils d'un don
ou d'un héritage ?   ❏ Oui   ❏ Non

Si oui, indiquez lesquels _____

Avez-vous un intérêt dans une succession ou une fiducie qui
assure une prestation à votre succession ?   ❏ Oui   ❏ Non

Si oui,
Nom de la fiducie successorale _____

Valeur de l'intérêt en fiducie _____

Autres renseignements _____

20.1.6 Le passif et les créances

Cartes de crédit
Institution et adresse _____

N° de la carte _____

Solde à payer _____

Solde assuré ? _____

Marges de crédit
Institution et adresse _____

N° du compte _____

Solde à payer _____

Solde assuré ? _____

Prêts/billets à ordre/garanties _____

Institution et adresse _____

N° du prêt _____

Solde à payer _____

Solde assuré ? _____

Hypothèques qui vous sont dues
Institution et adresse _____

N° de l'hypothèque _____

Solde à payer _____

Solde assuré ? _____

Hypothèque inversée
Institution et adresse _____

N° de l'hypothèque _____

Solde à payer _____

Solde assuré ? _____

Contrat de location
Institution et adresse _____

N° du contrat _____

Autres créances

Description _____ Montant _____

Description _____ Montant _____

Description _____ Montant _____

Description _____ Montant _____

20.1.7 À considérer au moment de la préparation de votre testament

Legs
Comment voulez-vous que votre patrimoine soit partagé ?

Tout le patrimoine au conjoint ?   ❏ Oui ❏ Non

Si le patrimoine ne va pas entièrement au conjoint :
Avez-vous besoin d'un contrat de mariage pour que les instructions de votre testament puissent être respectées ?   ❏ Oui ❏ Non

Désirez-vous laisser des objets particuliers, des objets de famille ou des sommes d'argent à des personnes ou des œuvres de charité précises ?

Je laisse   à   (encercler un des deux)

_____ mon conjoint _____

_____ mes enfants_____ par souche/par tête

_____ mes petits-enfants _____ par souche/par tête

_____ d'autres _____

Indiquez un bénéficiaire subrogé

Reliquat à partager comme suit

Tout au conjoint   ❏ Oui ❏ Non

Si tout ne va pas au conjoint :

Je laisse   à   (encercler un des deux)

_____ mon conjoint ou une fiducie de conjoint _____

_____ mes enfants_____ par souche/par tête

_____ mes petits-enfants _____ par souche/par tête

_____ d'autres _____

*Ces pages _ne sont pas_ un testament.

Avez-vous subvenu aux besoins de votre conjoint conformément au droit de la famille ou à la Loi sur les biens matrimoniaux de votre province ?

Le legs ou le reliquat doit-il être laissé directement ou être détenu en fiducie ?

Le partage de votre patrimoine permet-il d'épargner de l'impôt ?

Détenez-vous pour des membres de la famille des prêts ou des hypothèques que vous voulez effacer à votre décès ?

Qui préparera votre testament?

Liquidateur

Votre liquidateur sait-il où se trouve votre testament?

Votre conjoint sera-t-il votre liquidateur? ❑ Oui ❑ Non

Sinon, qui voudriez-vous comme liquidateur(s)?

Nom_____ Nom_____

Adresse _____ Adresse _____

Agiront-ils comme coliquidateurs? ❑ Oui ❑ Non

Liquidateur(s) subrogé(s)

Nom_____ Nom_____

Adresse _____ Adresse _____

Avez-vous discuté de vos intentions avec votre liquidateur?
❑ Oui ❑ Non

Voulez-vous accorder à votre liquidateur le pouvoir de retarder la vente de biens, de choisir les placements, de faire des choix en vertu de la Loi de l'impôt sur le revenu, de transférer des biens en nature aux bénéficiaires plutôt que de liquider les biens et d'en verser l'argent aux bénéficiaires? ❑ Oui ❑ Non

Voulez-vous accorder à votre liquidateur le pouvoir d'acheter tout bien de la succession? ❑ Oui ❑ Non

Décès simultanés

Si vous et votre conjoint décédez simultanément:
Comment voulez-vous que votre patrimoine soit distribué?

Vos enfants sont-ils mineurs? ❑ Oui ❑ Non

Fiducies testamentaires pour bénéficiaires mineurs

Une fiducie testamentaire a-t-elle été établie pour:
votre conjoint? ❑ Oui ❑ Non

vos enfants/petits-enfants? ❑ Oui ❑ Non

un bénéficiaire handicapé?   ❏ Oui ❏ Non

Nom du fiduciaire proposé _____

Avez-vous discuté de vos volontés
avec votre fiduciaire? ❏ Oui ❏ Non

Le capital sera-t-il versé aux enfants/petits-enfants
à l'âge de 18 ans?   ❏ Oui ❏ Non

Sinon, à quel(s) âge(s)? _____

Votre fiduciaire devrait-il avoir le pouvoir d'empiéter sur le revenu
ou le capital pour le bénéfice des bénéficiaires? ❏ Oui   ❏ Non

Avez-vous des volontés particulières quant à l'utilisation du revenu
et du capital? ❏ Oui ❏ Non

Instructions à l'intention du fiduciaire
Pouvoirs de la fiducie relatifs à l'investissement
Pouvoirs limités   ❏ Oui ❏ Non

Pouvoirs discrétionnaires   ❏ Oui ❏ Non

Tuteurs
Si les enfants ont moins de 18 ans, tuteur proposé

Nom _____

Adresse _____

Lien avec vous _____

Tuteur(s) subrogé(s) pour les enfants_____

Nom _____

Adresse _____

Lien avec vous _____

Avez-vous discuté de vos intentions avec ces personnes?
❏ Oui ❏ Non

Personnes à charge

Noms de toute personne, en plus de votre conjoint et de vos enfants, qui sont à votre charge financière :
(petit-enfant, sœur, frère, parent, conjoint de même sexe, conjoint de fait, etc.)

Nom _____

Lien _____ Montant de l'entretien annuel _____

Ontario : Désirez-vous ajouter un énoncé pour protéger tout héritage laissé à vos enfants/petits-enfants s'ils divorcent ?
❏ Oui ❏ Non

20.1.8 À considérer au moment de la révision de votre testament

Aux deux ans environ, révisez votre testament pour veiller à ce qu'il réponde toujours à vos besoins. Les événements qui se produisent dans votre vie peuvent avoir des répercussions directes sur votre plan successoral. Votre testament doit refléter réellement vos intentions et votre situation au moment de votre décès.

Si vous répondez « oui » ou « ne sais pas » à l'une des questions suivantes, mettez votre testament à jour. Si les changements sont mineurs, vous pouvez faire la mise à jour au moyen d'un codicille. S'ils sont importants, il serait préférable de faire un nouveau testament.

Si vous avez mis des années avant de vous décider à préparer votre premier testament, n'en faites pas autant pour le réviser !

Depuis que vous avez préparé votre testament,

Oui	Non	Ne sais pas	
❏	❏	❏	Vous êtes-vous marié, avez-vous divorcé, êtes-vous devenu veuf ?
❏	❏	❏	Avez-vous signé un contrat de mariage ?
❏	❏	❏	Vous êtes-vous séparé ?
❏	❏	❏	Avez-vous eu ou adopté un enfant ?
❏	❏	❏	Avez-vous perdu un enfant ou un petit-enfant (décédé) ?
❏	❏	❏	Avez-vous de nouvelles personnes à votre charge : parents âgés, enfants de retour à la maison ?
❏	❏	❏	Avez-vous prêté de l'argent à vos enfants ?
❏	❏	❏	Votre valeur nette a-t-elle augmenté ou diminué ?
❏	❏	❏	Avez-vous acquis un nouveau bien immeuble comme un chalet ?
❏	❏	❏	Avez-vous reçu un héritage ou un don important ?
❏	❏	❏	Avez-vous fait un don important ?
❏	❏	❏	Avez-vous lancé une entreprise ?
❏	❏	❏	Avez-vous souscrit à une assurance-vie ?
❏	❏	❏	Êtes-vous déménagé dans une autre province ?
❏	❏	❏	Avez-vous décidé d'ajouter ou de supprimer un bénéficiaire ?

Oui	Non	Ne sais pas	
❏	❏	❏	Avez-vous commencé à recevoir un revenu d'une fiducie ?
❏	❏	❏	Avez-vous pensé faire un don planifié ?

Et aussi :

Oui	Non	Ne sais pas	
❏	❏	❏	L'un de vos enfants a-t-il eu 18 ans ?
❏	❏	❏	L'un des vos enfants s'est-il marié, remarié, séparé ?
❏	❏	❏	Y a-t-il eu des modifications à la Loi de l'impôt sur le revenu ?
❏	❏	❏	Y a-t-il eu des modifications au droit de la famille dans votre province ?
❏	❏	❏	L'un de vos bénéficiaires est-il décédé ?
❏	❏	❏	Votre liquidateur ou votre tuteur est-il déménagé ?
❏	❏	❏	Votre liquidateur est-il à présent réticent ou inapte à s'acquitter des tâches du liquidateur ?
❏	❏	❏	Avez-vous l'impression que vous allez survivre à votre liquidateur ?
❏	❏	❏	La personne nommée comme tuteur est-elle à présent réticente ou inapte à s'acquitter des tâches du tuteur ?
❏	❏	❏	Les dettes qui attendent votre succession sont-elles supérieures à la valeur de vos liquidités ?
❏	❏	❏	Devriez-vous établir une fiducie entre vifs séparément de votre testament ?

20.1.9 L'actif et le passif au décès (1)

Le calcul du passif et des impôts à payer à votre décès ne relève pas d'une science exacte. Les feuilles de travail qui suivent vous donneront une estimation approximative de votre fardeau fiscal. Pour les besoins de la cause, certaines des règles fiscales ont été simplifiées. Vos chiffres vous serviront de point de départ pour calculer les impôts à payer, mais vous devrez les réviser régulièrement afin de tenir compte des valeurs marchandes et des règles fiscales du moment.

Vous trouverez deux feuilles de travail pour estimer votre actif et votre passif au décès ; la première sert à la planification successorale pour la même génération, pour une personne qui s'attend à mourir avant son conjoint ou son conjoint de fait ; la deuxième sert à la transmission des biens d'une génération à l'autre. Si vous avez un conjoint, je vous recommande de remplir les deux feuilles de travail et de vous servir de la deuxième en supposant que votre conjoint décède avant vous.

Biens transmis à votre conjoint

À quoi doit s'attendre votre succession si vous laissez votre patrimoine à votre conjoint ?

Biens liquides

Ce sont les biens qui peuvent être convertis en argent rapidement et assez facilement. N'incluez aucun bien enregistré en copropriété avec gain de survie avec une personne autre que votre conjoint.

VALEUR MARCHANDE ESTIMÉE

Argent des comptes bancaires _____

Obligations d'épargne du Canada _____

Bons du Trésor _____

Dépôts à terme encaissables ou CPG _____

REER* _____

FERR* _____

FRV* _____

RPDB* _____

Assurance-vie versée à la succession _____

Prestation de décès forfaitaire du RPC _____

Prestation forfaitaire d'entreprise _____

Total des liquidités _____

Si vous avez nommé un bénéficiaire autre que votre conjoint, inscrivez zéro.

_____

Biens non liquides

Ce sont les biens qui sont plus longs à convertir en argent ou que vous désirez garder intacts pour le bénéfice de vos bénéficiaires. N'incluez aucun bien enregistré en copropriété avec gain de survie avec une personne autre que votre conjoint.

VALEUR MARCHANDE ESTIMÉE

Résidence principale _____

Entreprise _____

Immeubles d'habitation _____

Propriété de vacances _____

Biens dont l'échéance
est supérieure à 12 mois _____

Automobiles _____

Objets personnels _____

Autres _____

Total des biens non liquides _____

Passif

Votre succession devra régler certaines dépenses à votre décès. Si votre passif est supérieur au total de vos biens liquides, votre liquidateur pourrait devoir vendre quelques-uns des biens non liquides pour payer les factures.

Impôt sur le revenu estimé sur
Revenu dans l'année du décès _____

Gains en capital * ** _____

Regroupement des REER et des FERR* _____

Déclaration de revenus de l'année précédente _____

Récupération de la déduction pour amortissement _____

Moins pertes en capital/impôts prépayés _____

Moins impôts épargnés grâce
aux cotisations au REER de conjoint au décès _____

Moins impôts épargnés grâce à un don de charité _____

Impôt sur le revenu estimé
Droits de succession américains _____

Frais funéraires (si non prépayés) _____

Dettes relatives à une entreprise _____

Frais d'homologation _____

Frais juridiques _____

Versements d'entretien permanent _____

Frais du fiduciaire/liquidateur _____

Prêts et/ou hypothèques impayés   _____

Solde impayé de l'hypothèque inversée   _____

Soldes de cartes de crédit   _____

Autres dettes   _____

Total du passif (estimé)   _____

Disposez-vous de liquidités suffisantes pour compenser le passif ?

❏ Oui ❏ Non

Si vous prévoyez transférer ces biens à un conjoint ou un conjoint de fait survivant, inscrivez zéro.

**Les augmentations de valeur avant 1972 sont exonérées d'impôt (les gains en capital sont entrés en vigueur en 1972).*

20.1.10 L'actif et le passif au décès (2)

Transmission des biens lorsqu'il n'y a pas de conjoint

À quoi doit s'attendre votre succession si votre conjoint ou conjoint de fait est décédé avant vous (que votre patrimoine est transmis à la génération suivante) ?

Biens liquides

Ce sont les biens qui peuvent être convertis en argent rapidement et assez facilement. N'incluez aucun bien enregistré en copropriété avec gain de survie.

VALEUR MARCHANDE ESTIMÉE

Argent des comptes bancaires

Obligations d'épargne du Canada

Bons du Trésor

Dépôts à terme encaissables ou CPG

REER*

FERR*

FRV*

RPDB*

Assurance-vie versée à la succession

Prestation de décès forfaitaire du RPC

Prestation forfaitaire d'entreprise

Total des liquidités

*Si vous avez nommé un bénéficiaire, inscrivez zéro.

Biens non liquides

Ce sont les biens qui sont plus longs à convertir en argent ou que vous désirez garder intacts pour le bénéfice de vos bénéficiaires. N'incluez aucun bien enregistré en copropriété avec gain de survie.

VALEUR MARCHANDE ESTIMÉE

Résidence principale

Entreprise

Immeubles d'habitation

Propriété de vacances

Biens dont l'échéance
est supérieure à 12 mois

_____

Automobiles

_____

Objets personnels

_____

Autres

_____

Total des biens non liquides

_____

Passif

Votre succession devra régler certaines dépenses à votre décès. Si votre passif est supérieur au total de vos biens liquides, votre liquidateur pourrait devoir vendre quelques-uns des biens non liquides pour payer les factures.

Impôt sur le revenu estimé sur
Revenu dans l'année du décès

Gains en capital * * *

_____

Regroupement des REER et des FERR*

_____

Déclaration de revenus
de l'année précédente

_____

Récupération de la déduction
pour amortissement

_____

Moins pertes en
capital/impôts prépayés

_____

Moins impôts épargnés grâce
aux cotisations au REER
de conjoint au décès

_____

Moins impôts épargnés
grâce à un don de charité

_____

Impôt sur le revenu estimé
Droits de succession américains _____

Frais funéraires (si non prépayés) _____

Dettes relatives à une entreprise _____

Frais d'homologation _____

Frais juridiques _____

Versements d'entretien permanent _____

Frais du fiduciaire/liquidateur _____

Prêts et/ou hypothèques impayés _____

Solde impayé de l'hypothèque inversée _____

Soldes de cartes de crédit _____

Autres dettes _____

Total du passif (estimé) _____

Disposez-vous de liquidités suffisantes pour compenser le passif ?
❑ Oui   ❑ Non

**Les augmentations de valeur avant 1972 sont exonérées d'impôt (les gains en capital sont entrés en vigueur en 1972).

Questions à poser à mon avocat/notaire _____

_____

_____

_____

_____

Questions à poser à mon conseiller financier _____

_____

_____

_____

Questions à poser à mon agent d'assurance_____

_____

_____

_____

Questions à poser à mon comptable _____

_____

_____

_____

Questions à poser à mon administrateur fiduciaire _____

_____

_____

_____

20.1.11 La liste des tâches du liquidateur

Les gens considéraient autrefois comme un honneur qu'un ami ou un parent leur demande de devenir leur liquidateur. Quiconque a déjà été liquidateur vous dira pourtant que c'est tout un travail et parfois un travail mal rémunéré. Le liquidateur doit s'attendre à rédiger de nombreuses lettres et à traiter avec les avocats, les notaires, Revenu Canada, les compagnies d'assurances, les agents immobiliers, les évaluateurs commerciaux, les anciens employeurs, les créanciers, les comptables, les bénéficiaires et d'autres intervenants ainsi qu'avec les conseillers professionnels de la personne décédée.

Voici quelques-unes des tâches qui incombent au liquidateur d'une succession.

1. **Organiser les funérailles suivant les volontés du défunt, si elles sont connues.** Obtenir le certificat de décès et des copies certifiées.

2. **Retrouver le testament, s'il y en a un.** Rencontrer le notaire pour remplir une demande d'homologation, le cas échéant.

• Obtenir des copies du certificat d'homologation, des lettres d'homologation et un certificat d'administration successorale.

• Passer en revue les instructions contenues dans le testament.

3. **Agir comme fiduciaire et gérer les biens de la succession à l'avantage des bénéficiaires.**

• Retrouver tous les bénéficiaires, y compris les organismes de charité et les avertir qu'ils ont un intérêt dans la succession.

• Évaluer les droits du conjoint survivant en vertu du droit de la famille de la province.

• Évaluer les droits de toute personne à charge qui était à la charge financière du défunt au moment de sa mort.

• Rencontrer les membres de la famille et tenir les bénéficiaires au courant des progrès de l'administration de la succession.

Résilier les comptes de la personne décédée

- Annuler les prestations de la vieillesse.

- Communiquer avec le bureau de la sécurité du revenu pour faire cesser les chèques du Régime de pensions du Canada et demander les prestations de décès et de survivant.

- Communiquer avec le bureau d'assurance sociale aux États-Unis pour mettre fin aux prestations et demander les prestations de décès ou de survivant.

- Si la personne décédée est un ancien militaire, communiquer avec le bureau des anciens combattants.

- Annuler le permis de conduire de la personne décédée, les abonnements aux journaux et aux magazines, au téléphone et à la câblodistribution, à Internet et à tous les clubs ou associations dont elle était membre.

- Annuler les cartes de crédit.

Faire la liste de l'actif et du passif de la personne décédée

- Passer en revue toutes les factures et les relevés bancaires.

- Faire la liste du contenu du coffret de sûreté.

- Obtenir un relevé indiquant la valeur des placements de la personne décédée et de ses REER et de ses FERR à la date du décès.

- Préparer un inventaire de tous les biens.

- Communiquer avec les compagnies d'assurances concernant les réclamations sur les polices en vigueur.

- Communiquer avec tous les employeurs de la personne décédée pour savoir s'il y a des prestations de retraite ou de survivant.

- Établir les soldes impayés de toutes les dettes personnelles.

- Établir les options possibles pour les régimes de retraite ou rentes qui restent et évaluer s'il est préférable de continuer à recevoir le revenu mensuel ou de recevoir la valeur de rachat.

Gérer les biens de la personne décédée

- Réacheminer le courrier de la personne décédée et avertir les parties intéressées du changement d'adresse.

- Préserver le patrimoine et obtenir toute assurance de biens nécessaire.

- Réenregistrer les biens de la personne décédée au nom de la succession, par exemple « Succession de... ».

- Ouvrir un compte bancaire pour la succession.

- Transférer les comptes bancaires de la personne décédée dans le compte bancaire de la succession.

- Obtenir les actes de vente des immeubles et s'occuper de la vente des immeubles, le cas échéant.

- Obtenir des certificats d'actions pour les obligations, les actions ou les CPG non détenus auprès d'une institution financière.

- Gérer tout excédent d'argent.

4. **Régler les factures de la succession** : créanciers, frais funéraires et autres dépenses.

- Faire publier un avis à l'intention des créanciers et autres parties intéressées qui pourraient faire une réclamation sur le patrimoine en tout ou en partie et seraient payés avant que le patrimoine ne soit distribué aux bénéficiaires.

- Régler toutes justes réclamations et dettes de la personne décédée, y compris les cartes de crédit, les dettes à la consommation et les hypothèques.

- S'occuper de payer les frais d'homologation aux tribunaux provinciaux.

5. **Produire les déclarations de revenus**

- Préparer et produire les déclarations de revenus qui n'ont pas été faites pour toutes les années précédant la date du décès.

- Préparer et produire la dernière déclaration de revenus pour la personne décédée.

- Trouver les moyens de réduire le fardeau fiscal de la personne décédée, y compris le transfert exempt d'impôt dans un REER de conjoint, l'utilisation des pertes en capital et la cotisation au REER de conjoint.

- Produire toute déclaration de revenus pour les biens détenus à l'extérieur du Canada, y compris ceux qui sont demandés par l'Internal Revenue Service des États-Unis.

- Produire les déclarations de revenus de la succession pour chaque année pendant laquelle la succession existe et rapporte des revenus.

- Obtenir le certificat de décharge de Revenu Canada.

6. **Distribuer les biens de la succession aux bénéficiaires suivant les instructions contenues dans le testament.**

- Évaluer tout besoin pressant que le conjoint survivant pourrait avoir.

- Dans le cas de comptes enregistrés en copropriété, demander que le compte soit transféré au propriétaire survivant.

- Fermer le coffret de sûreté.

- Déterminer si la succession dispose de liquidités suffisantes pour payer toutes les dettes et les impôts sur le revenu avant de faire toute distribution provisoire aux bénéficiaires, afin de ne pas être tenu personnellement responsable du fardeau fiscal.

- Préparer une reddition de compte de la succession.

- Calculer les honoraires à payer au liquidateur.

- Fermer le compte bancaire de la succession.

- Après avoir obtenu le certificat de décharge, transférer le titre et distribuer les biens qui restent dans la succession.

- Si le testament prévoit une distribution directe, transférer les biens aux bénéficiaires et obtenir des reçus.

- Discuter de toute distribution «en nature» avec les bénéficiaires.

- Distribuer les biens personnels aux bénéficiaires.

- Remplir les formulaires nécessaires pour le transfert des actions et autres valeurs mobilières.

- Établir toute fiducie testamentaire suivant les instructions contenues dans le testament.

- Produire la déclaration de revenus de la succession, au besoin.

Index

AUTRES TITRES PARUS
AUX ÉDITIONS TRANSCONTINENTAL

Collection Affaires PLUS

S'enrichir grâce aux fonds communs de placement Nicole Lacombe et Linda Patterson	18,95 $ 227 pages, 1998
Guide de planification de la retraite (cédérom inclus) Samson Bélair/Deloitte & Touche	34,95 $ 392 pages, 1998
Guide de planification financière (cédérom inclus) Samson Bélair/Deloitte & Touche	37,95 $ 392 pages, 1998
Comment réduire vos impôts (10e édition) Samson Bélair/Deloitte & Touche	16,95 $ 276 pages, 1998
Les fonds vedettes 1998 Riley Moynes et Michael Nairne	21,95 $ 320 pages, 1998
La bourse : investir avec succès (2e édition) Gérard Bérubé	36,95 $ 420 pages, 1997

Collection Communication visuelle

Comment constuire une image Claude Cossette	29,95 $ 144 pages, 1997
L'idéation publicitaire René Déry	29,95 $ 144 pages, 1997
Les styles dans la communication visuelle Claude Cossette et Claude A. Simard	29,95 $ 144 pages, 1997
Comment faire des images qui parlent Luc Saint-Hilaire	29,95 $ 144 pages, 1997

Collection Ressources humaines
(sous la direction de Jacques Lalanne)

Vendeur efficace Carl Zaiss et Thomas Gordon	34,95 $ 360 pages, 1997
Adieu patron! Bonjour coach! Dennis C. Kinlaw	24,95 $ 200 pages, 1997

Collection principale

La créativité en action
Claude Cossette

24,95 $
240 pages, 1998

Guide des franchises et du partenariat au Québec (4ᵉ édition)
Institut national sur le franchisage et le partenariat

36,95 $
464 pages, 1997

Solange Chaput-Rolland
La soif de liberté
Francine Harel-Giasson et Francine Demers

21,95 $
200 pages, 1997

Crédit et recouvrement au Québec (3ᵉ édition)
La référence pour les gestionnaires de crédit
Lilian Beaulieu, en collaboration avec N. Pinard et J. Demers

55 $
400 pages, 1997

Le télétravail
Yves Codère

27,95 $
216 pages, 1997

Le Québec économique 1997
Panorama de l'actualité dans le monde des affaires
Michèle Charbonneau, Lilly Lemay et Richard Déry

27,95 $
240 pages, 1997

Les fondements du changement stratégique
Taïeb Hafsi et Bruno Fabi

39,95 $
400 pages, 1997

Le nouveau management selon Harrington
Gérer l'amélioration totale
H. James Harrington et James S. Harrington

59,95 $
600 pages, 1997

Comprendre et mesurer
la capacité de changement des organisations
Taïeb Hafsi et Christiane Demers

36,95 $
328 pages, 1997

DMR : la fin d'un rêve
Serge Meilleur

27,95 $
308 pages, 1997

L'entreprise et ses salariés, volume 1
Desjardins Ducharme Stein Monast

44,95 $
408 pages, 1996

Rebondir après une rupture de carrière
Georges Vigny

29,95 $
300 pages, 1996

La stratégie des organisations
Une synthèse
Taïeb Hafsi, Jean-Marie Toulouse et leurs collaborateurs

39,95 $
630 pages, 1996

La création de produits stratégiques
Une approche gagnante qui vous distinguera de la concurrence
Michel Robert, en collaboration avec Michel Moisan et Jacques Gauvin

24,95 $
240 pages, 1996

L'âge de déraison
Charles Handy

39,95 $
240 pages, 1996

Croître
Un impératif pour l'entreprise
Dwight Gertz et João Baptista

39,95 $
210 pages, 1996

Structures et changements
Balises pour un monde différent
Peter Drucker

44,95 $
304 pages, 1996

Du mécanique au vivant
L'entreprise en transformation
Francis Gouillart et James Kelly

49,95 $
280 pages, 1996

Ouvrez vite !
Faites la bonne offre, au bon client, au bon moment
Alain Samson, en collaboration avec Georges Vigny

29,95 $
258 pages, 1996

Évaluez la gestion de la qualité dans votre entreprise (logiciel)
Howard B. Heuser

119,95 $
1996

Le choc des structures
L'organisation transformée
Pierre Beaudoin

26,95 $
194 pages, 1995

L'offre irrésistible
Faites du marketing direct l'outil de votre succès
Georges Vigny

26,95 $
176 pages, 1995

Le temps des paradoxes
Charles Handy

39,95 $
271 pages, 1995

La guerre contre Meubli-Mart
Alain Samson

24,95 $
256 pages, 1995

La fiscalité de l'entreprise agricole
Samson Bélair/Deloitte & Touche

19,95 $
224 pages, 1995

100 % tonus
Pour une organisation mobilisée
Pierre-Marc Meunier

19,95 $
192 pages, 1995

9-1-1 CA$H
Une aventure financière dont vous êtes le héros
Alain Samson et Paul Dell'Aniello

24,95 $
256 pages, 1995

Redéfinir la fonction finance-contrôle
en vue du XXIe siècle
Hugues Boisvert, Marie-Andrée Caron et leurs collaborateurs

24,95 $
188 pages, 1995

Les glorieux
Histoire du Canadien de Montréal en images
Photomage Flam

29,95 $
168 pages, 1995

La stratégie du président
Alain Samson

24,95 $
256 pages, 1995

La réingénierie des processus d'affaires dans
les organisations canadiennes
François Bergeron et Jean Falardeau

24,95 $
104 pages, 1994

Collection Entreprendre

Comment gagner la course à l'exportation — 27,95 $
Georges Vigny — 200 pages, 1997

La révolution du Savoir dans l'entreprise — 24,95 $
Fernand Landry — 168 pages, 1997

Comment faire un plan de marketing stratégique — 24,95 $
Pierre Filiatrault — 206 pages, 1997

Profession : travailleur autonome — 24,95 $
Sylvie Laferté et Gilles Saint-Pierre — 272 pages, 1997

Devenez entrepreneur 2.0 (version sur cédérom)
Plan d'affaires — 69,95 $
Alain Samson, en collaboration avec Paul Dell'Aniello — 1997

Devenez entrepreneur 2.0 (version sur disquettes)
Plan d'affaires — 39,95 $
Alain Samson — 4 disquettes, 1997

Réaliser son projet d'entreprise — 27,95 $
Louis Jacques Filion et ses collaborateurs — 268 pages, 1997

Des marchés à conquérir
Guatemala, Salvador, Costa Rica et Panama — 44,95 $
Pierre-R. Turcotte — 360 pages, 1997

La gestion participative
Mobilisez vos employés ! — 24,95 $
Gérard Perron — 212 pages, 1997

Comment rédiger son plan d'affaires
À l'aide d'un exemple de projet d'entreprise — 24,95 $
André Belley, Louis Dussault, Sylvie Laferté — 276 pages, 1996

J'ouvre mon commerce de détail
24 activités destinées à mettre toutes les chances de votre côté — 29,95 $
Alain Samson — 240 pages, 1996

Communiquez ! Négociez ! Vendez !
Votre succès en dépend — 24,95 $
Alain Samson — 276 pages, 1996

La PME dans tous ses états
Gérer les crises de l'entreprise — 21,95 $
Monique Dubuc et Pierre Levasseur — 156 pages, 1996

La gestion par consentement
Une nouvelle façon de partager le pouvoir — 21,95 $
Gilles Charest — 176 pages, 1996

La formation en entreprise
Un gage de performance — 21,95 $
André Chamberland — 152 pages, 1995

Mettre de l'ordre dans l'entreprise familiale
La relation famille et entreprise
Yvon G. Perreault

19,95 $
128 pages, 1994

Pour des PME de classe mondiale
Recours à de nouvelles technologies
Sous la direction de Pierre-André Julien

29,95 $
256 pages, 1994

Famille en affaires
Pour en finir avec les chicanes
Alain Samson en collaboration avec Paul Dell'Aniello

24,95 $
192 pages, 1994

Profession : entrepreneur
Avez-vous le profil de l'emploi ?
Yvon Gasse et Aline D'Amours

19,95 $
140 pages, 1993

Entrepreneurship et développement local
Quand la population se prend en main
Paul Prévost

24,95 $
200 pages, 1993

Comment trouver son idée d'entreprise (2e édition)
Découvrez les bons filons
Sylvie Laferté

19,95 $
159 pages, 1993

L'entreprise familiale (2e édition)
La relève, ça se prépare !
Yvon G. Perreault

24,95 $
292 pages, 1993

Le crédit en entreprise
Pour une gestion efficace et dynamique
Pierre A. Douville

19,95 $
140 pages, 1993

La passion du client
Viser l'excellence du service
Yvan Dubuc

24,95 $
210 pages, 1993

Entrepreneurship technologique
21 cas de PME à succès
Roger A. Blais et Jean-MarieToulouse

29,95 $
416 pages, 1992

Devenez entrepreneur (2e édition)
Pour un Québec plus entrepreneurial
Paul-A. Fortin

27,95 $
360 pages, 1992

Correspondance d'affaires
Règles d'usage françaises et anglaises et 85 lettres modèles
Brigitte Van Coillie-Tremblay, Micheline Bartlett
et Diane Forgues-Michaud

24,95 $
268 pages, 1991

Autodiagnostic
L'outil de vérification de votre gestion
Pierre Levasseur, Corinne Bruley et Jean Picard

16,95 $
146 pages, 1991

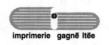

imprimerie   gagné ltēe

IMPRIMÉ AU CANADA